山西省文物局科研课题支持项目

"山西博物院藏铸铜遗物综合研究"系列丛书

# 平陆前庄出土商代青铜器研究

山西博物院 ◎ 编

科学出版社

北京

## 内 容 简 介

本书以20世纪90年代山西省平陆县出土的一组商代青铜器为主要研究对象，按方鼎、圆鼎、罍、爵四个器类划分章节，分别分析它们各自的艺术风格、技术特征，并将它们与其他地区出土相关联的商代青铜器进行综合比较，探讨一系列相关问题。研究认为，平陆前庄出土青铜组器均为早商时期遗物，其中成器年代最早者或为前庄爵，在二里岗上下层之交，前庄方鼎稍后，在二里岗上层，前庄鼎二、前庄罍稍晚于此，前庄鼎一则或可晚至早中商之交。

本书适宜青铜器的古器物研究、考古、艺术史、技术史、博物馆及文物保护学者与学生阅读、参考。

---

**图书在版编目（CIP）数据**

平陆前庄出土商代青铜器研究 / 山西博物院编. —北京：科学出版社，2023.11

（"山西博物院藏铸铜遗物综合研究"系列丛书）

ISBN 978-7-03-076775-2

Ⅰ. ①平… Ⅱ. ①山… Ⅲ. ①青铜器（考古）－研究－平陆县－商代 Ⅳ. ① K876.414

中国国家版本馆 CIP 数据核字（2023）第202732号

责任编辑：樊　鑫 / 责任校对：张亚丹
责任印制：肖　兴 / 封面设计：金舵手世纪

科学出版社 出版
北京东黄城根北街16号
邮政编码：100717
http://www.sciencep.com

北京汇瑞嘉合文化发展有限公司　印刷
科学出版社发行　各地新华书店经销

*

2023年11月第 一 版　开本：787×1092　1/16
2023年11月第一次印刷　印张：15
字数：350 000

**定价：268.00元**
（如有印装质量问题，我社负责调换）

# "山西博物院藏铸铜遗物综合研究"系列丛书编委会

主　任：张元成

副主任：张慧国　赵志明　范文谦　谢宾顺

委　员：石金鸣　梁育军　钟家让　郭志成
　　　　谷锦秋　王爱国　李　平

# 本册图书编委会

主　编：张元成　苏荣誉

副主编：陆晶晶

执行副主编：梁育军

撰　稿：苏荣誉　陆晶晶　史倩羽

编　辑：史倩羽　陈　凯　王轶鸿　梁　萍
　　　　闫文祥　张政敏　王　杰

校　对：刘玉华　赵晓霞　孙怡玲　薛　萍

# 序

　　山西地处黄河流域中游，是中华文明的主要发祥地之一，祖先遗留的文化遗产博大而厚重。青铜器是山西的特色文物资源，考古遗存从采矿、冶炼到铸造，显示了完备的青铜生产体系；青铜文物品类丰富，脉络清晰，涵盖了从青铜文明的发生、发展、繁荣到转变的各个阶段。

　　山西博物院是山西省最大的以青铜器为主的金属类文物收藏单位，藏品约3万件，是中国青铜器研究的重要基地。为了加强文物保护，挖掘文化内涵，有效利用文物资源和科研成果，让文物"活"起来。在山西省委、省政府和山西省文物局的正确领导下，2021年7月，以山西博物院为依托，山西省文物局批准成立了"金属文物保护研究山西省文物局科研基地"。

　　为了提升科研软实力，推动人才培养，多年来，山西博物院始终坚持"开放合作、资源共享、优势互补、协调发展"的理念，不断加强与国内外顶级科研院所的战略合作。充分发挥各自的学科优势、人才优势和设备优势，在不同学科及高级专业人才培养等方面，开展了深层次的交流合作，促进了知识互补和能力提升，达到了合作共赢的目的。

　　2020年开始，山西博物院与中国科学院自然科学史研究所，以著名学者苏荣誉教授率领的团队，合作开展了为期两年的"山西博物院藏铸铜遗物综合研究"项目。对院藏部分青铜器从器物学、材料学、工艺学、科技史等方面进行了深度研究，取得了一系列科研成果。

　　为了促进科研成果转化，提高文物利用率，山西博物院将上述科研成果陆续整理出版，《平陆前庄出土商代青铜器研究》即其中的一部。本书以1990年山西省平陆县前庄遗址出土的一批商代早期青铜器为标本，分为六个部分，从铸造工艺的角度进行深度解析和系统性研究，具有重要的学术意义。本书旁征博引，资料翔实，脉络清晰，对广大青铜器研究者具有重要的参考价值。

　　科研的目的在于利用。博物馆的职能是向公众传播文化，将科研成果合理转化，为文化传播服务，这是博物馆人的职责。我们希望进一步深化与科研院所联合共建，通过联合课题和项目合作等多种形式，在更广阔的研究领域，形成具有一定影响力的重大研究成果以惠及社会公众。为弘扬优秀传统文化、提升文化自信、传播社会主义核心价值观做出积极贡献。

最后，衷心感谢参与"山西博物院藏铸铜遗物综合研究"项目的各位专家和同仁，是你们的默默奉献，才能够将这些科研成果最终呈现给社会。

山西博物院院长 张元成

2023年8月

# 目 录

壹 | 引言 ·········································································································· 001

贰 | 平陆前庄方鼎与早商方鼎研究 ······································································ 003
    一、平陆前庄方鼎 ······················································································ 003
    二、郑州商城方鼎 ······················································································ 021
    三、平陆前庄方鼎与郑州商城窖藏方鼎 ························································· 044
    四、结语 ···································································································· 053

叁 | 平陆前庄鼎与早商大鼎研究 ········································································ 055
    一、平陆前庄鼎一 ······················································································ 056
    二、平陆前庄鼎二 ······················································································ 066
    三、黄陂盘龙城李家嘴大圆鼎 LZM2:36 ························································· 077
    四、黄陂盘龙城李家嘴大圆鼎 LZM1:1 ··························································· 080
    五、黄陂盘龙城杨家湾鼎 YWM11:16 ···························································· 086
    六、郑州向阳回族食品厂窖藏鼎 XSH1:1 ······················································· 089
    七、山西晋商博物院藏鼎 ············································································ 096
    八、渊源：二里头鼎 ··················································································· 101
    九、早商大鼎的类型分析 ············································································ 105
    十、早商大鼎的工艺 ··················································································· 110
    十一、结语 ································································································ 115

## 肆 | 平陆前庄青铜罍与商早期青铜罍——兼论青铜罍与尊之别 ·············· 117
- 一、青铜罍之名物 ························································································· 117
- 二、平陆前庄青铜罍 ······················································································· 124
- 三、郑州商城青铜罍 ······················································································· 129
- 四、黄陂盘龙城青铜罍 ···················································································· 134
- 五、鄙城拦河潘青铜罍 ···················································································· 149
- 六、城固窖藏青铜罍 ······················································································· 151
- 七、藁城台西、长子北高庙和济南大辛庄青铜罍 ··················································· 155
- 八、安阳小屯青铜罍 ······················································································· 158
- 九、传世的早期青铜罍 ···················································································· 163
- 十、罍在晚商殷墟的变体 ················································································· 167
- 十一、商早期罍型式与年代分析 ········································································ 173
- 十二、结语 ···································································································· 181

## 伍 | 平陆前庄青铜爵与早期青铜爵研究 ····················································· 183
- 一、前庄青铜爵 ····························································································· 183
- 二、溯源：二里头青铜爵 ················································································· 189
- 三、盘龙城早期青铜爵 ···················································································· 197
- 四、郑州商城早期青铜爵 ················································································· 213
- 五、结语 ······································································································· 221

## 陆 | 结语 ······································································································· 225

## 壹

# 引　言

　　山西地处华北平原之西，黄河中游东侧，阴山向南，黄河迄北，是中华民族的重要发祥地之一①，1926年，李济先生在夏县西阴村首先开展考古发掘；近一个世纪以来，各个时期的考古发现在山西陆续涌现，襄汾陶寺遗址中出土的一件铜铃、三件铜齿环及一铜器口沿残片②，是为山西境内最早的青铜遗物。随后，晋东南长子县北高庙遗址③、太谷白燕④、垣曲古城南关⑤、平陆前庄遗址⑥等为代表的考古工作相继展开，加上近来发现的闻喜酒务头遗址⑦，均发现了商代遗存及青铜器，这些商代遗址及其所出铜器表现出了与中原商文化之间的紧密关联，或者就是商的组成部分，各地区发现的青铜器中，以平陆前庄出土组器最为特别。晋西地区数十年来也不断有商代青铜器出土，内涵颇为复杂⑧。

　　平陆被称为山西省的南大门，三代时为虞国地，晋献公（？～前651年）二十二年（前655年）灭虞并入晋国版图，谓大阳邑。公元前438年，晋哀公死，晋幽公即位，韩、赵、魏瓜分了晋国除绛与曲沃的土地，平陆属于魏国之吴城。前375年，韩、赵、魏瓜分了晋国剩余土地，晋遂灭亡。商周之虞，古亦作郭。古郭、虢音同相假，《国语·郑语》之虞虢，即北虢。《汉书·地理志》以为在河东郡太阳，即今山西平陆。陈梦家（1911～1966年）讨论商代方国，从甲骨文中辑出虞郭相关的八条⑨。

　　1990年初，山西平陆坡底乡修筑崖底村至前庄村的东沿河公路，在前庄村南端、黄河北岸的一个二级台地上相继发现了一批商代青铜重器和相关遗物，经追缴，这批器物数

---

① 田建文：《山西考古学文化的区系类型问题》，《汾河湾——丁村文化与晋文化考古学术研讨会文集》，山西高校联合出版社，1996年，第126～137页。
② 高江涛、何努：《陶寺遗址出土铜器初探》，《南方文物》2014年第1期，第91～95页。
③ 郭勇：《山西长子县北郊发现商代青铜器》，《文物资料丛刊（3）》，文物出版社，1980年，第198～201页。
④ 晋中考古队：《太谷白燕遗址第一地点发掘简报》，《文物》1989年第3期，第1～21页。
⑤ 中国历史博物馆考古部、山西省考古研究所、垣曲县博物馆：《垣曲商城》，科学出版社，1996年。
⑥ 李百勤：《山西平陆前庄商代遗址清理简报》，《文物季刊》1994年第4期，第3～9页。
⑦ 李宏飞：《酒务头M1初论》，《三代考古（九）》，科学出版社，2021年，第401～412页。
⑧ 韩炳华：《晋西商代青铜器》，科学出版社，2017年。
⑨ 陈梦家：《殷墟卜辞综述》，科学出版社，1956年，第294～295页。

量不多，包括一件大方鼎、两件大圆鼎、一件罍、两件爵，相随的还有一件大石磬和一些陶鬲、网坠和纺轮等。经考古清理后可知，器物出土于一个商代遗址中，遗址面积约一万平方米，形如一座半岛，东、西和南边俱是悬崖，东邻石膏河，西、南滨黄河，河边隐约有拉纤之道。所筑沿河公路深切遗址十余米，断面可见其性质单一，表层为黄色绵沙土，厚40~300厘米不等，其下即是商文化层，再下为生土。李百勤将此处文化层划分出七个连续的小层，文化遗迹包括灰坑和房址。发现的遗物除前述青铜器外，另有铜针、镞、匕形器和釪各一件。清理所得陶器较多，包括大口尊、三耳瓮、瓶、鬲、罐、瓮、簋、盆、甑、豆、觚和器盖等，另有陶网坠、纺轮、环、花纹模和陶片等，发现的石器包括杵、镰、刀及残段，还出土有蚌镰、骨锥、骨匕、卜骨和海贝。前庄遗址出土青铜器虽然数量不多，却是山西地区发现的所属年代最早的成批青铜容器，由于这批铜器不是正式考古发掘后出土品，背景材料的单薄使得解读这批器物的内涵遭到了挑战，所幸的是可与之比较的器物能在各地的早商文化遗物中找到对照。因此，我们从分析器物工艺和结构入手，结合对器物的X射线探伤分析，对此批铜器的工艺做了进一步的观察分析，以期能够从技术史视角，并结合艺术史与考古学的研究方法对以往未能解决的问题进行深入探讨。

（执笔：苏荣誉、陆晶晶、史倩羽）

# 贰

# 平陆前庄方鼎与早商方鼎研究

战国典籍《墨子·耕柱》云,"昔者夏后开使蜚廉折金于山川,而陶铸之于昆吾;是使翁难雉乙卜于白若之龟,曰:'鼎成四足而方,不炊而自烹,不举而自臧,不迁而自行。以祭于昆吾之虚,上乡。'乙又言兆之由曰:'飨矣。逢逢白云,一南一北,一西一东,九鼎既成,迁于三国。'夏后氏失之,殷人受之。殷人失之,周人受之。夏后殷周之相受也,数百岁矣"。有关"四足而方"之鼎的记载,此为最早。杨宝成研究商周方鼎,指出自铭"方鼎"最早见于西周器上,"方鼎"之铭既概括了此类鼎的形制,也象征了统治者的至高权力[1]。20世纪30年代始发掘的安阳殷墟,出土了多件以牛方鼎、鹿方鼎、司母戊方鼎等为代表的大型方鼎,这些考古发现为研究商晚期方鼎的内涵提供了基础。1990年平陆前庄出土青铜方鼎一件,甫一现世便受到了学界的关注,以往研究囿于条件,对诸如前庄方鼎的制作工艺、风格等相关的考察尚不充分,对与之相关的年代、族属、产地等问题的分析与判断也仍有未尽之处。本文在全面揭示前庄方鼎内涵的基础上,进一步将其与郑州商城所出三批早商方鼎进行比较,讨论相关问题。

## 一、平陆前庄方鼎

前庄方鼎通高820、口面500×500、耳高140、腹深440、壁厚6、足高235毫米[2]。出土时左耳残[3]。重40千克左右(图1)[4]。此鼎造型稳重,口沿平折,其上左右两边对置拱形耳,耳中空,内侧面平整光素,外侧面边缘内凹,呈槽形(图2)。器腹横截面近正方、纵截面长方,内壁光素,外壁四隅连着下腹铺设半球形乳钉纹,每一腹面上的乳钉纹带均整体呈现凹字形,每面左右两边纵置的乳钉纹带中上部皆留白,不作乳钉纹而饰阳纹线条构

---

[1] 杨宝成、刘森淼:《商周方鼎初论》,《考古》1991年第6期,第533、534页。
[2] 陶正刚、范宏:《山西平陆前庄商代遗址及青铜方鼎铸造的研究》,《2004年安阳殷商文明国际学术研讨会论文集》,社会科学文献出版社,2004年,第502页。
[3] 卫斯:《平陆县前庄商代遗址出土文物》,《文物季刊》1992年第1期,第19页。
[4] 为方便描述,现定此器在《中国青铜器全集》中收录影像展示的面为"a面",与之相对的面为"b面",a面左右两侧分别为"c面"、"d面",下文同,不再说明。

**图 1　平陆方鼎［引自《中国青铜器全集》（卷一）三七］**

**图 2　前庄方鼎鼎耳（笔者摄）**

成的半张兽面，兽面横置，尾向面内、首向外正对四隅转折处，因此每两相接面上的半张兽面均与邻面的半张兽面共同组成一完整兽面，同时，器表在与这些兽面处同一水平的位置上另饰一兽面纹，兽面扁长呈带状，以正中的双目为中心、自眼角向外展开两侧身体，兽面也为阳线构成，与四角兽面相背相接且表现形式一致。腹底平，于腹底四角出四足，四足中空与鼎腹连通，截面圆形、自上而下直径渐收，各足造型风格一致，均分别在上、中、下部饰一周凸弦纹，上、中部凸弦纹之间则另设一周条状纹带，其内饰尾尾相续的两兽面纹，兽面也以阳纹线条勾勒，其风格与鼎腹上兽面纹一致，但三处兽面纹的细节在兽面眼部显露差异：四隅兽面眼以椭圆形阴线勾勒，眼中无珠；腹中兽面阳线构成的眼睑向下微勾、眼角上翘，其中眼珠扁椭、作浮雕；足上兽面则结合前两种兽眼的特征稍做改造，以阳线作椭圆形眼眶、其内点圆形浮雕作目。三处兽面除眼部特征突出外，其他特征差异不大，其余五官及肢体部分皆颇为抽象、指征含糊，可明确辨别的仅有口鼻而已（图 3）。

方鼎出土至今保存状况良好，仅个别地方曾经修复，大体上保留了原始面貌，这是得以能进一步考察其制作工艺的基础。方鼎 a 面器腹完好（图 4.1），X 射线探伤显示，此面厚薄不均，饰有条带状单一兽面纹的正中部分呈现出一个规整的长方形区域，该区域质地较薄，其上满布气孔、裂纹，且除纹饰带外的其他部分均有不同程度的点状锈蚀（图 4.2），尤以近口沿处为甚（图 4.3），兽面左眼正下方的一块黑影，当为破损后经现代修复。区域的左下角与乳钉纹带相接处分别有一竖条状的加厚，结合 X 射线探伤影像及相应位置腹表、腹内照片可知此处初铸之时即已发生铸造缺陷，后经补铸且加工时的三个浇口仍未经打磨，于器表可见（图 4.4）。至于

贰　平陆前庄方鼎与早商方鼎研究　｜　005

图 3　前庄方鼎鼎腹、鼎足兽面纹（笔者摄）

图 4.1　前庄方鼎 a 面正视图（笔者摄）

图 4.2　前庄方鼎 a 面腹部 X 射线影像（闫文祥摄）

图 4.3　前庄方鼎 a 面近口沿处锈蚀（笔者摄）

两侧与乳钉纹带交界处尤其是上端近口沿处的加厚（图 4.5），则为铸接乳钉纹带的铜液外溢，叠压关系表明两侧饰乳钉纹带的"边框"部分系后铸于先成形的正中面板上的。同时还可以见到在两侧乳钉纹带的最下端处，各自又为另一层乳钉纹带所叠压，最外层的乳钉纹带左右延伸，包裹了鼎下腹的转角处（图 4.6），并与鼎足的根部为一体（图 4.7），表明此处是鼎腹初成形后再铸接鼎足时形成的叠压，或许是为了加强此足与腹之间的连接强度，故而将原本应位于腹下的交界处做了向上的延伸。

图 4.4　前庄方鼎 a 面器腹补铸（笔者摄）　　图 4.5　前庄方鼎 a 面乳钉纹带与正中面板交界处叠压（笔者摄）　　图 4.6　前庄方鼎 a 面下腹部转角处最外层乳钉纹带叠压（笔者摄）

a 面下左足表面即可观察到严重黄、绿色锈蚀遍布其中下部，探伤后确实可见较多点状颜色深浅不一的黑影，当为不同程度的锈蚀，且足根、足底各处均现裂纹，观察后可见现代修复痕迹。足的下半部分可见两个补块及其上未打磨的浇口（图 4.8）。右足表面亦伴有锈蚀但未覆盖主要纹饰，使得兽面纹得以清晰显露，在阳线构成的兽面纹上，除了黄绿色面状锈蚀外还可见到少量红色残留，疑似曾涂朱，此足表面也多破裂，部分原始补铸的补块及其上浇口仍清晰可见，另有部分现代修复（图 4.9）。

图4.7 前庄方鼎a面下两足与鼎腹交接处（笔者摄）

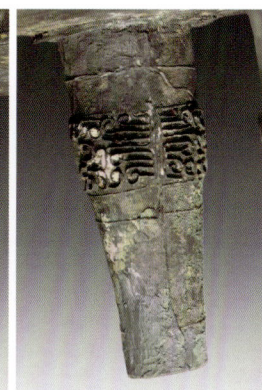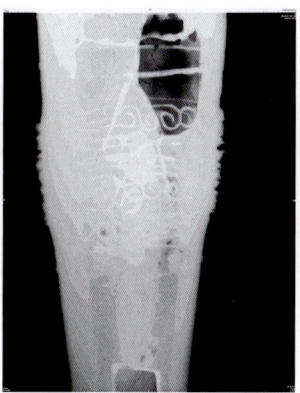

图4.8 前庄方鼎a面下左足（笔者及闫文祥摄）

图4.9 前庄方鼎a面下右足（笔者摄）

方鼎b面（图5.1），X射线影像显示此面整体质地略均匀，也是中间近方形面板较薄而四边厚，面板中下方有一块呈L形的较大破损，腹中兽面纹左半边身下也有一处破损（图5.2），现连同下腹乳钉纹带右侧裂纹一并均已修复（图5.3），除此之外的中间面板较a面少见大面积的缩松或气孔，因而腐蚀程度也较轻，主要的锈蚀分布在两侧及下部的乳钉纹带之上，裂纹则分别在口沿正下方及下腹乳钉纹带上各有两处，呈纵向，口沿下较严重的裂纹之处质地欠佳，周边气孔也较多。照片可见，自左侧乳钉纹带延伸的不规则铜液

图5.1　前庄方鼎b面正视图（笔者摄）

图5.2　前庄方鼎b面腹部X射线影像（闫文祥摄）

图5.3　前庄方鼎b面修复（笔者摄）

将正中面板的左侧叠压（图5.4），此现象在a面上也可得见。此外，观察后可见腹下的乳钉纹带也向其上方的正中面板延伸出了铜液，表明下方乳钉纹带所在面板是系经后铸法实现与正中面板连接的（图5.5）。至于转角处的最外层叠压，同样是自下腹延伸至了腹下的鼎足上端，并在鼎足的足根处形成了一圈包裹（图5.6），与前涉两足上的情况一致，系后铸鼎足的例证。

b面下两足，左足相对完好，仅足根、足底处经修复，但其原始状态颇差、表面有多处补铸痕迹且补铸未能对纹饰进行很好的还原，导致此足外侧纹饰已多为补块覆盖、原样模糊不清，X射线影像也显示经多层补铸后的区域明显质地较原来更厚。锈蚀、裂纹不可避免地分布在了此足的各处，内侧则工艺、保存俱佳，纹饰铸造流畅清晰且锈蚀轻（图5.7）。相较而言右足状态较差，外侧近足根处有一不小的修复，其旁

图5.4 前庄方鼎b面左侧乳钉纹带与正中面板交界处叠压（笔者摄）

的原始补铸痕迹亦十分明显，同时外侧的纹饰除遭补铸打破外，其表面也多为黄、绿色锈蚀所覆盖，状态不佳，内侧表面则如左足一样状况较好，除一小补块及足底修复外，未见其他明显修补及破损（图5.8）。

图5.5 前庄方鼎b面下腹乳钉纹带对正中面板叠压（笔者摄）

紧邻b面右侧的c面（图6.1），整体特征与a、b二面无本质差异，就其工艺细节而言，此面腹下乳钉纹横条板质地较薄，上有多处气孔，其上缘正中有一块近三角形区域因质地疏松、伴有裂纹而产生的锈蚀已侵入基体，左侧乳钉纹带板与腹中面板交界的中下处亦发生了较深的锈蚀（图6.2、图6.3）。正中面板兽面纹右眼下方还有一不规则多边形补块，

图5.6 前庄方鼎b面下腹部转角处最上层乳钉纹带叠压及腹下足根处包裹(笔者摄)

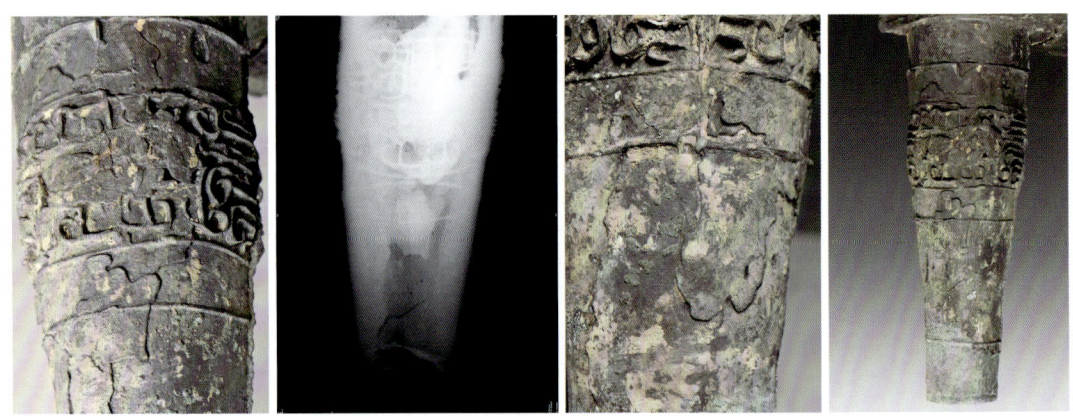

图5.7 前庄方鼎b面下左足(笔者及闫文祥摄)

图5.8 前庄方鼎b面下右足(笔者摄)

图 6.1 前庄方鼎 c 面正视图（笔者摄）　　图 6.2 前庄方鼎 c 面腹部 X 射线影像（闫文祥摄）

其质地较周围略厚且覆盖了部分原有纹饰，结合腹内壁照片，相应位置处也可见一补块（图 6.4），可知此处曾发生原始铸造缺陷，成器后即进行过补铸修复。同样在兽面纹带上可见另一处竖条状加厚，此处对最右侧部分纹饰也造成了叠压（图 6.5），但成因与前述一处不同，此处仅是由后铸左侧乳钉纹带板时的铜液外溢所致。

图 6.3　前庄方鼎 c 面乳钉纹带锈蚀（笔者摄）　　图 6.4　前庄方鼎 c 面兽面纹带上的不规则补块（笔者摄）　　图 6.5　前庄方鼎 c 面左侧乳钉纹带铜液外溢（笔者摄）

图6.6 前庄方鼎c面耳、口交接位置
铜液增厚现象（笔者摄）

此面最显著的特征在于口沿正中竖立的一只拱形槽耳，此耳内面与口沿内壁处于同一垂直位置，外立面则作槽形中空，X射线影像可见耳壁的厚度较口沿稍薄，同时在耳、口交接的位置可见增厚，对器表的观察也可见俩交接处的不规则铜液堆积现象（图6.6），结合X射线影像并未显示叠压现象（图6.7），可知耳与口沿系浑铸而成，交界处的加厚或为增强连接强度的手段，虽然工艺较为原始，耳仍结合完好，相较而言或许因为耳壁较薄，因而出铸时即发生了残损，后经补铸，耳内的两处短横状"隔断"颇为特殊（图6.8），或为补铸时重新设范分段处所在，此耳成器后或又遭损，后修复。至于在a、b两面上皆可观察到的外层叠压现象，在c面上亦有（图6.9）。此外，除口沿与耳的厚度均一外还可见正中面板、两侧乳钉纹板、下腹乳钉纹板的厚度亦相当，而在两侧乳钉纹板与口沿及正中面板的交界处则发生了明显的增厚，对器表的观察在口沿两角可见铜液堆积现象，且口沿处的增厚与下方的乳钉纹带是纵向连续的，内壁对应位置照片也可见自口沿向下延伸的角壁及其对正中面板的叠压（图6.10），同时，相邻角壁的转折交界处（即鼎腹的四角）则不见叠压或打破关系，暗示相邻两面是通过在夹角处铸接饰乳钉纹的带板相连接的。

图6.7 前庄方鼎c面立耳、口沿X射线影像（闫文祥摄）

图6.8 前庄方鼎c面立耳内短横状"隔断"（笔者摄）

图6.9 前庄方鼎c面下腹部转角处最上层乳钉纹带叠压及内壁对应位置（笔者摄）

图6.10 前庄方鼎c面口沿两端加厚及内壁对应位置（笔者摄）

与c面相对的d面（图7.1），整体较为完好，未见大面积明显铸造缺陷及修补，大量的气孔呈不规则、非均匀状分布于两侧及下腹乳钉纹带板之上，后者右侧还伴有多道纵向裂纹（图7.2），饰兽面纹带的正中面板除了兽面的双眼之间及面板左下方各有一块较深的锈蚀外，其他部分也均遭不同程度的锈蚀。此面整体结构与其余三面并无二致，均是在口沿、底边的两角有加厚，且正中面板上有分别为两侧乳钉纹带板、下腹乳钉纹带板所叠压的痕迹（图7.3）。此面口沿上设有一耳，其形制与c面上的耳一致，除左壁内侧有一小破损外（图7.4），此耳与口沿结合完好，不见分铸痕迹且耳壁与其下口沿的厚度也颇一致，当为精心设计的浑铸成形（图7.5）。

图 7.1　前庄方鼎 d 面正视图（笔者摄）　　图 7.2　前庄方鼎 d 面 X 射线影像（闫文祥摄）

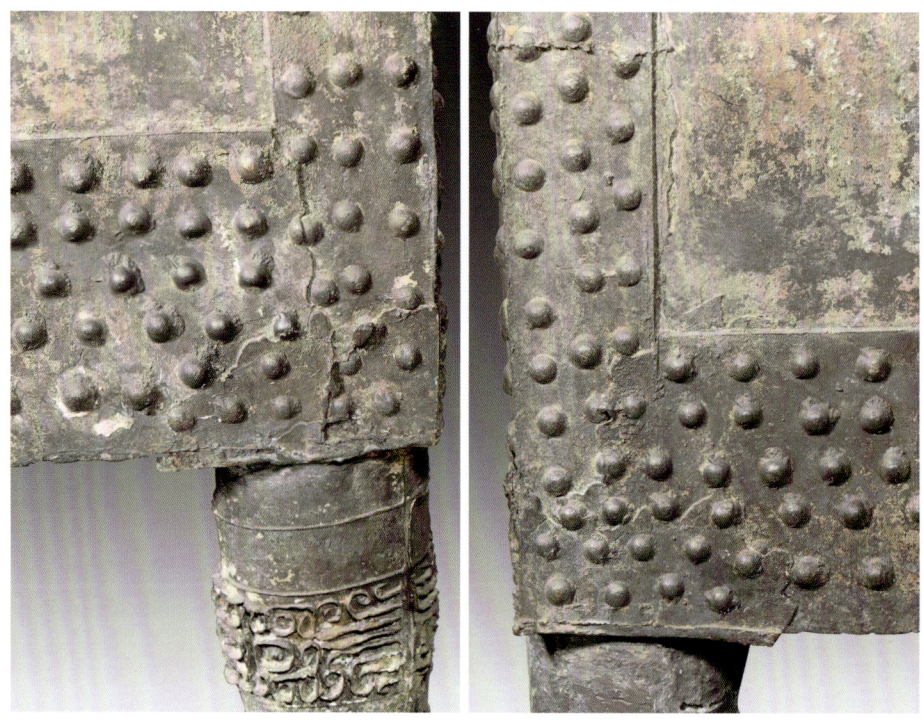

图 7.3　前庄方鼎 d 面面板叠压痕迹（笔者摄）

图7.4　前庄方鼎d面上立耳（笔者摄）　　　图7.5　前庄方鼎d面X射线影像（闫文祥摄）

至于腹底，肉眼可见此处结构相当复杂，四角、四边均能观察到情况各异的交错、叠压现象（图8.1），X射线影像显示底部区域整体基本完好但质地厚薄并不均匀，大量锈蚀可见于底部四处，其中一些分布密集，进而相连形成较大的不规则锈蚀区域（图8.2）。较特殊的是b面两足之间有一道横向黑影，左侧足根外亦有一圈状黑影（图8.3），聚焦外底相应位置后可见此二处与周围部分未完全结合，观察有"凹陷"状割裂（图8.4、图8.5），一道连续的披缝自足根上缘延续到了其旁凹陷处下暴露的铜体上，表明此二处于同一水平面、为一同铸造的整体；至于两足之间横向凹陷处暴露的铜体，结合鼎腹内底照片可见腹内底正中有一十字形底板（图8.6），底板完好，其四周溢出的铜液对周围腹下"底框"及

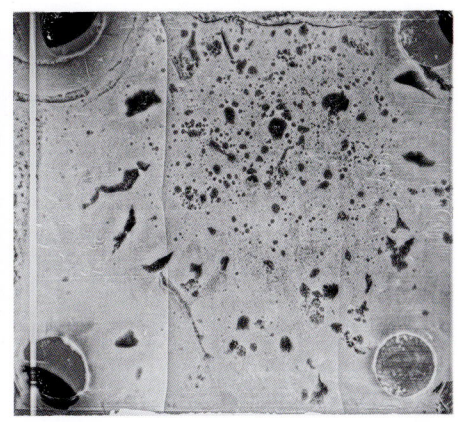

图8.1　前庄方鼎底部图（笔者摄）　　　图8.2　前庄方鼎底部X射线影像（闫文祥摄）

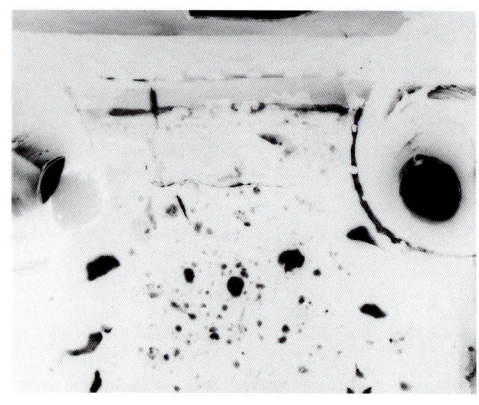
图8.3 前庄方鼎b面腹下X射线影像（闫文祥摄）

图8.4 前庄方鼎外底对应裂痕（闫文祥摄）

图8.5 前庄方鼎外底对应裂痕（笔者摄）

图8.6 前庄方鼎腹内底板（笔者摄）

足根造成了叠压（图8.7），表明此处底板是在腹壁、腹底、足均做好后再铸的，凹陷暴露的铜体当为此底板的外底面。对另外二足及其周边的观察虽未见到如前述足周的情况，但足根与腹底板之间存在铸接关系是明确的，且在a面下左足内侧可见足根对底板的叠压（图8.8），表明底板先铸于鼎足，同时底板对自腹下延伸出的"底框"造成了明显的叠压（图8.9），前述对腹部的观察也揭示了鼎足足根向上延伸对腹底的叠压。

图8.7 前庄方鼎腹底板叠压状况（笔者摄）

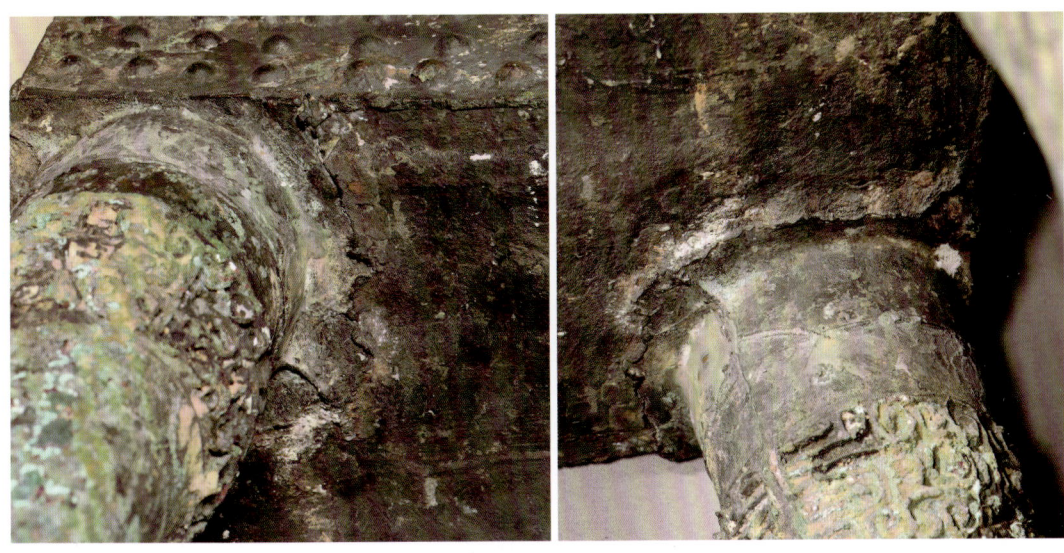

图 8.8　前庄方鼎足根叠压（笔者摄）

图 8.9　前庄方鼎"包角"在腹内的显示情况（笔者摄）

综上，可初步还原此鼎的成形工艺为以下步骤（图9）。

第一步，分别浑铸前后两面正中的兽面纹板与口沿、左右两侧面正中的兽面纹板与口沿同其上立耳，共得到4块预铸面板。

第二步，于四角设范，依次加铸两侧乳钉纹角板，实现对第一步中4块预铸面板的铸接，得到鼎腹的基本框架。

第三步，分别铸接下腹部的4条乳钉纹带并延伸至鼎底成为腹底边框。

第四步，于腹底边框上加铸鼎底，得到鼎底的基本框架并预留出鼎足位置。

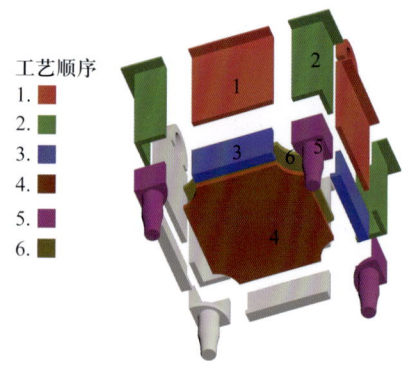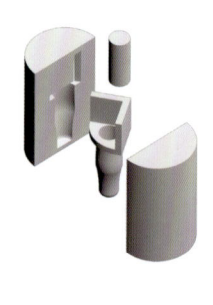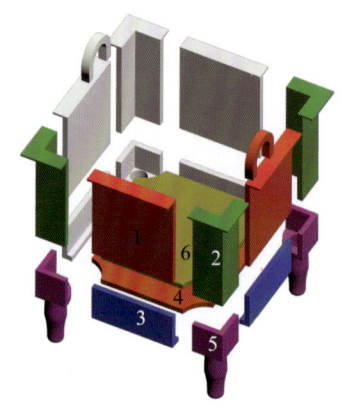

工艺顺序
1. 
2. 
3. 
4. 
5. 
6. 

图9　前庄方鼎工艺模拟图

第五步，于四角乳钉纹板下底部设范，铸接四足，并对b面下两足间未浇足的鼎底处进行补铸。

第六步，于鼎腹内底加铸最后一层内底板，至此完成整器成形。

铸接设计是此鼎制作工艺中最为关键的步骤，是整器得以最终成形的关键，在此之外的多项其他工艺也不容忽视。首先是纹饰的制作，可以看见不论是鼎腹还是鼎足，其上的兽面纹均无两两一致的，细节差异显著，表明纹饰都是各处各作而非从一模多次重复翻制，同时观察组成兽面纹的线条，一方面其与器表交接之处无贴塑过渡的痕迹，另一方面线条的纵截面为长方形且线条的深浅高度不一（图10.1），表明这些纹饰或为用扁头工具直接在范上戳制而成。至于乳钉纹，粗略看来，鼎腹上的乳钉直径各异、深浅不一、排列参差，但就其细节而言，一方面，位于同一带板上的乳钉纹总是大小相若的，同时，一种条状纹会以同样的形式重复出现在相邻的乳钉纹底边（图10.2），暗示同一带板上的乳钉纹是由同一固定的工具于范上戳制而成，制作不同带板所用戳制工具的尺寸不同，因而造成乳钉纹形态的整体性差异。至于一些乳钉纹端头出现的不明圈状凸起（图10.3），其成因难以确知。

图10.1　前庄方鼎器表兽面纹（笔者摄）

此鼎表面有多处补铸痕迹，其中尤以鼎足为甚，这些补铸皆为原始补铸，当是对器物初次成形后的缺陷进行的即时弥补，缺陷以浇不足造成的孔洞为主，大部分补块上可见补铸时的浇口，与足根相连的乳钉纹包角亦存在着一次成形未果、后补铸的情况（图11）。错范与范裂也是常见的铸造缺陷（图12、图13），相关痕迹连同一些浇道残存痕迹均状态

图10.2 前庄方鼎器表乳钉纹及其表面条纹（笔者摄）

图10.3 前庄方鼎器表乳钉纹及其表面凸起（笔者摄）

图11 前庄方鼎包角处补铸痕迹（笔者摄）

图12 前庄方鼎d面左侧乳钉纹带范裂痕迹（笔者摄）

原始、未经打磨加工处理（图14），使得整器工艺略显粗糙。

涉及铸型，鼎身主体使用分铸方法铸接而成，不涉及复杂范型设计，唯腹下的圆柱形鼎足乃由两块分于垂直面的范配合一足芯合范浇铸而成（图15），至于鼎腹左右两侧口沿上浑铸的耳，其背面当与鼎腹兽面纹板的内壁一起使用同一平面范，而后在饰有纹饰的面范上挖出口沿及耳的相应型腔组合装配浇铸而成。

图13　前庄方鼎c面右侧纹带交界处错范痕迹（笔者摄）

图14　前庄方鼎耳下浇道痕迹（笔者摄）

图15　前庄方鼎四角最外层包裹与足根两侧垂直分范痕迹（笔者摄）

前庄方鼎乃前庄器群中最大者，此器腹极深，四足呈截锥状且足不长，使得整器看起来重心略高，从装饰上看，一方面占据绝大部分视觉面积的鼎腹部分除了在腹中上部局部留白不作装饰以外，其余部分皆为纹饰所覆，同时鼎足正中不仅外表面饰纹，内侧原本不易被观察到的位置也作了装饰；另一方面从纹饰搭配的视觉效果看，腹部乳钉纹的排列在局部区域上出现了错位、数量不均的现象，各个兽面纹的细节也均有出入、稍欠规矩，不论视觉焦点放在腹中兽面纹面部的正中还是放在四角兽面纹的正中，其与足面的纹饰均不能呈现很好的搭配关系，即视觉效果上欠缺和谐，使得此器在整体风格上还是略显原始。

与同出的几件不论大小均强调浑铸的铜器不同的是，前庄方鼎通过极其繁琐的分铸工艺，将若干预制的"零件"通过多次铸接的方式，最终"拼"出一件大型方器，多处补铸、错范、范裂以及肉眼可见的浇道痕迹等，体现出其工艺上的原始性。至于纹饰的制作，前庄几件器纹饰均不复杂，方鼎纹饰以直接范作纹饰为主。

## 二、郑州商城方鼎

郑州商城出土了九件大型鼎，除一件圆鼎外，其余八件均为方鼎，这批铜器为郑州商城区域内所出大器之最。

### 1. 杜岭方鼎 DLH1:1

1974年9月，郑州商城西墙外约三百米杜岭土岗南段的张寨南街在施工过程中发现了两件方鼎，出土时两鼎东西并列，西边一鼎较大、东边一鼎略小，形制、纹饰相近①。

方鼎 DLH1:1（惯称"杜岭一号"），通高1000、口径横长625×纵长610、腹壁厚4毫米，重86.4千克（图16.1），现藏于中国国家博物馆。此鼎斗形方腹，平折口沿外侈，口沿上对置拱形立耳，耳内侧平、与鼎腹内壁处于同一垂直面，耳外侧内有三道随形凸棱（图16.2），口、腹截面略呈横长方形，鼎腹径自上而下渐微收，平底下出四空足于四角，四足均是截锥足，足径自足根向足底渐收，足底平。此鼎装饰简单，通体纹饰布局与前庄

图16.1 杜岭方鼎 DLH1:1（引自《中国国家博物馆藏文物研究丛书·青铜器卷》39页）

图16.2 杜岭方鼎 DLH1:1 鼎耳（笔者摄）

---

① 河南省博物馆：《郑州新出土的商代前期大铜鼎》，《文物》1975年第6期，第64～68、95页。

方鼎一致，上腹部通饰一周兽面纹，纹饰以阳线勾勒轮廓，仅眼珠作浮突状，腹中的兽面纹除面部外，还向眼外两侧展开了身躯，四隅兽面则无身躯，至于足上近根处的兽面纹，每足上皆是作了两组，外面的一张兽面纹与鼎腹上兽面特征相近，内侧的兽面眼睛则作椭方形轮廓并浮雕微突的椭方眼珠。此鼎除了兽面纹外，仅有鼎腹表面连成凹字形的乳钉纹带以及鼎足近底处的三道凸弦纹（图16.3）。此鼎整体风格与前庄方鼎颇为一致，些微的差异在于，杜岭一号比例上较为合理，斗形下收的鼎腹将整器的重心拉低，没有前庄方鼎重心偏高的失衡感。细节上，除了乳钉纹带内乳钉的排列规整以外，鼎足上两组兽面纹均

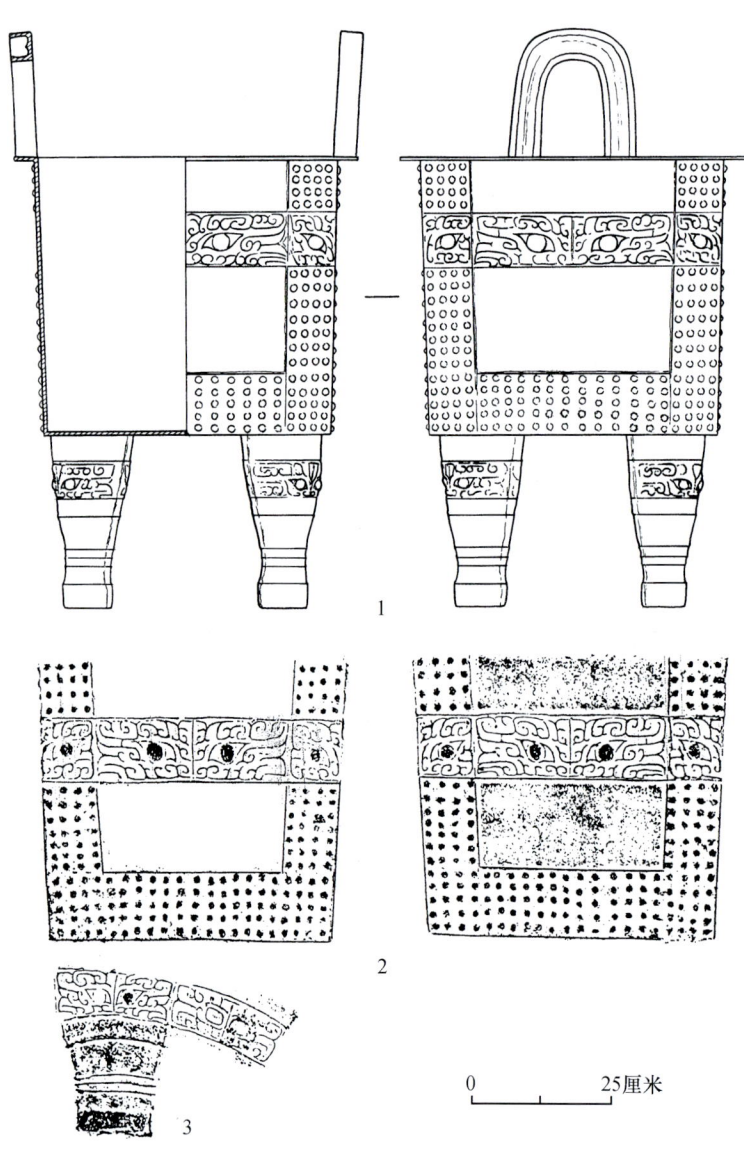

图16.3　杜岭方鼎DLH1:1线图及拓片（引自《郑州商城——1953～1985年考古发掘报告》图五三四）

匀分置于足的内外侧，使得外侧兽面的视觉中线与鼎腹四隅兽面纹的视觉中线保持一致（图16.4），设计考虑颇周到。

此鼎铸造精良，出土时完好，除了鼎足下部有补铸痕迹外通体鲜见明显铸造缺陷，报告称此鼎鼎耳先铸，后铸接鼎腹和鼎底，最后铸接鼎足而成①，然而对此鼎实物的观察未见鼎耳分铸痕迹，另在四角的口沿下方都见到了延伸自四隅的披缝痕迹（图16.5），鼎腹其他位置则未见明确的披缝痕迹，暗示此鼎鼎腹乃由四块均分的带口沿、耳的外范直接合范浑铸而成。对鼎底的观察可见明显的包络现象，即延伸自鼎腹的腹底"边框"包裹了正中的鼎底（图16.6），鼎底先铸的证据明确。至于鼎足，可见沿着内外两张兽面纹相接之处有延伸至足根的披缝（图16.7），表明鼎足外范两分，足根在腹底的结合处，在腹外、内皆呈圈状凸起（图16.8），报告认为是起加强作用的措施，此凸起与足、腹的关系到底如何还需X射线探伤检验，可确知的是，鼎足叠压着鼎底，鼎足系后铸。

图16.4　杜岭方鼎DLH1:1（笔者摄）

图16.5　杜岭方鼎DLH1:1口沿下披缝痕迹（笔者摄）

---

① 河南省博物馆：《郑州新出土的商代前期大铜鼎》，《文物》1975年第6期，第65页。

图 16.6　杜岭方鼎 DLH1:1 鼎底被叠压痕迹（笔者摄）

图 16.7　杜岭方鼎 DLH1:1 鼎足近根处披缝痕迹（笔者摄）

图 16.8　杜岭方鼎 DLH1:1 鼎足与腹底交接处的圈状凸起痕迹（笔者摄）

## 2. 杜岭方鼎 DLH1:2

方鼎 DLH1:2（惯称"杜岭二号"），通高 870、口径横长 610、腹壁厚 4 毫米，重 64.25 千克（图 17.1），现藏于河南博物院。杜岭二号较杜岭一号略小，壁厚一致，形制基本相同，也是方形腹口沿上立双耳、下接四截锥足。纹饰布局及纹饰的表现细节上，杜岭二号与杜岭一号亦并无二致（图 17.2）。此鼎出土时一耳连同耳下口沿部分残、掉落鼎底，后经修复。报告笼统称杜岭二鼎各特征一致，铸造工艺都是由先铸鼎耳再铸接鼎腹（八块外范），最后铸接鼎足而成①，通过对杜岭二号方鼎的实物观察，发现此鼎与杜岭一号在工艺上并非完全一致，两鼎的工艺细节均与报告描述多有出入。首先，杜岭二号鼎耳未见与口沿分铸的痕迹，脱落一耳也非自口沿相接处断开，表明耳与其下口沿应为浑铸，情况与杜岭一号、前庄方鼎一致。虽然此鼎铸造、打磨皆精，但观察其器表仍然可见纹带间的叠压现象，从内壁观察后明确可见鼎腹四隅转角处的"叠压"现象（图17.3），与前庄方鼎鼎腹情况一致，董韦研究杜岭二号鼎的铸造工艺，还注意到了腹面正中面板下方的乳钉纹带对其上方兽面纹所在面板以及其两侧纵置乳钉纹带的叠压现象②，

图17.1　杜岭方鼎DLH1:2［引自《中国出土青铜器全集（9）》24页］

观察鼎腹底部后，可见鼎底四边也都有为"底框"所叠压的痕迹（图17.4），综合看来杜岭二号鼎腹并非浑铸而是先预铸四块正中带条状兽面纹带的面板，再在其中每两块相邻

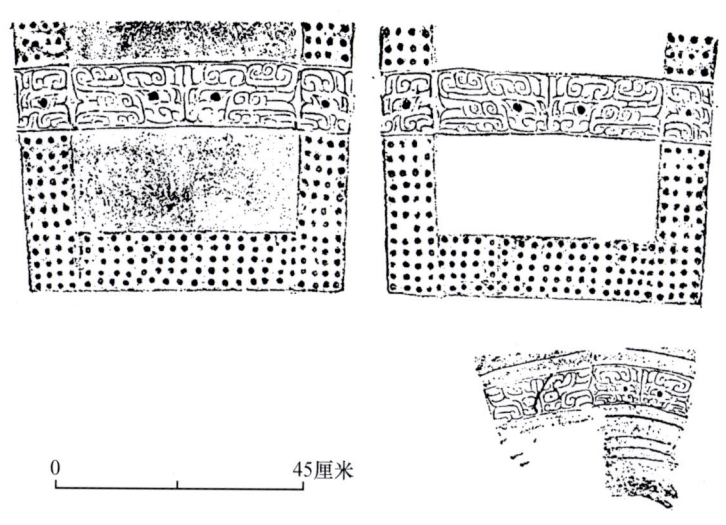

图17.2　杜岭方鼎DLH1:2纹饰拓片（引自《郑州商代青铜器窖藏》图五一）

---

① 河南省博物馆：《郑州新出土的商代前期大铜鼎》，《文物》1975年第6期，第65页。
② 董韦：《郑州商城窖藏铜方鼎铸造工艺再探——从杜岭二号方鼎谈起》待刊。

图 17.3　杜岭方鼎 DLH1:2 内壁叠压痕迹
（笔者摄）

图 17.4　杜岭方鼎 DLH1:2 鼎底被叠压痕迹
（笔者摄）

图 17.5　杜岭方鼎 DLH1:2 鼎足叠压鼎底痕迹
（笔者摄）

面板之间铸接乳钉纹角壁，最后将此基本框架与预铸好的腹底板组合，由加铸在兽面纹面板下的乳钉纹带板（及自其延伸至下腹的底框）实现腹中、腹四角、腹底的连接。至于鼎足，明显可看到其足根叠压于鼎底之上（图 17.5），无疑是最后铸接的，所用的足范应为两分。

### 3. 向阳回族食品厂方鼎 XSH1:2

1982 年 7 月，在郑州商城东南角外侧约 54 米处的向阳回族食品厂基建工地中，先后出土了十三件商代青铜器，其中包括两件大方鼎①。

方鼎 XSH1:2，通高 810、口长 550×宽 530、底长 460×宽 440、壁厚 7 毫米，重 75 千克（图 18.1）。此鼎形制与杜岭二鼎相近，差异主要在纹饰，向阳此器腹部兽面纹是以宽平的粗线条表示，兽眼中的眼珠突出作椭方形，鼎足只在近底处作凸弦纹而足面光素不作兽面

图 18.1　向阳方鼎 XSH1:2 [引自《中国出土青铜器全集（9）》25 页]

---

① 河南省文物考古研究所、郑州市博物馆：《郑州新发现商代窖藏青铜器》，《文物》1983 年第 3 期，第 49～59 页。

装饰（图18.2）。杨育彬认为其鼎耳与鼎腹乃浑铸，实物可见鼎耳槽内仅有一道随形凸棱（图18.3），口沿下对应耳根的位置有粗条状的加强筋（图18.4），杨氏还最先指出此鼎鼎腹四壁系鼎底先铸，再浑铸鼎腹四壁，最后铸接鼎足而成[①]，实物明确可以见到鼎足叠压在最外层、鼎底被叠压于最底层的相应情况（图18.5），杨氏所言确凿。此鼎纹饰布局疏朗

图18.2　向阳方鼎XSH1:2线图及拓片（引自《郑州商城——1953～1985年考古发掘报告》图五三七）

图18.3　向阳方鼎XSH1:2耳内随形凸棱（笔者摄）

图18.4　向阳方鼎XSH1:2口沿下对应耳根位置的加强筋（笔者摄）

---

① 杨育彬：《从郑州新发现的窖藏青铜器谈起》，《中原文物》1983年第3期，第43页。

有致，乳钉纹排列整齐，除了鼎足上的原始补铸痕迹外，未见各式明显缺陷。与较为特殊的兽面纹表现方式同步的是，纹饰的表面还均出现了不同程度的横向刮磨痕迹而纹饰整体浮起的高度又比较均匀（图18.6），这样的纹饰无法直接在范上契刻得到，而是起码要经过贴泥条塑模加工、翻范再加工的工序才能达到，比单线条状的纹饰制作要繁琐不少。杨育彬还认为此鼎四只鼎足里对角的每两足所用的范为同一件，鼎足的成形过程实际上只使用了两套范，笔者认为可能性较低，至少本文涉及的其他八件商代前期方鼎制作工艺的考察中未见单一器物上出现同模翻范甚至一范两用的情况，浇铸过的范能否被二次使用也是一个存疑的问题。向阳方鼎XSH1:2的成分检测显示其含铜量为87.73%、含锡量8%，其余为少量铅和锑[①]。

图18.5　向阳方鼎XSH1:2腹、底、足相互叠压情况（笔者摄）　　　图18.6　向阳方鼎XSH1:2兽面纹上刮磨痕迹（笔者摄）

### 4. 向阳回族食品厂方鼎XSH1:8

方鼎XSH1:8，通高810、口长和宽各530、底长和宽各420、壁厚6～8毫米，重52千克（图19.1、图19.2）。此鼎大小、形制、纹饰与前庄方鼎颇为接近，重量也只是比前庄方鼎稍重了10千克，肉眼可见的些微差异在于，此鼎鼎足上端只在外表面作一组兽面纹（图19.3），而前庄方鼎上则是内外皆作了兽面，同时，前庄方鼎上的乳钉纹在各个方向上普遍都有错位，向阳此鼎腹部的乳钉纹带在水平、垂直方向上都排列整齐（图19.4），但较杜岭二器及同出的另一方鼎而略逊一筹。

报告指出此鼎与同出的方鼎XSH1:2在工艺上最大的不同在于，此鼎鼎腹四壁非浑铸，而是拆分为了中壁与角壁[②]，如此，向阳方鼎XSH1:8的铸接方式便与杜岭二号大致相同，

---

① 裴明相：《郑州商代青铜器铸造述略》，《中原文物》1989年第3期，第90页。
② 杨育彬：《从郑州新发现的窖藏青铜器谈起》，《中原文物》1983年第3期，第43、44页。

图 19.1　向阳方鼎 XSH1:8 正视图（笔者摄）　　图 19.2　向阳方鼎 XSH1:8 侧视图（笔者摄）

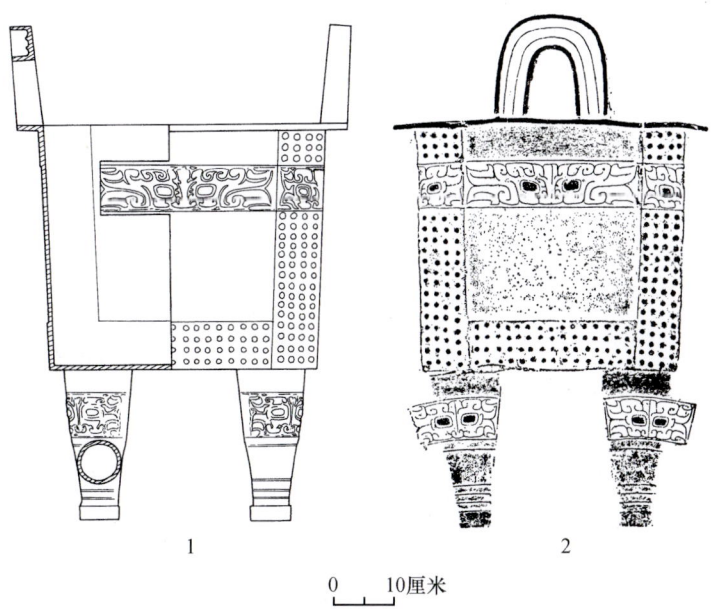

图 19.3　向阳方鼎 XSH1:8 线图及拓片（引自《郑州商城——1953～1985 年考古发掘报告》图五三六）

图19.4　向阳方鼎 XSH1:8 腹部乳钉纹带（笔者摄）

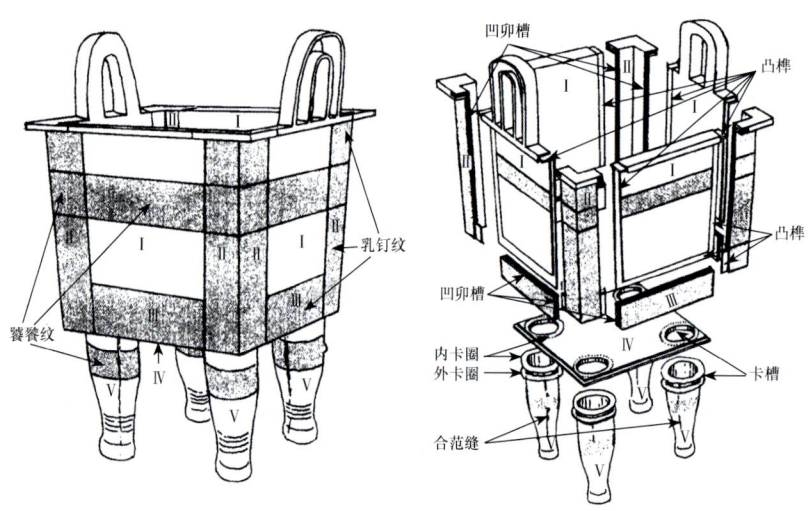

图19.5　向阳方鼎 XSH1:8 铸造工艺模拟图（引自《郑州商代大方鼎拼铸技术试析》图五、图六）

然而李京华重点考察向阳方鼎 XSH1:8，并模拟了铸造工艺图（图19.5），首次指出向阳方鼎 XSH1:8 腹壁分为中壁上段、中壁下段、角壁三部分，鼎耳与相应面的中壁系浑铸，四面中壁先铸好后，由四隅的角壁铸接每相邻的俩中壁，而后再铸接中壁下段得到腹壁的基本框架，鼎底是在此框架基础上后铸的，鼎足则是待鼎底铸好后再最后铸接的[①]。李静则认为鼎底是预铸好后，待铸接中壁下段时将鼎底包络住的[②]，除此之外二人没有异见。对照

---

[①] 李京华：《郑州商代大方鼎拼铸技术试析》，《文物保护与考古科学》1997年第9卷第2期，第41、42页。

[②] 李静：《郑州商代前期青铜方鼎铸造工艺研究》，中国科学院自然科学史研究所硕士学位论文，2009年，第24页。

向阳方鼎XSH1:8实物后可见局部开裂，纵向裂缝正位于中壁与邻侧角壁之间，从内壁可见清晰的中壁下段对上段的叠压（图19.6），器表则可见中壁下段对邻侧角壁的叠压（图19.7），外底图中明确鼎底为延伸自中壁下段的底框所叠压（图19.8），故鼎底应如李静判断为先铸而非李京华所言的后铸。鼎足最后铸是无疑的，且鼎足使用两分范对开分型，分型面一侧在兽面纹的面中，局部可观察到残留的披缝（图19.9）。此鼎肉眼可见表面锈蚀严重，腹部有明显的因铸接不牢固而产生的裂缝，鼎足、鼎耳上也有严重的原始补铸，口沿处还有大面积残损（图19.10、图19.11），缺陷不少。此鼎耳根对应口沿下方的加强筋作厚的片状而非扁平的粗条状（图19.12）。综合看来，此鼎与前庄方鼎在工艺上也高度一致，只是此鼎的制作技术较前庄器略优。

图 19.6　向阳方鼎 XSH1:8 内壁图（笔者摄）

图 19.7　向阳方鼎 XSH1:8 表面中壁下段对邻侧角壁叠压（笔者摄）

图 19.8　向阳方鼎 XSH1:8 外底图（笔者摄）

图 19.9　向阳方鼎 XSH1:8 鼎足沿兽面纹面中分型残留披缝痕迹（笔者摄）

图19.10　向阳方鼎XSH1:8鼎足缺陷与补铸（笔者摄）

图19.11　向阳方鼎XSH1:8鼎耳补铸、口沿残损（笔者摄）

图19.12　向阳方鼎XSH1:8鼎耳根对应口沿下方的厚片状加强筋（笔者摄）

### 5. 南顺城街方鼎ZSNH1上:1

1996年2月，开发商施工过程中，自位于郑州市西大街以南、南顺城街以西处发现一个青铜器窖藏坑，经全面的考古复探、发掘后，出土了包括4件铜方鼎在内的共计12件青铜器[①]。

方鼎ZSNH1上:1，通高830、口部长515×宽512、鼎足高240、耳高160、沿面宽32.5、壁厚5~10毫米，重52.9千克（图20.1）。此鼎尺寸、重量、形制都与向阳方鼎XSH1:8及前庄方鼎如出一辙，差异主要在纹饰上。一方面，此鼎腹部兽面纹线条较粗，轮廓不似彼两鼎那般作线状而是较为宽平，呈现的视觉效果与向阳方鼎XSH1:2略似但并非完全相同：此处不论是兽的身体还是浮凸的眼珠线条，表面仍较为圆转，而向阳器上的则是近方、平，差异很小；另一方面，此鼎鼎足上段虽也作兽面，但纹饰与鼎腹兽面明显有异，既表现在此处的兽面纹无身、仅作独立的兽首，且兽的眼、鼻、口集中在了画面的下半段，上半部分则以高耸的额及其两边对置的叶形耳所占据，形象夸张，还表现在此兽面纹是用细线条勾勒轮廓（图20.2），施纹理念与前庄方鼎等器一致，无独有偶，相同鼎足作纹方式在前庄出土的圆鼎一上也可见到。

---

① 河南省文物考古研究所、郑州市文物考古研究所：《郑州南顺城街青铜器窖藏坑发掘简报》，《华夏考古》1998年第3期，第2~27页。

 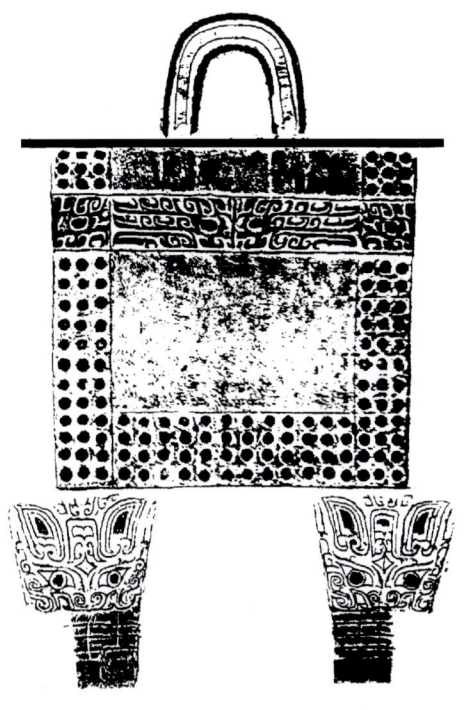

图 20.1　南顺城街方鼎 ZSNH1 上 :1［引自《中国出土青铜器全集（9）》26 页］

图 20.2　南顺城街方鼎 ZSNH1 上 :1 拓片（引自《郑州南顺城街青铜器窖藏发掘简报》图五）

　　报告及线图中指出，此鼎口沿下在与鼎耳根相应位置处设有宽条状加强筋（同向阳方鼎 XSH1:2），外底正中作有十字加强筋（图 20.3），这一现象未见于其他几件方鼎。李京华和郭移洪研究此鼎，指出鼎腹沿四隅分范，残留的披缝向上延伸至口沿（图 20.4），说明鼎腹四壁乃浑铸而成[①]，对此，李静[②]、董韦在详细观察实物后都得到了一致结论。不过，与李京华等认为此鼎鼎足先铸所不同的是，李静与董韦都根据鼎足足根对鼎底及鼎腹底框的叠压现象推论鼎足系后铸，二人所用材料翔实，可取。此外，此方鼎耳下作粗条状的加强筋，相同现象也可见于向阳方鼎 XSH1:2。较为特殊的是，董韦观察到了此鼎耳下对应的口沿内侧、表面的披缝痕迹，推测此鼎鼎耳系后铸[③]。综合看来此器在各方面皆与向阳方鼎 XSH1:2 接近，除了在重量上此器稍轻外，其余均能与杜岭一号大鼎相媲美。

---

①　李京华、郭移洪：《郑州商代窖藏铜方鼎拼铸技术试析》，《郑州商代青铜器窖藏》，科学出版社，1999 年，第 122 页。

②　李静：《郑州商代前期青铜方鼎铸造工艺研究》，中国科学院自然科学史研究所硕士学位论文，2009 年，第 30 页。

③　董韦：《郑州商城窖藏铜方鼎铸造工艺再探——从杜岭二号方鼎谈起》待刊。

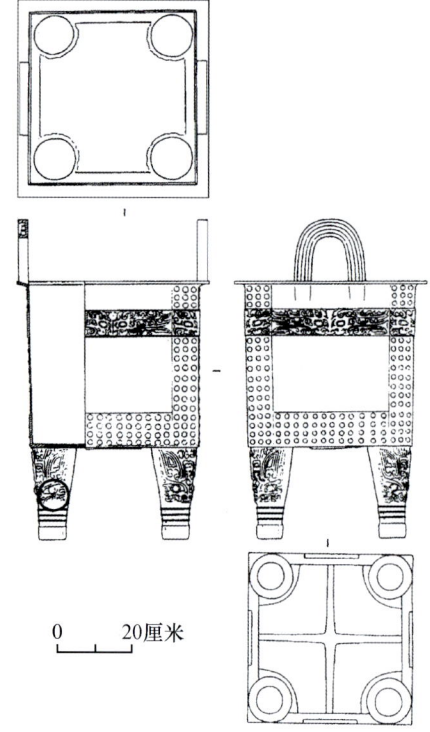

图20.3　南顺城街方鼎ZSNH1上:1线图（引自《郑州南顺城街青铜器窖藏发掘简报》图四）

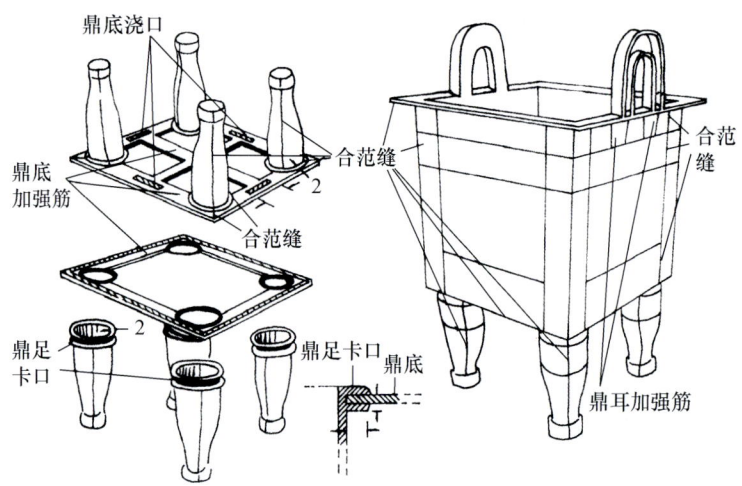

图20.4　南顺城街方鼎ZSNH1上:1分解图（引自《郑州商代青铜器窖藏》123页）

### 6. 南顺城街方鼎 ZSNH1 上:2

鼎通高725、口部长445×宽435、鼎足高240、耳高120毫米，重26.7千克（图21.1）。此器口近方形，平折沿外侈、沿上对置拱形耳。鼎腹四方，表面仅在正中面板的中上方设横向的带状兽面纹，兽面以凸起的细线条勾勒轮廓，其五官、身躯均颇简单抽象，纹饰的对称性较弱，较前述诸器不同的是，此鼎四隅的乳钉纹带不仅乳钉排列稀疏、不规整，其在与腹中兽面纹相对应的水平位置上也没有加设兽面纹，故而整器只有腹中四面设置了共四组兽面纹。腹下四空足上粗下细，近底处渐外撇呈喇叭形，四足在表面偏上部分，以上、下的凸弦纹为界作纹带，其内设垂直向的折线纹。整体纹饰简单，呈现的效果也较为朴素（图21.2）。

图21.1　南顺城街方鼎 ZSNH1 上:2 [ 引自《中国出土青铜器全集（9）》27页 ]

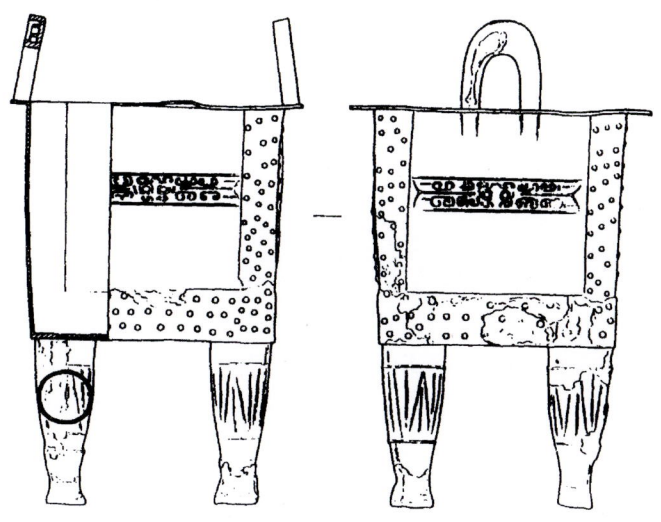

图21.2　南顺城街窖藏方鼎 ZSNH1 上:2 线图（引自《郑州南顺城街青铜器窖藏发掘简报》图七）

此鼎锈蚀严重，腹表、足面多有肉眼可见的明显铸造缺陷，补铸多发生于下腹部各面板的交接处（图21.3）及鼎足表面（图21.4）。双耳内皆存泥芯故耳槽内结构未知（图21.5），口沿下对应耳根的位置有加强筋，双侧的加强筋均为平行的两道薄片（图21.6），故

图 21.3　南顺城街方鼎 ZSNH1 上 :2 腹表补铸（笔者摄）　　图 21.4　南顺城街方鼎 ZSNH1 上 :2 足面补铸（笔者摄）

图 21.5　南顺城街方鼎 ZSNH1 上 :2 耳及耳内泥芯（笔者摄）　　图 21.6　南顺城街方鼎 ZSNH1 上 :2 耳根对应口沿下方的薄片状加强筋（笔者摄）

一耳下有 4 道加强筋，与前述诸鼎耳下的加强筋形态有别。观察腹内壁可见明显的下段乳钉纹带对中壁的叠压（图 21.7），角壁对中壁、下段乳钉纹带对角壁的叠压（图 21.8），虽然前述杜岭二号、向阳方鼎 XSH1:8 两鼎鼎腹也显示出相似的叠压顺序，但南顺城街方鼎 ZSNH1 上 :2 下段乳钉纹带与角壁的叠压渡过了两块面板的交界处、延伸到了四隅的转角

图21.7　南顺城街方鼎ZSNH1上:2下段乳钉纹带对中壁叠压（笔者摄）

图21.8　南顺城街方鼎ZSNH1上:2角壁对中壁叠压、下段乳钉纹带对角壁叠压（笔者摄）

处，因而李京华等称此鼎下腹的乳钉纹带为"底框"（图21.9）[①]，底框包络了预铸的鼎底，鼎足最后铸（图21.10），从足内、外侧所残留纵向披缝之位置来看（图21.11），鼎足对开分型，外侧分型面与四隅边角处于同一垂直位置，相同的鼎足分型方式仅见于前庄方鼎、向阳方鼎XSH1:8足上，这一现象与其他鼎足对开的分型面均匀分置于四隅垂直延

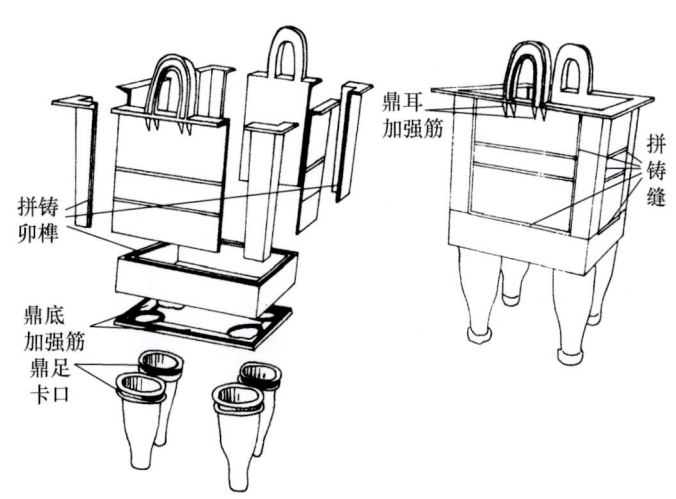

图21.9　南顺城街方鼎ZSNH1上:2分解图
（引自《郑州商代青铜器窖藏》图五）

---

① 李京华、郭移洪：《郑州商代窖藏铜方鼎拼铸技术试析》，《郑州商代青铜器窖藏》，科学出版社，1999年，第119、120页。

图 21.10　南顺城街方鼎 ZSNH1 上 :2 鼎足对鼎底叠压（笔者摄）

图 21.11　南顺城街方鼎 ZSNH1 上 :2 足外侧残留的纵向披缝（笔者摄）

长线线下两侧有较大差异。

### 7. 南顺城街方鼎 ZSNH1 上 :3

鼎通高 640、口部长 425×宽 420、鼎足高 220、耳高 100 毫米，重 21.4 千克（图 22.1）。此鼎腹壁向下斜收，口大、底小，使得整个腹部呈倒置的棱台体，与前述诸鼎腹近长方体的情况有别。口上出沿，口沿外侈且薄，沿上对置拱形槽耳。腹部每一面的左右两侧均纵置了乳钉纹带为边，腹正中作有一横置的宽乳钉纹带，纹带以上、下两道凸弦纹为边框，其内不规则地铺设了大小不一的乳钉，腹下部近底处亦横置有一条窄的乳钉纹带，与腹中乳钉纹带平行，各处的乳钉排列都颇为随意。鼎底平，下承四空足，足径自上而下渐收，足内侧光素，外表

图 22.1　南顺城街方鼎 ZSNH1 上 :3［引自《中国出土青铜器全集（9）》28 页］

面施纹，近根处为一周横向的连珠纹带，其下则为纵向的折线纹，近底处还加饰有一周凸弦纹（图 22.2）。

此鼎铸造缺陷颇多，故器表常见补块，李京华等指出其口沿四角、耳部及足下段的

缺陷及相应补铸甚多[1]，从原始照片看鼎底有大片残损且相应部位的两足均已脱落[2]。李氏等人通过观察到的器表披缝推测此鼎的铸造工艺，认为鼎腹部分为中段面板、角壁、鼎底三个部分，其中鼎耳与带口沿的中段面板浑铸，中段面板先于角壁铸造，待四壁由四隅角壁连接铸成后，于四边之下加铸了鼎底（图22.3），此鼎底一方面在欲铸接四足的位置预留了结构槽，另一方面底四边均向上折沿，形成对鼎腹四边包裹的"底框"（图22.4），虽然

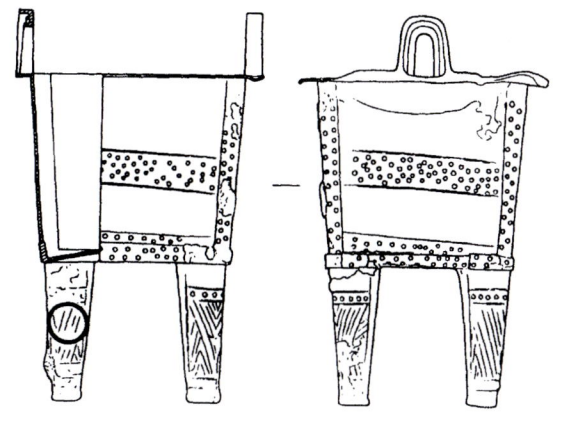

图22.2　南顺城街方鼎ZSNH1上:3线图（引自《郑州南顺城街青铜器窖藏坑发掘简报》图七）

在南顺城街方鼎ZSNH1上:2上鼎腹也是由"底框"结构包裹的，但ZSNH1上:2上鼎底与底框分铸，同ZSNH1上:3此处底上浑铸底框的情形有别。此外较为特别的是，最后铸的鼎足，其外侧的足根处也作了向上的延长，形成了足根外侧对鼎底及鼎下腹四角的叠压、包裹（图22.5），同时鼎足的分型面位于与四隅垂直延长线的两侧（图22.6），如此的话足

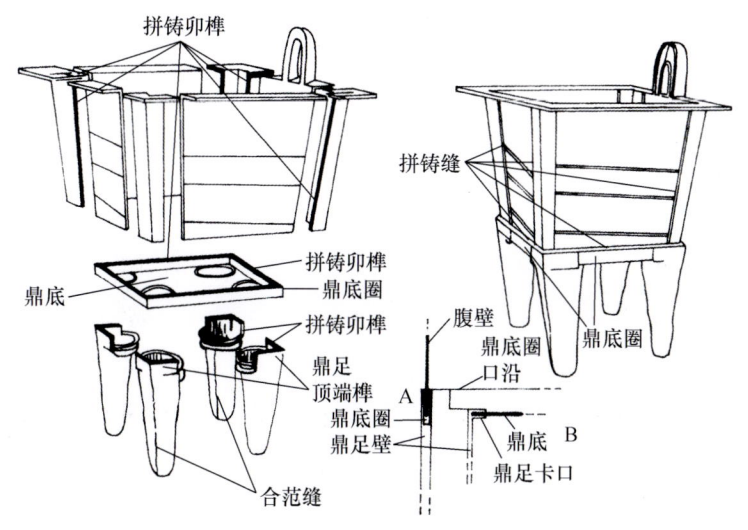

图22.3　南顺城街方鼎ZSNH1上:3分解图
（引自《郑州商代青铜器窖藏》图三）

---

[1] 李京华、郭移洪：《郑州商代窖藏铜方鼎拼铸技术试析》，《郑州商代青铜器窖藏》，科学出版社，1999年，第116页。

[2] 河南省文物考古研究所、郑州市文物考古研究所：《郑州商代青铜器窖藏》，科学出版社，1999年，图版三五.5。

外表折线纹在一块范上即可制成而不涉及在两块范上各作一半的考虑，这种特殊的鼎足制作情况与前庄方鼎鼎足的处理如出一辙。

### 8. 南顺城街方鼎 ZSNH1 上:4

鼎通高 590、口部长 380×宽 360、鼎足高 210、耳高 100 毫米，重 20.3 千克（图 23.1）。此鼎除了尺寸略小外，整体形制与南顺城街方鼎 ZSNH1 上:3 颇类，细小的差异在于，此鼎腹部纹带内的乳钉排列较前一鼎更整齐，下部的乳钉纹带也较宽、不似前一鼎上那般细窄，腹中上下两乳钉纹带在垂直方向上平行度也甚好，一定程度上有着更好的艺术表现。

此鼎因保存略好而保留有更多的工艺痕迹，尤为明显的是口沿四角的包络痕迹，部分

图 22.4 南顺城街方鼎 ZSNH1 上:3 腹内叠压痕迹（引自《郑州商代青铜器窖藏》图版三六.1）

图 22.5 南顺城街方鼎 ZSNH1 上:3 鼎足外侧对鼎底、鼎下腹四角的叠压（笔者摄）

图 22.6 南顺城街方鼎 ZSNH1 上:3 鼎足侧披缝（笔者摄）

呈现明显的"开叉"现象（图 23.2），应非由铸接不牢导致，只是铸接工艺尚不纯熟造成的茬口未打磨，另一部分接口处出现的明显开裂现象（图 23.3）则是由铸接实现程度欠佳而导致的。而中壁的部分虽然有上、下两道乳钉纹带，但它们皆处于同一块中壁面板上，未见彼此间有相互叠压的痕迹，从内壁观察到的痕迹也明确可以看到四隅角壁对中壁

**图 23.1** 南顺城街方鼎 ZSNH1 上 :4（笔者摄）

**图 23.2** 南顺城街方鼎 ZSNH1 上 :4 口沿角部铸接口飞边未打磨痕迹（笔者摄）　　**图 23.3** 南顺城街方鼎 ZSNH1 上 :4 口沿角部接缝开裂痕迹（笔者摄）

的叠压（图 23.4），表明角壁后铸。对鼎腹表面的观察还见在俩乳钉纹带之间的腹正中部位，有明显的圆形补块（图 23.5），这些补块所处位置相同、大小相若，应是有意为之的设置，李京华等认为相应孔洞是因设置四壁芯撑孔所致①，可取。除四壁外，腹底也经补

---

① 李京华、郭移洪：《郑州商代窖藏铜方鼎拼铸技术试析》，《郑州商代青铜器窖藏》，科学出版社，1999 年，第 116 页。

图 23.4　南顺城街方鼎 ZSNH1 上 :4 鼎腹四隅内壁对中壁的叠压（笔者摄）

图 23.5　南顺城街方鼎 ZSNH1 上 :4 鼎腹正中补块（笔者摄）

铸，条状的浇口残留未打磨（图 23.6），十分显眼，通过线图可知此处补铸区域硕大，占据了鼎底近一半的面积（图 23.7），同时观察鼎底四边，见下腹乳钉纹带下明显有"底框"（图 23.8），其上缘对上方的乳钉纹带造成了叠压，下缘则延伸至鼎底，表明此鼎与 ZSNH1 上 :3 一样，也是在腹壁成形后铸接的腹底，且腹底四边带向上的边框以包络四壁。四鼎足表面富有缺陷（图 23.9），不过初铸时即已进行了补铸，故完整性尚好，其中一足明显较其他三足略短（图 23.10），使得该足足端悬空、不能触地。此鼎鼎足的设置方式虽与 ZSNH1 上 :3 一致，也是后铸铸接且足上端延伸至了鼎腹底框处对鼎底有包裹，但 ZSNH1 上 :3 足的设置向鼎底内缩进，ZSNH1 上 :4 的四足则置于鼎底四角的正下方未向内缩，且四足表面在腹四角向

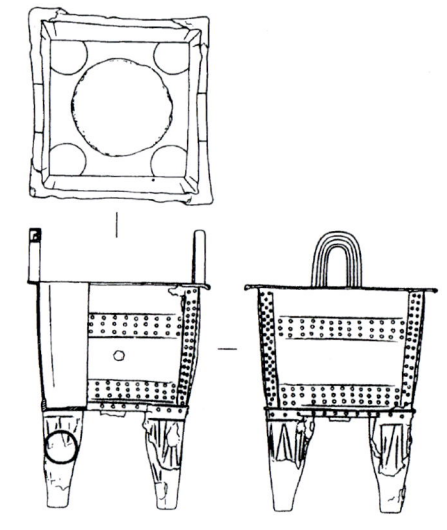

图 23.6　南顺城街方鼎 ZSNH1 上 :4 腹底正中补铸残留浇口痕迹（笔者摄）

图 23.7　南顺城街窖藏方鼎 ZSNH1 上 :4 线图（引自《郑州南顺城街青铜器窖藏发掘简报》图八）

图23.8　南顺城街方鼎ZSNH1上:4腹底框对中壁的叠压（笔者摄）

图23.9　南顺城街方鼎ZSNH1上:4一足表面补铸（笔者摄）

图23.10　南顺城街方鼎ZSNH1上:4一较短足（笔者摄）

下的延长线上都留有对应的"折痕"，ZSNH1上:4鼎足的横截面有一尖角，非圆，在李京华等对此鼎的铸造工艺分析中（图23.11），认为鼎足的型腔大致由三个部分组成：外面的直角型范、内侧的弧形范、足芯。其中弧形范中包括了半圆的"卡口"以形成对鼎底的咬合，李氏等人称之为"拼铸榫卯"①。

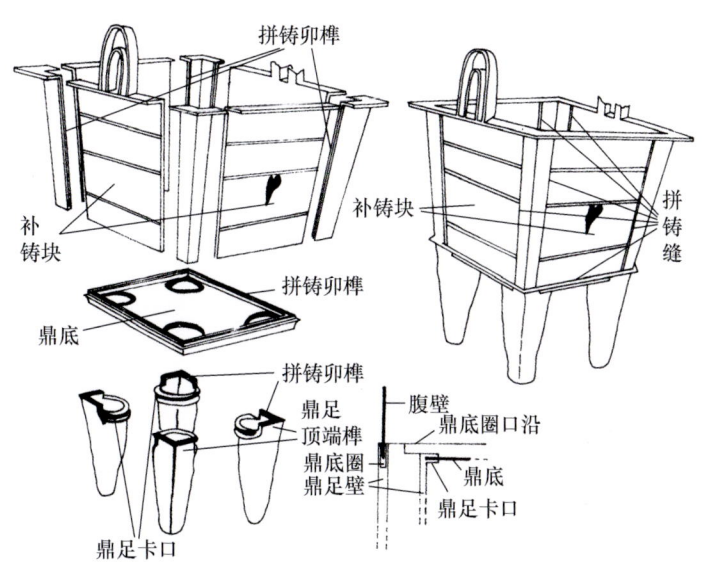

图23.11　南顺城街方鼎ZSNH1上:4分解图（引自《郑州商代青铜器窖藏》114页图一）

---

① 李京华、郭移洪：《郑州商代窖藏铜方鼎拼铸技术试析》，《郑州商代青铜器窖藏》，科学出版社，1999年，第113~116页。

## 三、平陆前庄方鼎与郑州商城窖藏方鼎

### 1. 风格

九件早商方鼎，尺寸、重量虽有别，但形制基本一致，有着很强的同一性，当然其中的个性差异也是存在的。方鼎一器，最显著特征是其呈方形的鼎腹，南顺城街窖藏方鼎ZSNH1上:3、ZSNH1上:4腹形虽方，但整体视觉上明显口大底小，腹呈棱台体。其余诸器腹虽看似作正方体，但对比口、底的尺寸，仍可见口径略大于底径的现象，表明器腹实际上也是自上而下渐微收的。方鼎鼎口有外侈的沿，较小较轻的诸器，相应地口沿外侈的程度大却质薄，大而重的器口沿渐渐增厚的同时也略向腹回缩，显得不那么突出，这与中商及晚商时期方鼎口沿略侈或直、方唇的特征有别。口沿对置双拱形耳几乎是商代方鼎的统一特征，此特征在这批方鼎上几乎一致，除南顺城街方鼎ZSNH1上:2耳内被泥芯覆盖情况不明外，其余鼎耳外表面皆作槽形，差异不过槽内随形的加强筋条数的多寡之别而已。

方鼎腹下承四足，足皆中空、与腹贯通，足造型的相同之处，是都"上粗下细"，不同之处在于，南顺城街方鼎ZSNH1上:3、ZSNH1上:4和前庄方鼎，鼎足大体呈柱状，足底平，是为典型的截锥足。南顺城街方鼎ZSNH1上:2，鼎足近底处明显有一处收束，然后再渐向外打开，使得足近尖处呈现亚腰形过渡，与晚期蹄足鼎的足尖处理颇似，与之相近的还有向阳回族食品厂方鼎XSH1:2。向阳回族食品厂方鼎XSH1:8、南顺城街方鼎ZSNH1上:1、两件杜岭方鼎四器的足似乎中和了这两类鼎的情况，既大体作柱状的截锥足，又在足中下部略收、足尖处再另加粗，整体呈现出向柱足过渡的状态。

方鼎纹饰简单，较小的几鼎中，南顺城街方鼎ZSNH1上:3、ZSNH1上:4二鼎鼎腹只作乳钉纹，除了在腹四隅设置纵向的乳钉纹带外，腹中也在四面正中设置了横向的乳钉纹带，鼎足之上除了乳钉外则只有折线纹，同时纹带的排列非常随意，只大概有铺设的概念，乳钉纹带内部乳钉的排列不规矩，纹带之间的布局也毫不讲究，平行、对称性都很差。南顺城街方鼎ZSNH1上:2鼎腹出现了兽面纹，此兽面极为抽象，仅有中心的面部能看出兽眼，其余五官、身躯均语焉不详，纹饰的精细度也十分一般。不过，此鼎腹部的纹带的视觉效果较南顺城街方鼎ZSNH1上:3、ZSNH1上:4好不少，横向纹带与纵向纹带呈90°垂直，水平纹带之间也保持着很好的平行度，下腹部的乳钉纹带宽度与四隅乳钉纹带的宽度均比前两器增加了一倍。很明显，南顺城街方鼎ZSNH1上:2鼎腹部的装饰理念，是自同出的ZSNH1上:3、ZSNH1上:4上发展而来的，此三鼎的足面皆作折线纹为装饰，不见兽面。到了南顺城街方鼎ZSNH1上:1上，腹部乳钉纹带已然极为规矩，纵向纹带内皆作3列、15行乳钉，横向纹带则作4行、12列乳钉，其内乳钉大小相若、排列整齐，且

在四隅的中上部、与腹中兽面纹带水平的位置上，也加设了兽面纹，此处兽面与鼎足表面的兽面纹保持同一朝向，因而方鼎在四角面上也可以看到上下两个完整的兽面，使得整个器物可以在多角度上都保持很好的视觉效果，具有与此鼎相同表现力的还有杜岭二鼎、向阳方鼎XSH1:8。向阳方鼎XSH1:2与之也相当，只是足面无兽面纹而略欠华丽度，而前庄方鼎足面虽也作兽面纹，但纹饰分内外两个纹带，鼎腹四角的纵向延长线上为足面两个兽面纹的相接处而非一张兽面的面中，故使得前庄器在侧面位置失去了一部分的和谐度，同时，前庄鼎各乳钉纹带内乳钉的排列也稍有参差。

各鼎之间纹饰的细节差异主要在于兽面纹，一方面，兽面纹的表现形式分两种，向阳方鼎XSH1:2与南顺城街方鼎ZSNH1上:1腹部兽面的线条皆较宽，纹饰通过剔刻减地的轮廓线表现，其余诸鼎表面包括南顺城街方鼎ZSNH1上:1足面的兽面纹皆是直接用阳线作纹饰的轮廓。另一方面，各鼎之间、单一鼎鼎腹与鼎足上的兽面纹样式不尽相同，南顺城街ZSNH1上:2、前庄方鼎、向阳方鼎XSH1:8兽面的相对更抽象，除了眼睛之外其余的五官辨识度都不高，其余诸鼎与之差别不算大，但已依稀可辨额、鼻、角、口等部位，且鼻的正中还开始起梁，是为在兽面正中以扉棱作鼻的初始形态。兽面纹当中最为特殊的，是南顺城街方鼎ZSNH1上:1，其鼎足表面的兽面纹在诸方鼎中仅见，宽大的叶形耳、菱形额占据了兽面的一半位置，其下眼角上挑、嘴角深咧都是仅见的因素，相同的纹饰在前庄圆鼎一上也可见到，暗示二者的关联。

目前发现的最早的鼎，为二里头鼎87YLVM1:1，此器通高约200、口径153、底径98~100、壁厚1.5毫米（图24）①。折沿，薄唇内出加厚的缘，沿上对置两拱形耳，耳外侧光滑而内侧棱鼓，也相对外侧粗糙。腹较深，弧形壁下收出小平底，底外以三锥足承器。足截面为菱形，上半部中空透底，下半段实心，足端尖利。腹内壁近底处可见补铸痕迹。腹中饰一周细阳线网纹带，纹线不很均一，网格大小不均匀②，呈现出较为朴素的装饰感。报告认为此鼎与斝出自同一座二里头四期墓葬，按照近来对二里头文化的分期看此鼎年代进入了二里岗下层早段③。郑州商城的二里岗下层

图24　二里头鼎87YLVM1:1（引自《鼎盛中华——中国鼎文化》22页）

---

① 郑光：《河南偃师二里头遗址发现新的铜器》，《考古》1991年第12期，第1138、1139页。
② 中国社会科学院考古研究所二里头工作队：《河南偃师二里头遗址发现新的青铜器》，《考古》1991年第12期，第1138、1139页。
③ 许宏、赵海涛：《二里头遗址文化分期再检讨——以出土铜、玉礼器的墓葬为中心》，《南方文物》2010年第3期，第51页。

层位中未见有鼎，到了二里岗上层，鼎这一器类不仅数量大增，形制也愈发丰富。郑州商城上层一期出土七件小圆鼎（图25），口径在130～160、通高160～230毫米之间，报告粗略总结这批鼎"一般直口或直口微敛，宽折沿上对置拱形耳，深腹或微鼓，圜底或微圜圆底，三个圆锥状空足，部分鼎腹饰带状弦纹、夔纹、目纹和饕餮纹"[①]。安金槐考察二里岗期青铜容器并尝试在上、下层中再划分两小期，总结饰宽凸线状饕餮纹（兽面纹）的铜器是自二里岗上层一期以后才出现的，较其早的铜器表面起初只是以"窄凸线弦纹、回折纹与乳钉纹"为饰，后又出现了"窄细凸线斜方格纹与窄凸线饕餮纹"[②]。郑州商城这几件二里岗上层一期的鼎表面已经有了作带状兽面纹的装饰，个别鼎上还首次出现了兽面纹带加连珠纹的搭配，但是作几何图形的鼎依然存在，显然这一时期是新风格出现与旧风格并存的阶段，几件早期方鼎表面的纹饰应也初成于此时，而几件较原始鼎鼎足表面的折线纹，很明显，与二里头鼎87YLVM1:1鼎腹的网格纹同宗。

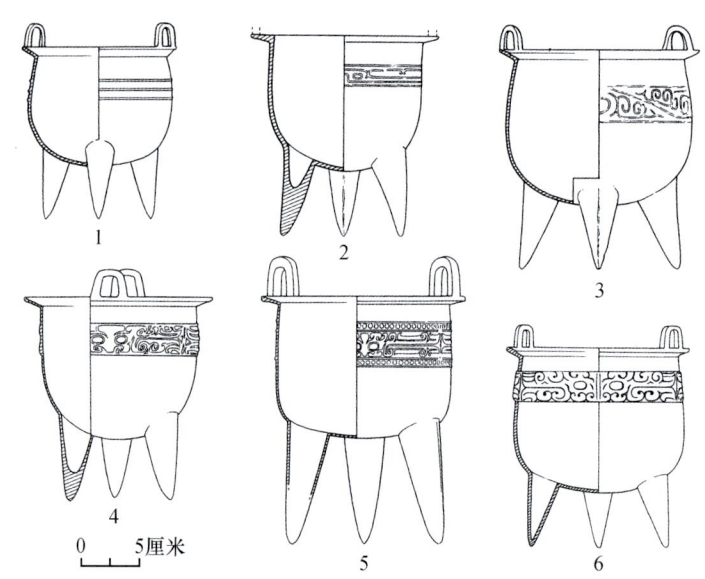

图25　郑州商城二里岗上层一期小圆鼎（引自《郑州商城——1953～1985年考古发掘报告》图五三九）

## 2. 工艺

方鼎一器主体分为四个部分，即鼎耳、鼎腹、鼎底、鼎足，各鼎如何分别将这四个部

---

① 河南省文物考古研究所：《郑州商城——1953～1985年考古发掘报告》，文物出版社，2001年，第797～800页。

② 安金槐：《对郑州商代二里岗期青铜容器分期问题的初步探讨》，《中原文物》1992年第3期，第35页。

分结合起来从而得到完整器物，是它们工艺差异的主要体现（表1）。

鼎耳：九件方鼎，除了南顺城街方鼎ZSNH1上:1鼎耳疑为后铸外，其余八鼎的耳与口沿都是浑铸。南顺城街方鼎ZSNH1上:3、ZSNH1上:4耳下未见加强筋，二器出土时都有一耳残，表明耳与口沿的结合强度较差。南顺城街方鼎ZSNH1上:2的耳出土时完好，耳内残存泥芯，耳根对应的口沿下可见双侧都有两道平行的薄片状加强筋（见图21.6），向阳方鼎XSH1:8口沿下也作加强筋，但每侧耳根下仅居中作一棱状加强筋，加强筋的设置方式与南顺城街方鼎ZSNH1上:2相近，都是在口沿与腹壁之间形成一个片状"夹角"（见图19.12）。南顺城街方鼎ZSNH1上:1、向阳方鼎XSH1:2二器，耳下也作加强筋，但加强筋的形态为紧贴腹壁的粗条状（见图18.4、图20.2），相同情况在平陆前庄出土的圆鼎二的耳下也可见到，而前庄方鼎、杜岭一号与二号三件方鼎的耳下未见加强筋但耳与沿的结合依然牢固。

鼎腹与鼎底：腹、底的制作是方鼎工艺中最复杂的步骤，其中的难点既涉及鼎腹四壁的成形，也体现在鼎腹与鼎底的铸接结合。九器当中，杜岭一号、向阳方鼎XSH1:2、南顺城街方鼎ZSNH1上:1三器，鼎底先铸，而后鼎腹四壁包络鼎底一次性浑铸成形。其余六鼎的鼎腹四壁虽都是分块铸接而成，但具体的操作方式及与鼎底的结合方式并不相同。南顺城街方鼎ZSNH1上:3、ZSNH1上:4二器的铸接顺序都是腹中壁上段先铸，后铸接四角壁，最后铸接四周带向上边框的腹底（见图22.3、图23.11）。南顺城街方鼎ZSNH1上:2也是中壁上段先铸，后铸接四角壁，但鼎底与鼎腹之间是由一周带乳钉纹的底框连接的，即鼎底与腹壁先分别预铸，最后铸底框（见图21.9）。前庄方鼎在先后铸接了腹中壁上段与四角壁后，加铸了带乳钉纹的腹中壁下段，最后铸接鼎底（见图9）。向阳方鼎XSH1:8的工艺与前庄方鼎只有一处差别，即腹中壁下段与鼎底的铸接顺序，向阳方鼎XSH1:8鼎底先铸，后铸中壁下段以包络预铸的鼎底（见图19.5），杜岭二号的情况与之相同。

鼎足：九件方鼎，鼎足无一不是最后铸接的。后铸的鼎足皆为空足，需要足芯与外范组合足的铸型，配合成形。鼎足大体都是作自上而下直径渐收的截锥足状，但处理的细节并不一致，主要差别体现在外范分型的位置。前庄方鼎、向阳方鼎XSH1:8、南顺城街方鼎ZSNH1上:2三器，鼎足外面的一披缝位置与鼎腹四角的垂直延长线位置重合，另一与之相对的披缝位置则是位于足内侧（见图15、图19.9、图21.1）。其余杜岭一号与二号方鼎，向阳方鼎XSH1:2，南顺城街方鼎ZSNH1上:3、ZSNH1上:4五器，披缝痕迹在足两侧（见图16.7、图17.5、图18.5、图22.6、图23.9）。南顺城街方鼎ZSNH1上:1，根据李京华等人的观察，足面有三处"合范缝"（见图20.4），即结合了其余诸鼎足的情况，如此便有不均分的三块外范，很不常见。从鼎足与鼎腹的结合效果来看，南顺城街方鼎ZSNH1上:3、ZSNH1上:4二器颇显特殊，它们的足上端均上延至了鼎腹部壁以对鼎底四角形成包裹，并且延伸出的部位还相应地作了与腹壁一致的乳钉纹（见图22.5、图23.8），这种方法在前庄方鼎上也可见到（见图4.6），且前庄方鼎四足向上延的程度更甚。其他诸鼎上虽然

表1 商代前期大方鼎基本信息

| 地点 | 编号 | 尺寸（毫米） | 重量（千克） | 形制 | 风格纹饰 | 工艺（1~5为铸接步骤） | 成熟度（I~V递增） |
|---|---|---|---|---|---|---|---|
| 杜岭张寨南街（1974） | DLH1:1 | 通高1000，口径横625×纵610，腹壁厚4 | 86.4 | 近直腹，截锥足-近柱足，重心居中 | 腹：窄突兽面纹；足：（上）内、外窄突兽面纹+（下）凸弦纹 | 鼎底（1），腹四壁（2），鼎足（3）；耳浑铸，口沿、耳下无加强筋，不见明显缺陷 | V |
| 杜岭张寨南街（1974） | DLH1:2 | 通高870，口径610，腹壁厚4 | 64.25 | 近直腹，截锥足-近柱足，重心低 | 腹：窄突兽面纹+孔钉纹；足：（上）内、外窄突兽面纹+（下）凸弦纹 | 腹中壁上段（1），四角壁（2），腹中壁下段包络预铸的鼎底（3&4），鼎足（5）；不见明显缺陷 | IV |
| 向阳回族食品厂（1982） | XSH1:2 | 通高810，口长550×宽530，底长460、宽440，壁厚7 | 75 | 近直腹，截锥足-近柱足出厚底，重心低 | 腹：宽突兽面纹；足：（下）凸弦纹 | 鼎底（1），腹四壁（2），鼎足（3）；鼎足补铸，两侧耳根下粗条状加强筋 | V |
| 向阳回族食品厂（1982） | XSH1:8 | 通高810，底长宽各530，底长宽各420，壁厚6~8 | 52 | 近直腹，截锥足-近柱足，重心低 | 腹：窄突兽面纹+乳钉纹；足：（上中）外窄突兽面纹+（下）凸弦纹 | 腹中壁上段（1），四角壁（2），腹中壁下段包络预铸的鼎底（3&4），鼎足（5），耳根下居多处缺陷与补铸，耳根下中厚片状加强筋 | IV |
| 南顺城街（1996） | ZSNH1上:1 | 通高830，口部长515×宽512，鼎足高240，耳高160，沿面宽32.5，壁厚5~10 | 52.9 | 近直腹，截锥足-近柱足，重心高 | 腹：窄突兽面纹+乳钉纹；足：（上中）外窄突兽面纹+（下）凸弦纹 | 鼎底（1），腹四壁（2），鼎足（3）；耳浑铸，口沿、耳下无加强筋，不见明显缺陷 | V |
| 南顺城街（1996） | ZSNH1上:2 | 通高725，口部长445×宽435，鼎足高240，耳高120 | 26.7 | 近直腹，截锥足出厚底，重心高 | 腹：窄突兽面纹+乳钉纹；足：（上中）折线纹+（下）凸弦纹 | 腹中壁上段（1），加铸乳钉纹底框包络预铸的鼎底（3&4），鼎足（5）；多处缺陷与补铸；耳根下两道平行片状加强筋 | II |

续表

| 地点 | 编号 | 尺寸（毫米） | 重量（千克） | 风格 | | 工艺 | |
|---|---|---|---|---|---|---|---|
| | | | | 形制 | 纹饰 | （1～5为铸接步骤） | 成熟度（Ⅰ～Ⅴ递增） |
| 南顺城街（1996） | ZSNH1上:3 | 通高640、口部长425×宽420、鼎足高220、耳高100 | 21.4 | 斜腹、截锥足、重心高 | 腹：乳钉纹；足：折线纹 | 腹中壁上段（1）、铸接四周带边框的鼎底（2）、铸接四周带边框的鼎底（3）、鼎足（4）；多处缺陷与补铸 | Ⅰ |
| | ZSNH1上:4 | 通高590、口部长380×宽360、鼎足高210、耳高100 | 20.3 | 斜腹、截锥足、重心高 | 腹：乳钉纹；足：折线纹 | 腹中壁上段（1）、铸接四周带边框的鼎底（2）、铸接四周带边框的鼎底（3）、鼎足（4）；多处缺陷与补铸 | Ⅰ |
| 平陆前庄（1999） | 方鼎 | 通高820、口500×500、耳高140、腹深440、足高235、壁厚6 | 40 | 近直腹、截锥足-近柱足、重心高 | 腹：窄突兽面纹＋乳钉纹；足：内、外窄突兽面纹 | 腹中壁上段（1）、腹中壁下段（2）、铸接鼎底（3）、铸接鼎足（4）、加铸腹内底（5）、多处缺陷与补铸（6） | Ⅲ |

未见此情况，但是仔细观察后还是可以见到足根与腹底交接处有一横向的"加厚"（见图19.7），表明工艺的理念实为同源，只是对处理手段进行了优化从而得到了更优的呈现效果。

铸造缺陷：九件早商方鼎中仅有前庄方鼎一件进行了X射线探伤检测，对其余诸器的考察主要停留在肉眼可察的缺陷。南顺城街方鼎ZSNH1上:3、ZSNH1上:4为整组器中相对尺寸最小、质量最轻、装饰最简单的，此二器工艺明显相对粗糙，器物刚性也较差，出土时均有不同程度的破损，腹中、足表多见补铸。南顺城街方鼎ZSNH1上:2较此二鼎稍大，肉眼可见的缺陷较之少，整器装饰的规整度较之更优。然而这三器的完熟度与同出的南顺城街方鼎ZSNH1上:1之间很明显存在较大的差距，后者不仅装饰工整华丽，也几乎未见缺陷。同样不见缺陷且纹饰制作工整规矩的还有杜岭一号与二号方鼎、向阳方鼎XSH1:2，此四件器的尺寸均超过了80厘米，甚者高至100厘米，重量上最重的近90千克，即便是轻者也有52.9千克，较南顺城街三器的重量翻了一倍余。向阳方鼎XSH1:8整体缺陷不少，出土时一耳连着耳下的口沿残落，器表也可见多处开裂自腹中面板与邻侧乳钉纹板的交接处延伸至口沿，同时腹底与足根之间的结合处也可见结合不紧密的情况，此鼎腹部的纹饰制作尚不至完美但已经较工整，比前庄方鼎略优。前庄方鼎整体的结合强度虽然较好，但多处的补铸、错范等缺陷使得其看上去工艺与几件完熟器之间尚有不小差距。

## 3. 年代

综合风格与工艺两个方面来看，南顺城街方鼎ZSNH1上:3、ZSNH1上:4二器为制作方鼎的初期尝试，这一阶段的方鼎尺寸不大，仅20余厘米，其形制尚原始，腹部不深作棱台体，纹饰也仅有几何纹饰，此时的方鼎工艺尚原始但已能将鼎耳与口沿浑铸，四方形的鼎腹是通过拆分鼎腹四面为四个中壁+四个角壁+一个四边带框的鼎底依次铸接而成的。同出的南顺城街方鼎ZSNH1上:2高度仅增加了几厘米，鼎腹加深、腹部的形制已接近立方体，其腹部开始出现较原始的兽面纹，四隅及下腹的乳钉纹带也已规矩，鼎足足尖形制略有改易，但足面依然还是以几何纹样为饰，此鼎的耳下开始出现片状加强筋，腹底开始作为一个独立部分单独先铸而后由另外的乳钉纹带框铸接于腹壁上，这样的做法虽然增加了一个步骤，但得到了更好的结合效果，相应地，原本南顺城街方鼎ZSNH1上:3、ZSNH1上:4两器上将鼎足上段延长包裹至腹壁的做法在此被舍弃了。

前庄方鼎虽然在纹饰的制作上依然较粗疏，但其腹部的兽面纹已延伸至了四隅，足面不见几何纹饰而是开始出现了兽面纹带，这是第一代高度超过80厘米的方鼎大器，重量也首次跃升突破了40千克，某种程度上说，后世大方鼎的标准制式自前庄方鼎始建立了，只是囿于工艺尚原始，整体上不论是结合度，还是纹饰的精细度上，都还稍显稚嫩。前庄方鼎鼎底也分铸，但系后铸铸接于已通过多道工序成形的鼎腹之上，最先铸中壁上段、而后四隅角壁、最后铸中壁下段是自南顺城街器上就已成形的工艺顺序，至此得到了保留。

向阳方鼎 XSH1:8 不论是尺寸、重量、形制、纹饰都与前庄方鼎如出一辙，些微的差异在于鼎耳下保留了设置加强筋的做法（但每个加强筋的形式改南顺城街方鼎 ZSNH1 上:2 上的双薄片状为单一的厚片状），同时鼎底先铸，在铸接中壁下段的时候将预铸的底板包于腹底，实现了"鼎底包络腹壁"到"腹壁包络鼎底"的转变，从操作层面上说，减少了一次铸接使得工序上得以简化的同时降低了因多次铸接造成的缺陷率。不过从向阳方鼎 XSH1:8 的保存状态来看，其工艺仍稍显稚嫩，各式铸造缺陷无法回避，加上并不突出的重量增加，表明其依然属于试验期的转型作品。杜岭二号方鼎与向阳方鼎 XSH1:8 的工艺如出一辙，但显然杜岭二号鲜见缺陷，鼎足的分型面在两侧、回避了兽面纹纹饰的正中，纹饰制作规矩且从各个角度看都颇有和谐的美感，同时，前庄方鼎重 40 千克，向阳方鼎 XSH1:8 重 52 千克、杜岭二号方鼎重 64.25 千克，三器的尺寸接近但重量逐一增加，增幅接近，表明了这一类器在前庄方鼎确立标准制式后历经向阳方鼎 XSH1:8 的改良，到了杜岭二号方鼎上时已在各方面都颇有完善的变化。

杜岭一号方鼎、向阳方鼎 XSH1:2、南顺城街方鼎 ZSNH1 上:1 三器，工艺上已不再需要繁琐的铸接而是可以一次性浑铸鼎腹四面，传统的分铸鼎腹四壁各部分的方式已被抛弃，但自向阳方鼎 XSH1:8 始建立的鼎底先铸的工艺在此得到了保留，向阳方鼎 XSH1:2、南顺城街鼎 ZSNH1 上:1 二器还保留了耳下做加强筋的做法，只是加强筋的形态已变为紧贴腹壁的粗条状，与早期的加强筋形态差异颇大。三鼎高度都在 80 余厘米，尤以杜岭一号而最大、最重，其余二鼎的重量较杜岭一号轻，南顺城街器只有五十几千克，略显单薄。三器虽然在工艺上表现出了一致的臻熟度，但风格上稍有出入，杜岭一号很明显为与前庄方鼎等一脉相承的器物，向阳方鼎 XSH1:2 足面不施纹饰，腹部兽面纹也不是以阳文线条呈现，看起来与其他诸鼎略显不同，而南顺城街方鼎 ZSNH1 上:1 足面的兽面纹以及下腹底外作十字形加强筋的做法，是诸鼎中仅见，同样的鼎足纹饰可见于前庄出土的圆鼎一及济南大辛庄鼎 M139:1（图 26）上，而鼎底作十字加强筋的做法也是新干大洋洲方鼎 XDM:8（图 27）的特征，济南大辛庄、新干大洋洲都被认为是中商时期的遗存，暗示与之相近的南顺城街方鼎 ZSNH1 上:1 的年代恐为整组早商方鼎中最晚的。

如此综合来看，几件方鼎的铸造顺序为：南顺城街方鼎 ZSNH1 上:3、南顺城街方鼎 ZSNH1 上:4→南顺城街方鼎 ZSNH1 上:2→前庄方鼎→向阳方鼎 XSH1:8→杜岭二号方鼎→向阳方鼎 XSH1:2、杜岭一号方鼎→南顺城街方鼎 ZSNH1 上:1。

郑州商城几个窖藏坑的埋藏年代，安金槐认为由早至晚分别为：张寨南街（二里岗上层一期），向阳回族食品厂（二里岗上层一期偏晚，或进入白家庄期），南顺城街（二里岗上层二期，已进入白家庄期）[①]，断代整体偏早。随后，发掘者结合多种因素，总结张寨杜岭属二里岗上层晚期偏早，稍晚于白家庄期；向阳回族食品厂在二里岗上层晚期偏晚；南

---

① 安金槐：《再论郑州商代青铜器窖藏坑的性质与年代》，《华夏考古》1978 年第 1 期，第 77~81 页。

顺城街则为二里岗上层晚期最晚，介于白家庄与殷墟之间①，按照新的殷墟三期分法，几个窖藏的年代都已进入中商。发掘者还指出，出土铜器腹底足表有烟熏痕，应是铸造后使用了一段时候后再瘞埋的，从本文对郑州商城八件窖藏方鼎的分析来看，埋藏时间最早的张寨杜岭坑中出现了相对风格、工艺最成熟的器物，而埋藏时间最晚的南顺城街坑中则同时出现了最原始、转型期、成熟期三个不同时期的器物，其中矛盾可见一斑，因此窖藏坑的年代只能确定此批器物的埋藏年代下限，铸器的年代当远早于此。至于上限，曾对采自南顺城街出土三件方鼎的金属样品进行实验室光学显微金相检测及能谱仪成分分析，得知三器均为含铅量颇高的铜锡铅三元合金②，这种成分特性属于勃发期的特征③，此三器的年代无疑已进入二里岗上层时期了。结合前揭铜器的铸造顺序以及器物的风格、工艺特征，推测它

图26 济南大辛庄鼎M139:1（笔者摄）

图27 新干大洋洲方鼎XDM:8（胡东波教授惠供）

---

① 河南省文物考古研究所、郑州市文物考古研究所：《郑州商代青铜器窖藏》，科学出版社，1999年，第101页。

② 孙淑云：《郑州南顺城街商代窖藏青铜器金相分析及成分分析测试报告》，《郑州商代青铜器窖藏》，科学出版社，1999年，第125、126页。

③ 苏荣誉、华觉明、李克敏等：《中国上古金属技术》，山东科学技术出版社，1995年，第187～197页。

们的成器年代可能都在二里岗上层二期，其中最早的南顺城街方鼎ZSNH1上:2、ZSNH1上:3、ZSNH1上:4或在二里岗上层二期稍早的阶段，最晚的南顺城街方鼎ZSNH1上:1可能晚至二里岗上层的最晚阶段，其余诸器则在二者之间。

卫斯认为前庄两件圆鼎、罍等出土于距地表深度4.5米左右的晚期层位，方鼎、两件爵则出土于距其东南5米左右的遗址最底层，埋藏深度距地表5.7米左右，方鼎所在层位的年代当不以上层层位为准，而是较之更早，卫氏还根据平陆的地理位置以及古文献中对"砥柱"之地的考证，认为砥柱在平陆县东且此地极可能为早商商王契的儿子昭明所迁之都——砥石所在区域，如此，前庄方鼎即为二里岗下层时期居于砥石的商王亲属获分的王室祭器[①]。但有学者以出土铜器与陶器的特征为据，认为前庄遗址的年代或已进入了白家庄期[②]，持同样观点的学者不是个例[③]。考虑到前庄方鼎体现出的特征在郑州商城出八件方鼎中的相对位置，推断前庄上层遗址的年代已进入二里岗上层二期当是无误的，如此前庄方鼎所在层位的年代很难早至二里岗下层时期。根据前文此方鼎工艺较南顺城街三器更优、较向阳二器更原始来看，其铸造的年代当介于二者之间，南顺城街三器的成器年代若在二里岗上层二期偏早，前庄方鼎的时间应晚于此，所在层位的年代也应在此之后但相距不远，或在二里岗上层二期的中间阶段。

## 四、结　　语

本文借助X射线探伤技术，首次较科学地对前庄方鼎的工艺，尤其是复杂繁琐的分铸铸接工序进行了分析，其与郑州商城三处窖藏共计九件大方鼎的细节对比，显示出几件鼎在艺术风格及制作工艺上的高度一致，所体现的特征结合埋藏背景指明它们皆属早商时期的遗物。据中国社会科学院考古研究所的年代框架，二里头文化年代大约在公元前1850～前1550年，早商阶段的历年为公元前1600～前1400年，中商为公元前1400～前1250年，晚商为公元前1250～前1046年[④]。也即是说，早商近200年的时间里才生产了仅仅数件方鼎，即便数量翻倍，放置于百年时间下仍是堪称稀少。九件大方鼎，除前庄方鼎一件外，其余八件均出自郑州商城，裴明相以南关外铸铜作坊内曾发现三块方鼎乳钉纹外范为由，推测商城的大方鼎是在郑州铸造的[⑤]。虽然现有的郑州商城内紫荆山、南关外

---

① 卫斯：《山西平陆前庄方鼎等历史归属与年代问题》，《中国历史文物》2007年第2期，第66～69页。
② 张崇宁：《山西平陆前庄商代遗址分析》，《中国商周文明国际研讨会论文集》，科学出版社，1999年，第238页。
③ 李维明：《论"白家庄期"商代文化》，《中原文物》2001年第1期，第48页。
④ 高炜、杨锡章：《中国考古学·夏商卷》，中国社会科学出版社，2003年，第81、188、253、294页。
⑤ 裴明相：《郑州商代青铜器铸造述略》，《中原文物》1989年第3期，第94页。

两处铸铜遗址发现的冶铸遗物证据似还不足以支撑整个二里岗时期青铜器的生产,但考虑到青铜器生产对资源、工装条件、垄断技术的极高要求,推测方鼎在郑州商城内另有铸处应是无误的。以往,对郑州商城内张寨杜岭、向阳回族食品厂、南顺城街三处坑的性质曾有"祭祀坑"与"窖藏坑"两种猜想,后根据三个坑各自的形制、文化层堆积情况、各自出土青铜器种类等特点,还是倾向于认为三座坑为窖藏坑,在埋藏铜器时进行过祭祀活动[①],此说可取。不论是祭祀坑还是窖藏坑,这批大方鼎(尤其是制作技术更原始的六件)的腹、足之上不乏原始铸造缺陷,缺陷造成的裂缝不宜盛炊、中空的四足也易使内容物陷入,显示出了强烈的非实用特征。江伊莉(Elizabeth Childs-Johnson)研究泛二里岗时期(实际上包括了中商)的方鼎,提出方鼎只属于统治阶级,而圆鼎则可与其他上层精英所共享[②]。因此江氏认为平陆前庄、新干大洋洲都出现了方鼎而盘龙城没有方鼎,或是因为前两者代表的器物所有者身份较盘龙城所有者而更高,后者从属于前二者。是否如此,还需更多证据,但前庄方鼎的高等级属性是毫无疑问的。

青铜大方鼎在二里岗上层时期的突然兴起,背后的机制如何目前尚不清楚,九件早商方鼎之间风格、工艺的流变形式较为清晰,尤其是平陆前庄方鼎的铸造工艺衔接了郑州商城三批窖藏铜器,弥补了从南顺城街方鼎ZSNH1上:2到向阳回族食品厂方鼎XSH1:8之间的缺环,显示了作为最早的高度超过80厘米、重量逾40千克大方鼎的初始面貌,也为研究早商时期晋南地区与中原商王朝的关系提供了重要参考资料。

(执笔:陆晶晶、苏荣誉)

校稿补记:前庄方鼎体量硕大、器壁较厚,加之现有X射线探伤设备条件有限,探伤效果不尽理想,将探伤结果与实物观察结合后推测方鼎的制作工艺,差错依然难免。郑州商城几件方鼎,问世虽久却都未经探伤检测,基于对各器物表面观察得到的工艺信息亦恐有偏差。因此,本文的各推测还有待X-CT检测技术的复核。另,上海博物馆丁忠明研究员、中国科学院自然科学史研究所博士生董逸岩在前庄方鼎工艺分析过程中给予了不少建设性意见,特此感谢。

陆晶晶二校稿后补

---

① 河南省文物考古研究所、郑州市文物考古研究所:《郑州商代青铜器窖藏》,科学出版社,1999年,第102页。

② Elizabeth Childs-Johnson. Big Ding 鼎 and China Power: Divine Authority and Legitimacy. Asian Perspectives, 2014, 51(2): 164-220.

# 叁

# 平陆前庄鼎与早商大鼎研究

  田野考古表明，中原的青铜时代始于二里头文化。河南偃师二里头遗址，经过数十年的发掘，遗迹和遗物均颇为丰富，时代可划分为四期。第一期开始出现小型铜刀，第二期出现铜铃和嵌绿松石牌饰，第三期出现青铜爵，一方面反映了怪异造型容器的别样艺术传统的初现，同时也肇建了相应的泥范块范法铸造青铜器这一独特的技术体系，二者均是其他早期文明所不曾拥有的[①]。这两种特质，在二里头四期得到巩固和发展，不仅出现了多种青铜容器，而且还为铸造复杂器物发明了分铸铸接工艺：既有先铸主体再在主体上组合附件铸型、浇注附件时实现与主体铸接的后铸法；也有先铸附件，将附件安置在主体铸型中，浇注主体时完成附件铸接的先铸法。这种清楚区别于其他早期文明中的铆接和焊接连接工艺，是块范法铸造技术内在体系的创造，也是巩固块范法体系的措施[②]。

  二里头文化第四期青铜器生产的良好发展态势，大概因商人的征服而突然衰落。继之建立的商朝，在郑州营建了都城，即郑州商城。

  早商早段的青铜工业，完全继承了二里头文化的风格和技术，可以认为是将二里头铸铜工场连同铸工迁移到郑州商城继续生产。到早商后段，即呈现出勃发态势，在青铜器种类增加的同时，铸造的青铜纹饰和装饰在青铜器上不断发展，更为重要的是出现了一批大型重器，既反映出高超的分铸铸接技巧，也体现了工装水平和铸造技术的快速提高。这一阶段，在郑州商城之外，黄陂盘龙城遗址十分瞩目，发现了多座城址和多个墓葬区，出土了数量可观、甚至超过郑州商城的青铜器，包括一些大型重器。

  大型化是青铜器发展的一个重要趋势，也是体现和衡量青铜技术水平的重要标志。二里头文化是中国青铜时代的开始阶段，青铜容器出现在第三期，只有爵一种，高不过140毫米，通体光素，侈口有流有尾，合瓦形杯状腹束腰，有拱形鋬，平底下接三个三角形截面略外斜的直足。四期青铜器种类增加了角、斝、盉、鼎和鬲等，爵和角沿袭三期造型

---

  [①] 苏荣誉：《二里头文化与中国早期青铜器生产的国家性初探——兼论泥范块范法铸造青铜器的有关问题》，《夏商都邑与文化（一）》，中国社会科学出版社，2014年，第342~372页。
  [②] 苏荣誉：《中国古代泥范块范法青铜铸造》，《中国青铜技术与艺术（丁酉集）》，上海古籍出版社，2019年，第1~13页。

外，新出现的斝和鼎均为空足透底型，足的横截面或者椭圆形或者四边形。盉与鬲均为分裆袋足，前者足空而后者袋足下接端锥形实足。总而观之，二里头文化青铜器形小质轻，体量多在二十来厘米以下，重量不过数百克。

二里岗阶段青铜器的勃兴局面，一方面有赖于分铸铸接技术的成熟，可以化整为零地铸造器物的各部件，并以铸接形式将它们结合成一个整体，这一阶段的大方鼎即是如此，成为新兴期的重要技术支撑；另一方面是铸造技术的提高，既表现在模范工艺的改进，也体现在工装设备的提升，一次熔炼的青铜量可以浇注更大体量的器物。平陆前庄、郑州商城、黄陂盘龙城都出土了商早期，即二里岗时期的大鼎，它们反映了这些技术进步和发展的过程。研究这些器物，对于认识二里岗时期青铜铸造技术和生产水平，颇有价值。对这类器物，先后有不少学者进行过研究，多集中在功能和谱系上[1]。然而，这些器物间有怎样的关联？它们的时代和产地关系如何？还有重新分析认识、重新研究的必要。

山西平陆前庄窖藏出土的青铜器，数量虽然不多，但价值不菲。其中的一件大方鼎、两件大圆鼎、一件罍和一件爵，对于认识早商青铜格局和技术很有价值。本文试图较为全面、深入地研究一对大圆鼎的内涵，包括艺术、技术和功用，并与郑州商城、黄陂盘龙城及其他诸地出土相关器物对比研究，讨论早商大圆鼎的风格、工艺和功能，认识它们的年代和产地，以就正于识家。

# 一、平陆前庄鼎一

1990年，农民在平陆前庄黄河边掘出一批文物，其中包括两件大圆鼎，现都收藏在山西博物院。两件鼎貌似形制相同，似乎差别仅在大小，实则出入颇大。本文将略大的一件称前庄鼎一、较小的一件称前庄鼎二。

鼎一通高730、口外径475、口内径413、足高270、壁厚10毫米（图1.1）[2]。鼎口微敛，斜沿较宽，方唇（图1.2）。沿上竖一对拱形立耳，微弧，耳肋下宽上略窄（图1.3、图1.4），内侧与腹壁平齐（图1.5），外侧缩进唇沿两三毫米（图1.4），肋的横截面呈槽形，

---

[1] Elizabeth Childs-Johnson. Big Ding 鼎 and China Power: Divine Authority and Legitimacy. Asian Perspectives, 2014, 51(2): 164-210；何毓灵：《商代中期青铜容器铸造技术传播蠡测》，《青铜器与金文（第七辑）》，上海古籍出版社，2021年，第97~120页。

[2] 卫斯：《平陆县前庄商代遗址出土文物》，《文物季刊》1992年第1期，第18、19页，图版一.3、二.2；《中国青铜器全集》（卷一），文物出版社，1996年，图三三；山西博物院：《山西博物院珍萃》，山西人民出版社，2005年，第3、4页；山西博物院：《山西博物院藏品概览·青铜器》，文物出版社，2019年，第3页。

槽底有两道随形的加强筋（图1.6）。双耳与三足呈四点配置（图1.7），一足在一只耳的正下方（图1.8）。鼎的双足一致前置或者后足前置，均无法使得双耳端置（见图1.1、图1.2），双耳端置则足不能正置（图1.9）。郭宝钧（1893～1971年）早已注意到这一点[①]。

图1.1　平陆前庄鼎一（笔者摄）

图1.2　前庄鼎一背面（笔者摄）

鼎腹深，壁近斜直微外弧，下腹略显垂鼓（图1.10）。上腹饰一周三组宽约80毫米的兽面纹带，系宽线平铺式，且线条宽窄不一，以细凸弦纹作边。每组纹饰都布置在两足之间，足外侧中线是纹饰组界限。每组兽面正中有竖直的棱线，自鼻头至冠顶，不及边线，纹饰以之相对展开，但不完全对称。兽面有锚形的宽鼻头，鼻梁两侧饰竖立的羽刀纹，长圆形眼眶中瞳形的眼珠突出；额上竖团扇形冠饰。眼上竖起的花T形，亦有称其为角者，实应是冠饰的一部分，其后水平的羽刀纹也是冠饰的组成部分，说明冠饰巨大，超过面宽一倍有余。眼外向两侧伸展部分，通常认为是兽身，一宽一窄两条线向上斜伸，尾上翘并向内勾卷（图1.11）。和兽面相比，身过于细弱，确否兽身值得怀疑，整个兽面或者是面具，所谓

---

① 郭宝钧：《商周铜器群综合研究》，文物出版社，1981年，第5～7、18、19页。

图 1.3　前庄鼎一立耳（笔者摄）

图 1.4　前庄鼎一立耳（笔者摄）

图 1.5　前庄鼎一耳内壁（笔者摄）

图 1.6　前庄鼎一耳外侧（笔者摄）

图 1.7　前庄鼎一俯视（笔者摄）

的兽身应当是面具的绑带①。兽面纹两侧的填纹，通常被认为是夔纹，但除突出的眼珠外，其余都是云纹（图 1.12），无法指认夔纹的嘴、鼻、角等，应称之为"目云纹"②。

圜底下接三只截锥足，足根粗壮而足端细，足根截面为椭圆形，长轴在腹部的径向；足中空透底（图 1.13）。足上半段，约占足高三分之二，也是较粗的部分，饰细线平铺的

---

①　对兽面纹属于面具说的讨论本于苏荣誉对神面卣的研究，文长及十万字，尚未发表。节选部分参见苏荣誉：《随州羊子山出土神面卣风格和装饰的源流与工艺》，《汉淮传奇——噩国青铜器精粹》，上海书画出版社，2021 年，第 226～243 页。

②　苏荣誉、陆晶晶：《平陆前庄青铜罍与商前期青铜罍研究——兼论青铜罍与尊之别》，见本书；苏荣誉、郎剑锋：《中商时代大鼎初论》，《湖南商周青铜器研究》，安徽科学技术出版社，2023 年即刊。

叁　平陆前庄鼎与早商大鼎研究 | 059

图1.8　前庄鼎一侧视（笔者摄）

图1.9　前庄鼎一（笔者摄）

图1.10　前庄鼎一腹壁
　　　　（笔者摄）

图1.11　前庄鼎一上腹纹带（笔者摄）

图1.12　前庄鼎一目云纹（笔者摄）

图1.13　前庄鼎一足内壁（笔者摄）

兽面纹。宽上吻饰羽刀纹，鳄鱼形嘴略张开，长而尖的嘴角在足两侧，下吻饰云纹；臣字形眼睛中眼珠圆突；额中勾菱形线，其上竖笏板形高冠，勾叶脉纹；冠两侧竖立叶形大耳，耳根线条回卷，耳中饰云形表示耳蜗。自眼角向上竖在耳后的S形，非兽身，推测为兽面绑带更为合理。足下段中间饰三周凸弦纹（图1.14～图1.16）。

图1.14　前庄鼎一足外面
（笔者摄）

图1.15　前庄鼎一足侧面
（笔者摄）

图1.16　前庄鼎一足侧面
（笔者摄）

此鼎完好，器表、器内的致密灰色底层上满铺略粗糙的酱灰色层，表面浮更粗一些的绿色斑块，间或有不规则细线形毛疵，也可见水平方向的抹痕（见图1.11、图1.12、图1.7）。

鼎身保留着清晰而完整的铸造披缝痕迹：沿三足外侧中线分型，铸造披缝自足端向上，通过足兽面纹中间、素面下腹、上腹纹带组界、口沿下边、唇边至于口沿（图1.17，见图 1.14、图 1.8、图 1.10、图 1.6），足两侧的披缝亦自足端向上及于足根（见图 1.15、图 1.16）。披缝直且细，反映了这些范不曾变形且结合严密。外底的弧三角披缝，三条外弧的边分别连接相邻两足侧面披缝的足根点，构成封闭的披缝环。披缝细而流畅（图 1.18），也是范形规矩、组合严密的表现。鼎的铸型应该由三块侧范、一块底范与一块腹芯组成。腹芯与三足芯属同一体，鉴于足与腹相贯线锐折，三足芯应是分别制作再组合到腹芯上的；鼎的斜沿致耳孔外小里大，腹芯还应包括两耳的耳孔芯。

图1.17 前庄鼎一口沿披缝（笔者摄）　　　图1.18 前庄鼎一外底披缝（笔者摄）

鼎足上三处兽面纹不仅构图不同，同一兽面的左右两半细节也不完全一致，腹部兽面纹的情况也是如此，表明这些纹饰范均是分别制作而非由同一块模翻制而来。

需要指出的是，右耳跨两块腹范，即两块腹范在耳下中间合范，在腹部、沿下和唇边遗留下连贯的披缝（见图 1.17），但耳外的拱顶中央中并无垂直的、与唇沿相一致的披缝（见图 1.6），而且耳外面缩进唇沿数毫米，说明侧范只到沿面，耳当另外制范，耳背面仍采用腹部延伸的芯头。可能将鼎口左右剖分为两块范，目的使双耳成形，当然还要自带耳槽中泥芯。因此，鼎的铸型应当由三块侧范、一块底范、两块耳范与一块腹芯浇注而成。鼎足局部有上下错范的痕迹，使得兽面纹构图局部参差不齐（见图 1.8、图 1.14）。

鼎三足的下段均完整无补铸痕迹，且足端基本平齐，在早期大鼎中颇为稀见。在两足端面，可见缩孔（图 1.19、图 1.20），说明鼎的铸型倒立浇注，三足向上。而外底的披缝上，三条弧线的中间都有浇道残迹，贴在披缝内侧（图1.21～图1.23，见图1.18），这些是内浇道孑遗，说明是在底范分型面上开槽而成，但直浇道如何设置无考。习见将浇道设在足端的说法[1]，需要修正。但所认为二里岗阶段青铜器以侧浇为主，并成为其风格因素[2]，明显被器物和铸范障眼，对整个浇注系统还缺乏全面的认识。

图1.19　前庄鼎一足端缩孔（笔者摄）

图1.20　前庄鼎一足端缩孔（笔者摄）

图1.21　前庄鼎一底部浇道残迹（笔者摄）

图1.22　前庄鼎一底部浇道残迹（笔者摄）

图1.23　前庄鼎一底部浇道残迹（笔者摄）

---

[1] 李济、万家保：《殷墟出土青铜鼎形器之研究》，史语所，1970年，第6、7页；Robert W. Bagley. The Beginning of the Bronze Age: The Erlitou Culture Period//Wen Fong. The Great Bronze Age of China, An Exhibition from the People's Republic of China. New York: The Metropolitan Museum of Art, 1980: 71-73. 后者引用Phyllis Ward绘制的铸型示意图，将浇口杯直接放在足端，没有直浇道和内浇道。

[2] 常怀颖：《盘龙城铜器群与"二里岗风格"的确立》，《商周青铜器的陶范铸造技术研究》，文物出版社，2011年，第111～151页。

平陆鼎一体量甚大，每块范和芯的尺寸和重量都颇大，翻制不易，在其干燥过程中控制不发生大的变形更加困难，铸型组合也需要很高的技巧。从高质量的铸件和铸件所遗留的铸造披缝看，各个工序都控制得非常之好。

铸型组合中，使用垫片以支撑范与芯，保证它们的型腔尺寸，垫片是铜器碎片。

在器表可以观察到某些垫片，如腹部纹带下约15毫米处即有一枚，形状不规则，轮廓清晰，边线硬直（图1.24），但器内壁看不到。这固然有锈蚀层遮掩问题，也有垫片较器壁略薄的问题，对于后者还缺乏研究。

然而，X射线成像为认识器物内在结构提供了有力手段。腹部一道铸造披缝的右侧，可见两枚垫片，上下排列，上边一枚在纹带下十多毫米处，另一枚在纹带下约70毫米处（图1.25），形状均不规则，边界清晰，应

图1.24　前庄鼎一腹壁垫片
（笔者摄）

该表明腹部施用了两周垫片。下边的一枚垫片有裂纹，可以推知是砸碎铜器残破获得垫片所致，如此的垫片为数不少。在右耳下边腹壁上，可见纹带下三枚垫片，也分布在两层。上一层位于纹带下约15毫米位置，可见的两枚垫片相距约50毫米，前揭器表观察到的一枚应属这层；下一层在纹带下约70毫米。三枚垫片边界清晰，没有与基体互融（图1.26）。左耳下腹壁见到五枚垫片：一枚在纹带上栏，两枚在纹带下栏，一枚在纹带下十多毫米处，第五枚在纹带下约60毫米处。五枚垫片中四枚有裂纹（图1.27），且与右耳垫片均不在相同的位置。尤其是在纹带上下栏的三枚，显然不是原始设置位置，而是它们发生了"漂移"①。在一方兽面纹下可见到五枚垫片，上边两枚位于纹带下十多毫米处，间距约80毫米，下边另排在纹带下约60毫米处，相距约90毫米，四枚构成梯形，另外一枚居中（图1.28），从垫片排布看，中间这枚不应是"漂移"的垫片，可以看作是铸工的设置。就此局部，可以看到垫片滥用的端倪②。下腹回折处设一周垫片，但分布不详；底部垫片颇明晰，两足之间各设一枚，底部中心一枚，尺寸较腹壁垫片大；底部略厚，X射线的穿透性略显不足（图1.29）。对于鼎足，X射线更不易穿透，但未发现垫片使用痕迹（图1.30）。据X射线影像，鼎腹壁设置了三重垫片，分别在纹带下约十多毫米、70毫米、

---

① 苏荣誉、胡东波：《商周铸吉金中垫片的使用和滥用》，《饶宗颐国学院院刊》创刊号，2014年，第101~134页。

② 苏荣誉：《见微知著——中国古代青铜器的垫片及相关问题》，《国博讲堂（2013—2014）》，上海古籍出版社，2016年，第115~166页。

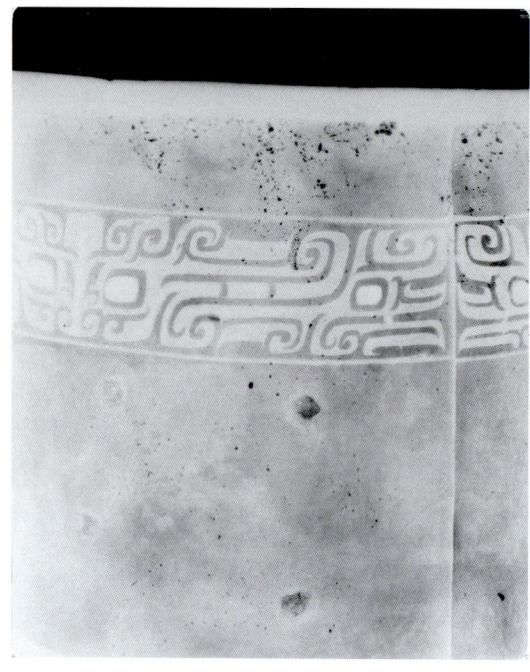
图1.25　前庄鼎一腹壁X射线影像（闫文祥摄）

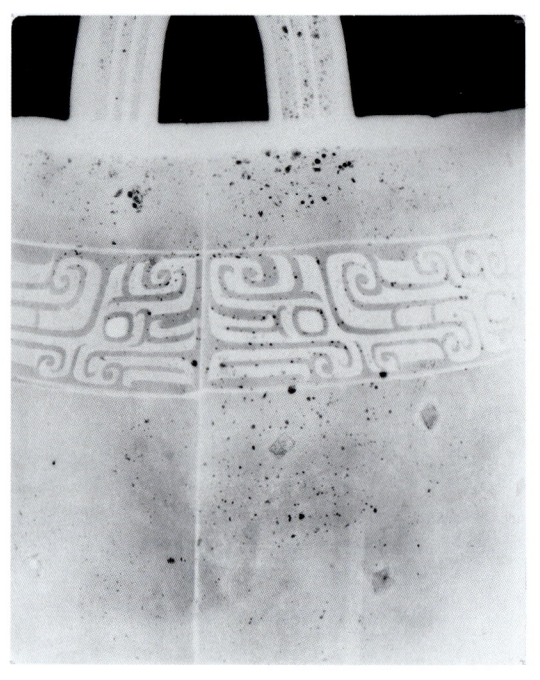
图1.26　前庄鼎一腹壁X射线影像（闫文祥摄）

图1.27　前庄鼎一耳与腹壁X射线影像（闫文祥摄）

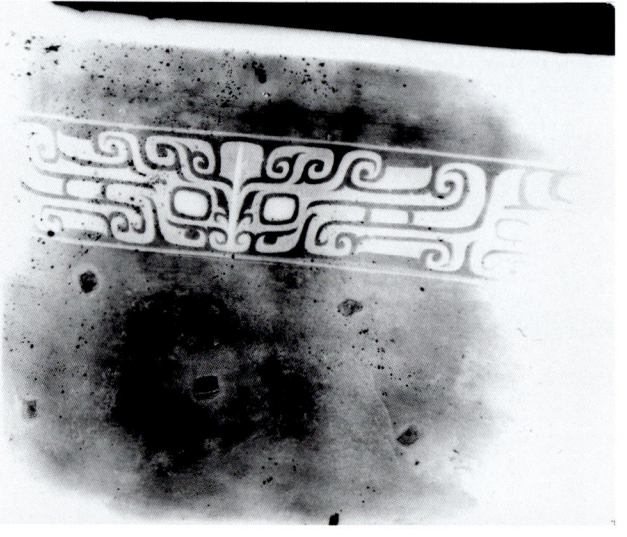
图1.28　前庄鼎一腹壁X射线影像（闫文祥摄）

以及腹部回弯处，虽然垫片有漂移，但分布的规律较强，若以每组纹饰下四枚垫片论，一周十二枚，三周加底部四枚共施用了四十枚垫片。在早期青铜鼎中，颇为罕见。

根据X射线影像，此鼎质地相当均匀，耳、口沿、纹饰带所处位置为相对较厚处，虽于器表不察，但实际皮下多布气孔（见图1.26～图1.29），左耳上还有一个较大的圆形气孔

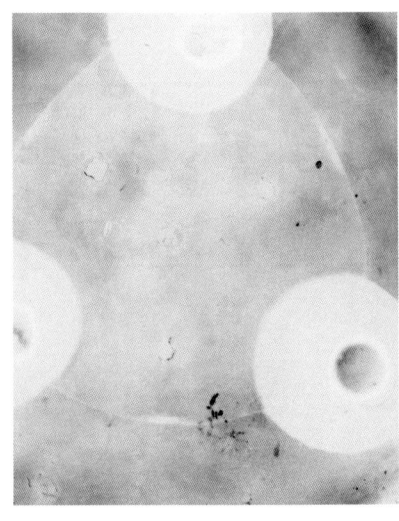
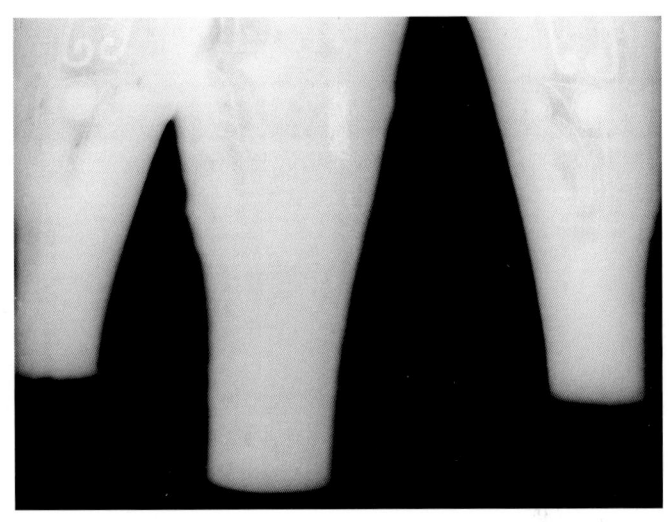

图1.29 前庄鼎—底部X射线影像（闫文祥摄）

图1.30 前庄鼎—三足X射线影像（闫文祥摄）

（见图1.27），这些都是青铜铸造较为常见的铸造缺陷，因为青铜容易吸气。器底的厚度超过腹壁，应该是一种有意的设计，为三足设置提供便利。虽然底部加厚，X射线穿透不足，但还是表现出了弧三角形披缝，以及每条披缝内侧的条状凸起（见图1.30），那是内浇道残余。

此鼎铸造质量上乘，足内壁应该是铸造的原始表面，相当平滑（见图1.13），腹内壁与之相较明显光滑（见图1.7）；特别是在鼎耳锈层剥落处，可以见到表面平光的灰色底层（见图1.3、图1.4），与之相比，说明鼎耳经过了特别的打磨抛光，而且打磨方式是以竖直进行，十分讲究。

和鼎内壁及耳不同，鼎外壁和外底未经打磨。不仅铸造披缝得以完整保存，由于范皴裂形成的少量毛疵也依然完整（见图1.11、图1.12）；唇外周向的抹痕可能是制范的痕迹，依然清晰可见（见图1.6），同样腹部也有水平抹痕（见图1.11、图1.12）。

这件鼎的一个特殊现象，是上腹纹带上集中分布的若干疤块，形状不同，大小不等，分布在宽纹线之中和纹线边缘（见图1.12）。因其集中在一处，他处不见，从其形状不一，分布不匀，可见不应是铸工所为。很大的可能是这处的泥范出现了坑状剥落，浇注后形成集中的痘形突出，经过打磨形成这些疤块。其表面有自右上向左下的错磨痕，与近旁目云纹突出眼珠上的痕迹一致。究竟怎样的工具或磨石能形成这一的磨痕，有待研究。

该鼎另一大特殊之处，是腹部纹带宽纹线表面的纹理，即横向的如发丝的细线，造成纹线表面高低不平，而且在不同侧面程度不同。这些细线呈纤维帚化状，或分蘖或交叉，方向基本一致（见图1.10、图1.12）。这一现象十分罕见，且未见研究，这里试做探索性解释，提供一种可能。

青铜的基本材质是铜锡合金，中原青铜容器含锡量多在10%～15%间，在缓慢冷却时，其初凝组织为树枝状α，为纯铜或含锡量低的铜合金；随着温度降低，锡浓度增高，析出二次相，形成α+δ初凝组织；整体组织是α+（α+δ），微观态是纯铜或低锡铜合金为树枝状骨架，其中填充高锡的α+δ组织。发生锈蚀时，α相优先腐蚀，α+δ相得以存留[①]，形貌会呈现出鱼骨状或枯树状。

大鼎宽纹线中纹理在水平方向叠加，与上述解析有所不同。然而，若是青铜浇注时对凝固加以控制，如使铸件某一面散热较快，凝固时初形成的树枝晶会沿该面向前生长，传统铸造的冷铁（铸型中加一块铁散热）、现代铸造的定向凝固原理莫不如此。青铜鼎铸造时，在扉棱两侧的铸型中埋入铜块，致使树枝晶水平生长，锈蚀后会形成上海博物馆大鼎的纹饰表面现象。

青铜器经过三千多年瘗埋，锈蚀一定会发生。粗大质绵的α树枝晶被锈蚀后，细小坚硬的α+δ相保存下来。但是，上海博物馆大鼎纹饰表面的纹线深浅不匀，都超过了腹部无纹饰处。说明纹饰表面经过人工腐蚀以贯彻定向凝固的初衷，显现出与众不同，甚至是独门诀窍。各面纹饰显示程度的不同，应当是瘗埋后各部分环境不一，锈蚀的结果不同所致。至于原初的锈蚀方法，无从推测，不外乎酸性物质或碱性物质不断涂敷所致。

这类现象颇为特殊，相当罕见。与此鼎这类纹饰相同的，还有铜川三里洞出土的大鼎。上海博物馆收藏的大鼎，该现象更突出[②]。

## 二、平陆前庄鼎二

前庄鼎二出土时口沿稍残，通高700、口沿外径415、内径396、腹深385、足高245、壁厚10毫米（图2.1、图2.2）[③]。

与前庄鼎一不同，此鼎形制属于耳、足五点配置（图2.3），可以端正放置。

鼎二也深腹，腹壁微外弧，口微敛。宽斜沿，方唇外出，沿上对立两拱形耳，耳平面直而沿圆弧，耳站立沿上，内侧不与腹内壁平齐，缩进两三毫米（图2.4），且两头缩进多而中间缩进少（图2.5）。耳外侧与唇沿平齐（图2.6），肋中空向外开放，横截面呈槽形，槽中还有一道随形凸棱，那是增强耳强度的加强筋。为加强耳与腹壁的联系，在沿口下另设有楔形加强筋（图2.7），有若耳肋延伸到鼎的腹壁。这一结构极为罕见。

---

[①] David A. Scott. Copper and Bronze Art, Corrosion, Colorants, Conservation. Los Angeles: The Getty Publications, 2002: 77-80.

[②] 苏荣誉、郎剑锋：《中商时代大鼎初论》，《湖南商周青铜器研究》，安徽科学技术出版社，2023年即刊。

[③] 卫斯：《平陆县前庄商代遗址出土文物》，《文物季刊》1992年第1期，第19页，图版一.2；山西博物院：《山西博物院藏品概览·青铜器》，文物出版社，2019年，第4页。

图2.1 平陆前庄鼎二(笔者摄)

图2.2 前庄鼎二背面(笔者摄)

图2.3 前庄鼎二俯视(笔者摄)

图2.4 前庄鼎二立耳(笔者摄)

图 2.5　前庄鼎二立耳内壁（笔者摄）　　图 2.6　前庄鼎二立耳外壁（笔者摄）　　图 2.7　前庄鼎二立耳外侧（笔者摄）

鼎的上腹也饰一周纹带，宽约 76 毫米，由三组宽线兽面纹平铺而成，以较宽凸弦纹作边，边线或折或直，随各组纹饰。每组纹饰位于两足之间。兽面中间都有较宽线脊棱，纹饰以之展开。兽面纹的线型和构图与前庄鼎一一致，微小的差别在于，鼎二的冠饰更华丽，团扇形冠中的两侧布羽刀纹，花T形为双线，其外侧也非横羽刀纹而是云纹（图 2.8）。特别是两侧所填饰的目云纹更加一致而略显华丽（图 2.9）。修复部位的纹饰（图 2.10），显然与原作不同。

鼎的圜底下接三只柱足，足根甚粗而足端相对较细。足中空透底，空足与腹相贯，贯线锐折，呈桃形（图 2.11）。足上段的三分之二粗壮如鼎一，然而素面，下段的三分之一

图 2.8　前庄鼎二上腹纹带（笔者摄）　　　图 2.9　前庄鼎二纹带目云纹（笔者摄）

图 2.10　前庄鼎二修复部分纹饰（笔者摄）　　图 2.11　前庄鼎二足内壁（笔者摄）

饰两周凸弦纹，纹线平直度较差，重要的是有若其上下"减地"才形成凸弦纹，与腹部纹带凸起于腹壁大不相同。正因"减地"，弦纹上下均不平整光滑（图2.12、图2.13）；但足背面略平，光素（图2.14）。

图2.12　前庄鼎二足外壁（笔者摄）　　图2.13　前庄鼎二足侧（笔者摄）　　图2.14　前庄鼎二足背面（笔者摄）

同样，鼎二遗留着大量铸造工艺信息。首先是沿三足外侧的披缝，从足端向上穿过足下段凸弦纹，越过足上段、下腹，穿过深腹纹带纹饰组界（图2.15），至于口沿下。侧范可能在分型面会内外相错（图2.16），在纹带上的披缝可能较宽，且有明确的打断断茬存在，而在口沿下的披缝也颇为明显（图2.17）。足内两侧披缝上至足根及于外底，交于外底弧三角披缝，整个弧三角形凸起一至二毫米，披缝格外突出（图2.18）。此鼎的铸型与鼎一相同，三块侧范、两块耳外范、一块底范与一块腹芯组成铸型，耳肋槽中泥芯由耳范自带，耳孔泥芯由腹芯自带，而三足泥芯与腹芯组合为一个整体。

腹芯与足芯如何制作迄今仍不明确，多属猜测，均缺乏直接证据。据足内形状和残留物，知

图2.15　前庄鼎二纵向披缝（笔者摄）

图2.16　前庄鼎二腹披缝（笔者摄）　　图2.17　前庄鼎二沿下披缝（笔者摄）　　图2.18　前庄鼎二外底披缝（笔者摄）

一只足上段泥芯仍有部分残留在足中，呈细致、紧实的砖青色（图2.19）。据此，一方面可知浇注后的泥芯坚硬如砖，掏出泥芯确非易事，另一方面，通常认为鼎为烹饪器，这种情况，如何烹饪？第二只足内壁较为平滑，那是铸造的原始面，质量颇高，足内两个凸块应是补块，下文再论（图2.20）。另一足内壁有若干毛疵，高3毫米左右，成因不明，足端补铸亦在下文讨论（见图2.11）。

图2.19　前庄鼎二足内泥芯残留（笔者摄）　　　图2.20　前庄鼎二足内补块（笔者摄）

足端部的铸造缺陷较多，一足端补铸（图2.21），可能是发生了浇不足缺陷。另一足端有长方形内浇道残留，横穿足端直径方向，形方正，高3毫米左右（图2.22），是为内浇道设计不合理，没能从根部打断，断茬较高，错磨后的残迹。对于这样的大鼎，一个内浇道显然不敷使用，另两个足端没有痕迹，外底也没有设浇道的痕迹，但在腹部披缝上，如前揭纹带披缝上的断茬（见图2.17），也可能是设内浇道之处。腹部另一条披缝，下腹的一段明显较宽，贴在披缝的左侧，结构类似于鼎一外底披缝侧边的浇道残迹，因此，可以

图 2.21　前庄鼎二足端缩孔（笔者摄）

图 2.22　前庄鼎二足端浇道残迹（笔者摄）

推断这也是内浇道设置的残迹，但打磨得较为彻底，几乎与器表平（图 2.23）。这样的内浇道是在右侧范分型面上挖出的。结合上腹纹带内浇道，大致可以认为此鼎设计了阶梯浇道系统，但直浇道如何无考。

同样，鼎的铸型组合需要垫片。在鼎腹内壁，可见腹中间有垫片（图 2.24），下腹也有垫片（图 2.25）。在 X 射线成像中，腹壁的垫片并不多，一耳下腹壁在纹带下栏设一枚，纹带下约 20 毫米处设一枚，二者左右均不见（图 2.26），说明其间距较大。底部垫片设置较多，弧三角形底范的 X 射线影像，表现出垫片设置十分规则，中心一枚，三边中部内侧各一枚，然形状不规则，均属铜器碎片。此外，足左右两侧可能也各设一枚垫片，但器物大，X 射线影像只表现出一足一侧的一枚（图 2.27）。

图 2.23　前庄鼎二腹部浇道残迹（笔者摄）

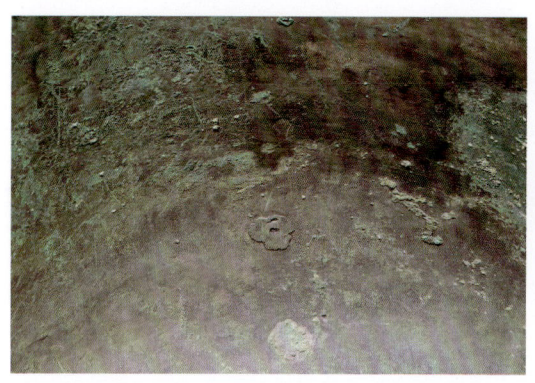
图 2.24　前庄鼎二腹部垫片（笔者摄）

图 2.25　前庄鼎二腹部垫片（笔者摄）

 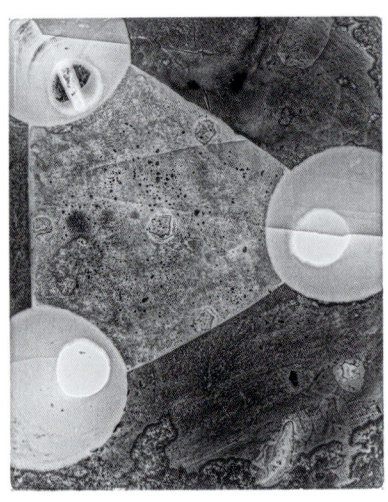

图 2.26　前庄鼎二腹部 X 射线影像（闫文祥摄）　　图 2.27　前庄鼎二底部 X 射线影像（闫文祥摄）

与前庄鼎一相对比，鼎二垫片设置合理得多。

与鼎一不同，鼎二器内壁和外壁均经打磨，内壁似经整体打磨使之光亮（见图 2.3），外壁的打磨具有选择性，首先是铸造披缝，唇沿上的披缝被打磨干净了。

前文涉及一处腹部披缝旁的内浇道残迹被打磨的现象，另一处也有同样的现象。这条披缝总体较宽，在足根上部的下腹更宽，且段落明显，应该设有内浇道，下段打磨得较为彻底，使气孔出露。打磨的方向也是自右上向左下。在下腹，打磨局限于披缝，近旁的纵向纹理，可能是制范时涂刷的痕迹，依然保留；足根亦然（图 2.28）。唇下到纹带间的披缝也被打磨，但在沿下不便操作，保留了局部，而纹带以上到沿下被打磨尽净（图 2.29）。

图 2.28　前庄鼎二披缝打磨痕迹（笔者摄）　　图 2.29　前庄鼎二披缝打磨残迹（笔者摄）

前庄鼎二的铸造质量似乎逊色于鼎一，不仅披缝较宽，内浇道开在腹壁和纹带中，不仅打断并需要打磨，有可能影响观瞻，鼎体所遗留的大量补块，也能说明铸造质量和缺陷严重。

鼎二的一大缺陷是气孔，这本是铸造青铜吸气性高，易于出现的缺陷。又因其铸型为泥质，易于受潮，浇注后升腾的水蒸气导致更易出现气孔。从X射线影像可以看出，直径小于1毫米的气孔遍布鼎腹（图2.30、图2.31）。而一些大的气孔，穿透了器壁，就需要补铸。鼎腹、鼎足之上可见多处补铸痕迹。前文在讨论垫片设置时，看到腹壁的补块，主要是内壁，外壁因锈层的遮掩未必能看得到。在中腹垫片下、下腹垫片上的一个补块，在腹壁凸起，厚不及1毫米，边缘不规则，其中还有两个浇不足孔（见图2.24）；另一补块在下腹回折处，形状不规则，似乎两层，即补铸了两次才成功（见图2.25）。在这一补块的左侧，有一个更大的补块，长约三十几毫米，宽约为长的一半，形状不规则，贴在内底表面，厚

图2.30　前庄鼎二腹部X射线影像（闫文祥摄）

图2.31　前庄鼎二腹部X射线影像（闫文祥摄）

不足1毫米，表面平光（图2.32）。这一大补块应从外底浇注，但浇道残迹被打磨后，经锈层覆盖，已不可考。

事实上，此鼎的主要缺陷出现在足下段，似乎各足都有（图2.33）。一足的足端可见全部经补铸（见图2.11），两只足的内壁可见补块（见图2.19、图2.20）。在足外面，即端部设内浇道的那只，内壁产生了一个长度约占足高三分

图2.32　前庄鼎二内底补块（笔者摄）

之一的浇不足缺陷，虽经补铸，仍然有四个孔洞（图2.34），说明此鼎不能盛液体，与烹饪器属性之说不符。另一足的侧面，中部有一补块，下端与足表平齐，上端已经翘起；下段内侧有一更大的补块，贴在足表，补块厚近1毫米，上端翘起更高；而在侧面补块之下还有不少缩孔类缺陷（图2.35、图2.36），后者当与倒立浇注有所关联，而两个补块的补铸质量较差，上端翘起，也使该鼎不能盛液体。另一足的铸造缺陷较为复杂，足下段的横向裂纹，当与足端甚厚、壁厚梯度过大、泥芯的退让性差有关；中部的环形补块从背面一侧绕过前面到另一侧，补块显得粗糙，似乎是另一铸工所为。补块之所以为环形，很可能是为补铸水平方向的裂纹，和足端的一条一样。这个补块贴敷在足外壁，厚度约1毫米或略甚，上边略齐整而下边参差，表面不够平，还有若干处浇不足缺陷，偏下位置可见一条水平方向的长条形浇道的残迹（图2.37～图2.40）。

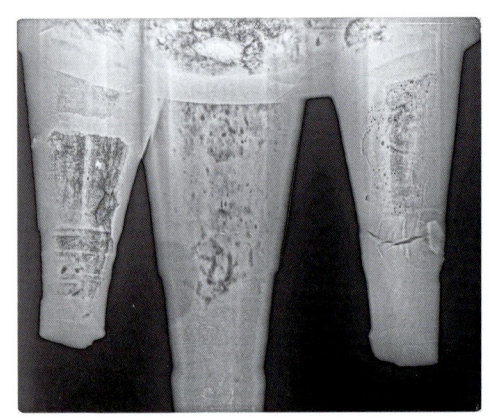  

图2.33　前庄鼎二足X射线影像（闫文祥摄）　　图2.34　前庄鼎二足补块（笔者摄）　　图2.35　前庄鼎二足补块（笔者摄）

图2.36　前庄鼎二足补块（笔者摄）　　图2.37　前庄鼎二足补块（笔者摄）　　图2.38　前庄鼎二足补块（笔者摄）

X射线影像还表现出鼎二腹壁一处几乎锈蚀殆尽（图2.41），这固然有此处接触腐蚀环境或腐蚀物质的缘故，还有此处壁薄的因素，而导致壁薄的主要原因应不是腹芯发生了偏移，因已产生孔洞，垫片无考，但据中腹的两个垫片脱落形成的空洞，它们基本保证了壁厚，也应能基本保证孔洞处壁厚，孔洞处壁厚变薄的重要原因可能还在于此处的范发生了变形，而支撑的垫片或丢失或漂移的缘故。

图2.39　前庄鼎二足补块（笔者摄）

图2.40　前庄鼎二足补块（笔者摄）

此鼎耳下的加强筋十分特别，用以加强耳与腹壁的联系强度，说明鼎的设计意图是用耳提升和移动，X射线影像虽可看到耳及其加强筋上也有气孔（图2.42），但加强作用明显。然考究鼎的功能，足中空透底，其上部残存的一圈泥芯，说明鼎并非烹饪器，否则烹饪的食物进入足内，不仅无法取出，而且易于腐败。诸多迹象表明，鼎是具有象征性或符号性的精美杰作，大鼎更加稀奇，但最终用途是随葬或瘗埋[①]。

图2.41　前庄鼎二腹X射线影像（闫文祥摄）

图2.42　前庄鼎二耳、腹X射线影像（闫文祥摄）

---

① 苏荣誉、郎剑锋：《中商时代大鼎初论》，《湖南商周青铜器研究》，安徽科学技术出版社，2023年即刊。

平陆前庄窖藏中这两件鼎，应属配成的一对，是当时商王或高级贵族或为特殊场合的定制。整体而言，两件鼎形制、风格和工艺接近，但在各层面的细节处理上均有差别。鼎一是耳、足四点配置，而鼎二是五点配置，从四点到五点，发现这一变化的郭宝钧（1893～1971年）认为具有时代差异①，而今两类器出自同一窖藏，即便有制作上的时间差，也不应过长。四点配置是早商流行的结构，五点配置是中商流行的结构②，但中商的渊源就在早商，鼎二或者就是代表。

鼎一的铸造质量控制相当严格，铸件品质一流，除气孔外缺陷较少。而鼎二缺陷较多，大量气孔和浇不足缺陷导致铸后很多的补铸。但二者铸型结构完全一致，差别在于浇注系统。鼎一采用传统的外底设三个内浇道的形式，二号则采用阶梯式浇注系统，大概是新创的方式。鼎二耳的加强筋设计，说明铸造鼎二的铸工，试图采用一些新设计和新工艺，铸造质量更好的大鼎，但工艺控制的偏差，导致结果未能达到原始设计。

还需要指出的是此鼎纹饰带中的填纹处理。此鼎出土后经过清洗、去锈，特别是剔除纹饰，失去了不少器表面的重要信息。在纹饰带的局部，纹线中尚残留有深黑色细腻物质（见图2.29），这是为了凸显纹饰的填纹处理③。但其原色如何，多少种颜色，与之配合的腹表和足表有无彩绘，颜色如何，需要进一步分析，或可揭示出些许重要现象出来。从器腹表面水平方向的抹痕看（图2.43），不像是翻制腹范形成的，有可能是彩绘前作"地仗"处理的痕迹。这些问题，有待高明的精细研究。

图2.43　前庄鼎二腹壁抹痕（笔者摄）

关于平陆前庄窖藏，研究还不充分。有论者认为同出的方鼎属二里岗下层，为商汤时期王室分送给砥石的祭器，两件圆鼎年代略晚，也是商汤后某王器④。显然断代过早。也有认为他们属于祭河遗物⑤。

---

① 郭宝钧：《商周铜器群综合研究》，文物出版社，1981年，第5～7、18、19页。
② 苏荣誉、郎剑锋：《中商时代大鼎初论》，《湖南商周青铜器研究》，安徽科学技术出版社，2023年即刊。
③ 苏荣誉：《凸显纹饰：商周青铜器填纹工艺》，《青铜器与金文（第三辑）》，上海古籍出版社，2019年，第313～367页。
④ 卫斯：《山西平陆前庄方鼎的历史归属与年代问题》，《中国历史文物》2007年第2期，第66～69页。
⑤ 《中国青铜器全集》（卷一），文物出版社，1996年，图三三；山西博物院：《山西博物院珍粹》，山西人民出版社，2005年，第3页。

## 三、黄陂盘龙城李家嘴大圆鼎 LZM2:36

黄陂盘龙城是早商一处十分重要的大型遗址，其文化被考古学家称之为盘龙城类型，但这一类型的内涵如何，分布怎样，目前还不清楚。就盘龙城遗址，经过数十年的发掘，发现了多座城址和多处墓地，考古学家将其划分为七期，从二里头文化中期到二里岗文化晚期①。这一遗址先后出土了数量可观的青铜器，总数应当超过了郑州商城。所以，研究早商青铜器，该遗址十分重要。

在盘龙城遗址中，先后出土了三件大鼎，均属圆鼎类型，分别是出自李家嘴二号墓的鼎 LZM2:36、一号墓的鼎 LZM1:1，以及出自杨家湾墓的鼎 YWM11:16。

李家嘴遗址位于盘龙城遗址东南部一个半岛形台地上，是一处西北-东南走向的条状湖旁台地。1974年发掘的二号墓位于李家嘴台地中部偏南，是一座竖穴土坑墓，棺椁糟朽，殉三人；墓室长方形，面积约12平方米，是盘龙城发现的面积最大的墓葬，也是迄今为止所发现最大的早商墓葬。发掘报告将其划分为盘龙城第四期，相当于二里岗上层一期。墓葬随葬青铜、陶、玉和木器77件，其中青铜容器17件，包括一件大鼎 LZM2:36。

鼎 LZM2:36 出土于椁室东南，靠椁壁侧置。通高550、口径407毫米，重9.6千克，是盘龙城发现的第二大的器物（图3.1），现藏于中国国家博物馆②。

图3.1 黄陂盘龙城李家嘴鼎 LZM2:36 ［引自《中国青铜器全集》（卷一）图三二］

---

① 湖北省文物考古研究所：《盘龙城——1963～1994年考古发掘报告》，文物出版社，2001年，第441～446页。

② 同①，第152～154、169、443、444页，图一一一，图版四八.1，彩版一四；《中国青铜器全集》（卷一），文物出版社，1996年，图三二；中国国家博物馆：《中国国家博物馆馆藏文物研究丛书·青铜器·商》，上海古籍出版社，2020年，第12、13页。发掘报告记鼎通高550、口径316毫米，国博图录沿用，另附重量9.5千克。《中国青铜器全集》记其通高550、口径350毫米。本文数据引自1980年纽约大都会博物馆展览图录（Wen Fong. The Great Bronze Age of China, An Exhibition from the People's Republic of China. New York: The Metropolitan Museum of Art, 1980: 84）。

此鼎深腹，口微敛，腹壁略外弧。耳、足呈四点配置，宽斜折沿，薄方唇外出较多（图3.2）。外沿上对置两拱形立耳，耳梢略外斜，耳内侧与折沿的折线平齐（图3.3），外面与唇沿平齐；耳中空，外面开放，肋的横截面呈槽形，槽中有一道较高的随形凸棱（图3.4）。上腹饰一周纹带，由细线勾勒的三组兽面纹平铺而成，并以细线凸弦纹作边，整个纹带浮凸在器表。每组兽面纹布在两足之间，组界与足外侧中线一致。兽面纹中间有细而浅的纵线，不及两边，有若对称线，纹饰以之对称展开。兽面可辨识的是中间的长圆形眼睛，瞳形的眼珠突出。眼上和眼下各勾一行云纹，两端则近乎鱼尾形。细考兽面纹，难以确认发掘报告所言的鼻、眉、角和足等[①]，相当抽象。圜底下以三锥足承器，足根粗，足端尖，中空透底，横截面为椭圆形，沿径向列置，均光素。

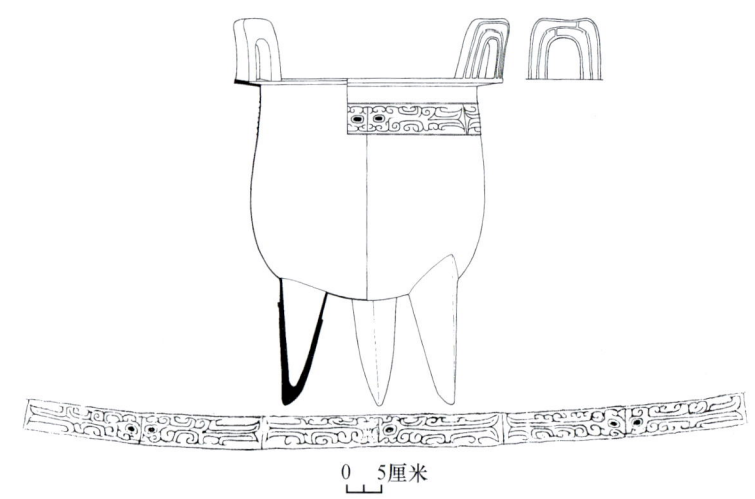

图3.2　李家嘴鼎LZM2:36线图（引自《盘龙城》图一三五）

图3.3　李家嘴鼎LZM2:36耳内侧（笔者摄）　　图3.4　李家嘴鼎LZM2:36耳外侧（笔者摄）

---

① 湖北省文物考古研究所：《盘龙城——1963～1994年考古发掘报告》，文物出版社，2001年，第169页。

鼎腹有三条垂直的铸造披缝，均在足外底中线上，自足尖直通沿下（见图3.1）。披缝细而直，在上腹纹带中更为明显，成为纹饰组界。中腹披缝低矮甚或局部不显（图3.5），说明经过了打磨。足上披缝前后相对，说明内侧披缝在足根向底部中心延长，底部披缝呈Y形，说明鼎铸型沿足三分。披缝在沿下形成凸起，在唇外被打磨，但在耳拱中央了无痕迹；另外，耳内侧的周边和耳孔边缘，都有飞边残留（见图3.3），说明那里也是分型面，看来双耳另有铸型。鼎的铸型由包含底三分之一的三块腹范、两块耳范与一块腹芯组成。腹芯结构复杂，包含着三足芯和双耳耳孔芯而耳肋槽中泥芯则由耳范自带。从足底的补铸，知足倒立浇注。一道披缝在纹带中甚宽，应是内浇道设置之处（图3.6）。至于有多少内浇道，需要进一步仔细考察和微痕分析。

图3.5　李家嘴鼎LZM2:36腹铸造披缝（笔者摄）

图3.6　李家嘴鼎LZM2:36腹纹中浇道残迹（笔者摄）

据考古发掘报告，李家嘴鼎LZMM2:36器身有六处补块，足下部有双层的补痕。而胡家喜等指出，"一足，底部中间一处"补铸[①]，可能不全。贝格立（Robert W. Bagley）不仅指出补块的存在，还指出一些补块在器内外面均可见，补块上还有浇道残迹[②]。

据这件鼎的照片，后足几乎一半都经过了补铸，而且补块上还可见两个不小的浇不足缺陷；鼎下腹的一块深灰色块，中间可见浇道残迹，应属补块（见图3.1）。腹壁纹带下栏与披缝交角有一补块，其下中腹有一大补块，跨过了披缝（见图3.5）。此外，一耳前边的腹、沿折角处有一长条形补块（见图3.1），延及耳内，在口顶边有一长条形补块（见图3.3），是浇注时在转折处产生了裂纹，或者也形成了浇不足孔及大缩孔的补铸。

---

① 湖北省文物考古研究所：《盘龙城——1963～1994年考古发掘报告》，文物出版社，2001年，第169页；胡家喜等：《盘龙城遗址青铜器铸造工艺探讨》，《盘龙城——1963～1994年考古发掘报告》，文物出版社，2001年，附录七，第594页表三。

② Robert W. Bagley. The Zhengzhou Phase (The Erligang Period)//Wen Fong. The Great Bronze Age of China, An Exhibition from the People's Republic of China. New York: The Metropolitan Museum of Art, 1980: 99.

## 四、黄陂盘龙城李家嘴大圆鼎LZM1:1

李家嘴一号墓在墓LZM2东边数米处，1974年筑路取土挖开了此墓，收集到陶器7件、玉器6件、青铜器22件，青铜器均属容器。据随葬器物，该墓被划为盘龙城五期，相当于二里岗上层一期偏晚①。

图4.1 黄陂盘龙城李家嘴鼎LZM1:1（郝勤建摄）

该墓出土的一件李家嘴鼎LZM1:1，形体略小，通高450、口径285、壁厚2毫米，重9.9千克②。为盘龙城出土的第三大青铜器（图4.1、图4.2）③。

该鼎深腹，腹壁微外鼓。宽折沿，方唇外出，外沿较内沿高，沿口不平，唇厚不一；耳下的沿位置最高，唇也最厚，说明前沿因受压变低。外沿上立一对拱形耳，耳与足成四点配置（图4.3）。耳两肋下段较直，内侧平，与折沿的折线平齐，外侧与唇沿平齐；耳孔外小内大，耳顶略薄，耳内侧根部有自肋伸出的凸棱状加强筋，但较短，未及腹内壁，且表面略粗糙（图4.4、图4.5）。

鼎上腹饰一周由三组兽面纹平铺的纹带，以细线凸弦纹作边，整个纹带的纹线较细，相对流畅。兽面纹正中一条纵线，上接边栏，下则从边栏出头，明显是对称线，纹饰以之对称展开，但对称性不很高。兽面可以辨识的是臣字形眼，眼角细长，圆形眼珠中圆突的或许是瞳仁，结构较为特殊。除此之外，眼睛上方，靠上边栏向两侧较为对称地平铺云纹，靠下栏也是，但构图不同，它们的含义均不明（图4.6），两端的纹线接近鱼尾形（图4.7）。另一组兽面纹的构图接近，但并不能重合（图4.8）。各条纹线的端头均内卷，因其不够细便形成了一个大逗点。贝格立

---

① 湖北省文物考古研究所：《盘龙城——1963~1994年考古发掘报告》，文物出版社，2001年，第181、182、443、444页。盘龙城发掘报告虽然分期将四、五两期分开，但讨论则合并在一起，结论也相近。
② 同①，图一三五，图版五九.2。
③ 同①，第198、199页。

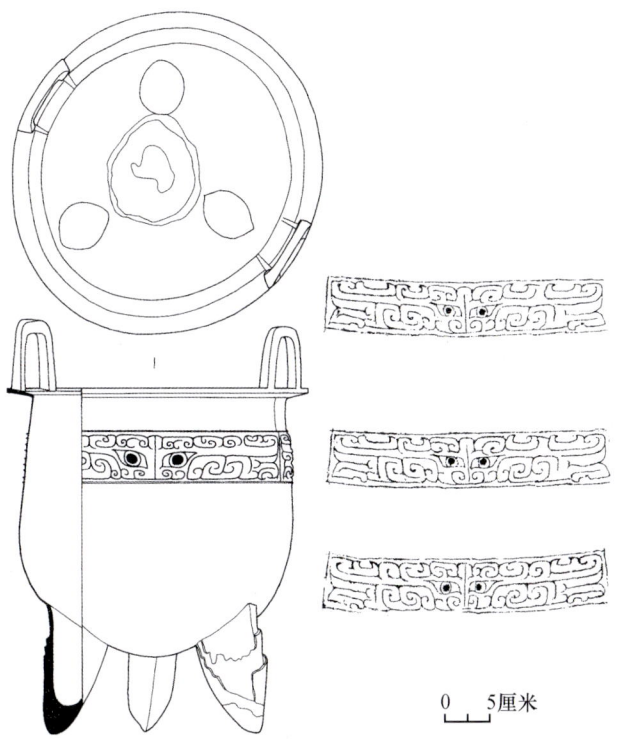

**图 4.2　李家嘴鼎 LZM1:1 线图与纹饰拓片（引自《盘龙城》图一三五）**

**图 4.3　李家嘴鼎 LZM1:1 俯视（郝勤建摄）**

**图 4.4　李家嘴鼎 LZM1:1 耳（郝勤建摄）**

以为此鼎的兽面纹与郑州商城窖藏大鼎所饰的相同，成为他认为盘龙城青铜器难以与郑州商城青铜器分别的一个证据[①]。

---

① Robert W. Bagley. P'an-lung-ch'eng: A Shang City in Hupei. Artibus Asiae, 1977, 39(34): 165-219.

图 4.5　李家嘴鼎 LZM1:1 耳
（郝勤建摄）

图 4.6　李家嘴鼎 LZM1:1 兽面纹（郝勤建摄）

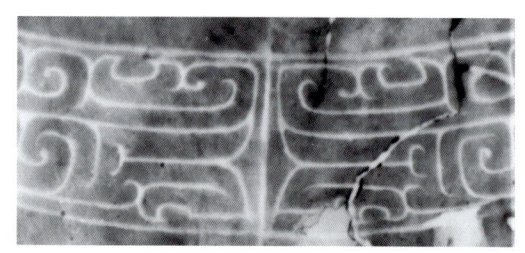
图 4.7　李家嘴鼎 LZM1:1 纹饰组界（胡东波摄）

图 4.8　李家嘴鼎 LZM1:1 兽面纹（郝勤建摄）

圜底下以三锥足承器，三足均中空透底（见图 4.3），顶面均为椭圆形，沿径向列置（图 4.9）。三足均经补铸，可见足根或上段是原铸件，光素，补铸的三足均过短，使这件鼎足与腹的比例失调。

此鼎周身有丰富的工艺信息。首先是铸造披缝，腹部三足外侧中线均有一条垂直的铸造披缝，从足尖向上直至沿下，足虽都经补铸，原铸件的披缝依然可见（图 4.10），足内侧披缝当延伸到外底。披缝的宽窄、高低不一（图 4.11）。鼎外底的铸造披缝已被打磨，但据足内侧的披缝（图 4.12），可以确定外底原应有 Y 形披缝，其铸型与李家嘴鼎LZM2:36 相同。胡家喜等从腹部铸造披缝在纹带处较宽，且被打断（图 4.13），推定那里曾设置过一个内浇道。

李家嘴鼎 LZM1:1 最突出的是其补铸，胡家喜等注意到三足和底部的补铸（图 4.14），

图4.9 李家嘴鼎LZM1:1左足（郝勤建摄）

图4.10 李家嘴鼎LZM1:1铸造披缝（郝勤建摄）

图4.11 李家嘴鼎LZM1:1铸造披缝（郝勤建摄）

图4.12 李家嘴鼎LZM1:1外底（郝勤建摄）

图4.13 李家嘴鼎LZM1:1腹部补块（郝勤建摄）

但未深究①。内底中心有一个形状不规则的大补块，补块中间另有一个形近椭圆的小补块，

---

① 胡家喜等：《盘龙城遗址青铜器铸造工艺探讨》，《盘龙城——1963~1994年考古发掘报告》，文物出版社，2001年，第593页。胡氏等称之为"浇口"，欠妥。所测量的长550、宽35毫米，明显有误，或者错在单位，长55、宽3.5毫米。

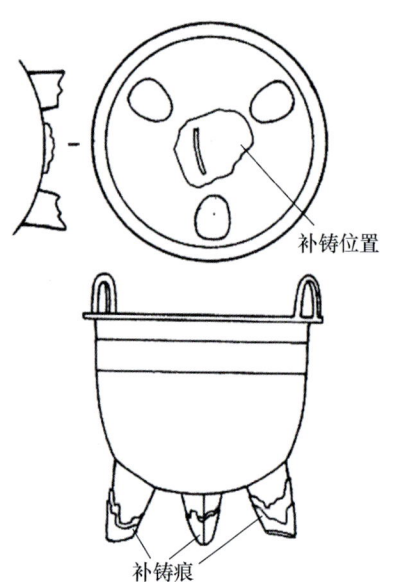

图4.14 李家嘴鼎LZM1:1内底补块
（引自《盘龙城》593页图二二）

但二者的表面几乎平齐（图4.15）；相应地，外底中心也有一大补块，且也经两次补铸，两补块相互叠压，尺寸前大后小，后一次补块上颇大的浇道尚残存，在两层之间的右下，还另有一小补块（图4.16）。据补块的尺寸，所补孔洞很大。此器没有发现垫片存在，腹部的X射线影像中也无垫片信息（见图4.7）。如此大的器物，浇注过程中芯的固定和型腔尺寸的保证是必然的问题。而底中心的大孔，应当就是泥芯撑（头）的工艺孔。

三足均经补铸，且不止一次，补块多分层。左足上段为原铸足，外侧中线的铸造披缝与腹部的是同一条。其外的补铸分两层，外侧较低而内层较高，外层较薄，厚在一至二毫米，内侧厚度在二至三毫米余。内层的铸造披缝与原铸的一致，补块上边不齐整，右侧还有大片剥落，左侧还有一个浇不足圆孔。

图4.15 李家嘴鼎LZM1:1内底
（郝勤建摄）

图4.16 李家嘴鼎LZM1:1外底（郝勤建摄）

外侧的铸造披缝也在原铸位置，上边参差不齐，左侧有大块浇不足缺陷，正面还有若干个大气孔（见图4.9）。右足的补块也是两层补铸，出露着原铸的足根，同样也是内层高而外层低，内层厚而外层薄，但出入较小，内层表面有些气孔（图4.17）。后足的原铸部分较长，补铸的高度只有足高一半，而且内外两层高度相若，只是两层的残破各不相同，内层得以出露。内外两层的厚度不匀，二者总体相若（图4.18）。这些补铸的共同点是径向对开分型，与原铸件完全一致。

叁　平陆前庄鼎与早商大鼎研究 ｜ 085

图4.17　李家嘴鼎LZM1:1　　　　图4.18　李家嘴鼎LZM1:1
　　　　右足（郝勤建摄）　　　　　　　　后足（郝勤建摄）

需要指出的是，此鼎三只足的下段同时残失，并且都经过两次补铸，应该不是一件自然的事情，当是一种特别的设计。

在内底，腹与三空足的相贯处，即足顶端，围绕着足的透孔各有不规则的环状凸起（见图4.15），但原铸足和腹部是浑铸成形的，披缝一致，过渡自然（见图4.9、图4.17、图4.18）。虽然没能采用CT扫描获得确切的结构关系，但丰富的叠压层次应可提供足以剖析的信息。

李家嘴鼎LZM1:1，身形颇大，腹芯相应硕大，浇注中铸型各部分的固定，特别是腹芯的固定、保证型腔尺寸应是最大难题。在器体上没有发现垫片，X射线影像中也没发现腹部垫片，腹芯的支撑只能依靠芯头和泥芯撑。综合器物上留存的信息，分析它们的关联，可以对其铸造工艺进行如下推论。

为铸造这一大器，铸工事先进行了周密设计。为了支持硕大的外范，铸造分两步进行：先铸造器体，再补铸鼎足。即在铸器时，在腹芯的腹底中央和三足的位置制作出芯头（泥芯撑），三足仅铸上半段，相当于空筒，和腹芯相连于一体的芯头通过足和底部的芯头一起支撑外范，并保证型腔尺寸。浇注的铸件具有耳、腹及其纹饰，掏去腹芯后在底部形成四个透孔，即三足各一个，底中央一个。然后补铸这些透孔成为完器。

耳的型腔也是在腹芯上刻出，并在两侧进行了局部搜镂，为使耳轮廓饱满。因口沿较薄而耳较厚，为在凝固中不致在结合处产生裂纹，在二者中间设计了加强筋，同时强化了耳与折沿的联系。

鉴于这些孔过大，补铸时分两步进行。底中心的孔洞补铸时留一小孔，第二次补铸填满小孔。为何如此，有待求解。对于足孔，需要制作铸型，包括与足芯合在一体的腹内壁范，或者说腹范自带足芯，以及沿既有披缝对开分型的两块足范。自带足芯的腹内范须在足芯周围刻出环形凹槽，因随手刻制，故形状不规矩；而足芯较原铸足（圆筒）的内径略细，足范的尺寸较原铸足（圆筒）外径略大，间距即补铸足的下层，约一毫米。其型腔由三部分构成：环、原铸足内型腔和原铸足外型腔。浇注时，熔化的青铜注满环形槽后上溢充满原铸足内型腔，再外溢充满足外型腔。冷凝后，补铸足以圆环、足内壁和足外壁包络原铸足，十分牢靠。但在补铸足时，足端可能没有封闭，所以又进行了第二次补铸，但这次只限于足下段表面和足端，形成了补铸的表层，不及足内[①]。至于第二次补铸时和第一次补铸间有无某种结构，有赖工业CT进行扫描予以解析。

上述的补块属于工艺结构的必要组成，除此之外，李家嘴鼎LZM1:1腹部可见四个补块，一处应在耳一足的下腹披缝，从下腹右斜下至足根，压在披缝之上，边界曲折，右侧曾经错磨，或是浇道所在；一块在此披缝右侧纹带之下，部分延伸到纹带，但未影响纹带下栏的凸弦纹；这两补块上还可见到若干小气孔；还有一小补块在稍右的凸弦纹内。另一块在另一披缝右侧的纹带中，尺寸十多毫米，其上浇道残迹犹存（见图4.10）。纹带的X射线影像片中还可见到在浇道痕迹左右的皮下气孔（图4.19）。据此可以推定，这些补块都是补大气孔缺陷的。足部样品的金相分析表明其组织为α+（α+δ）树枝晶，铅颗粒弥散分布其中，硫化物细小。X射线能谱得到的成分为铜63.0%、锡10.2%、铅25.8%、锌0.8%，另有少量硫和镍[②]。

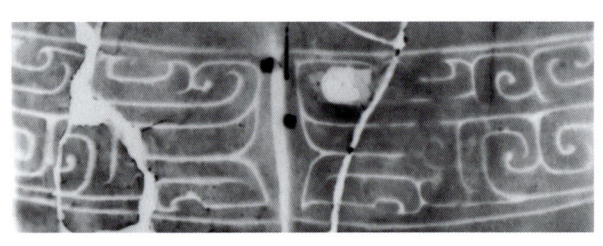

图4.19　李家嘴鼎LZM1:1腹部X射线影像（胡东波摄）

## 五、黄陂盘龙城杨家湾鼎YWM11:16

杨家湾遗址位于盘龙城遗址北部，为一东西长500、南北宽350米的岗丘。在岗地的南坡，一条水沟常年冲刷出一座墓YWM11，1989年冬对其进行了发掘，是一座长方形竖

---

① 苏荣誉、张昌平：《盘龙城出土青铜容器工艺技术研究》待刊。
② 郝欣、孙淑云：《盘龙城商代青铜器的检验与初步研究》，《盘龙城——1963～1994年考古发掘报告》，文物出版社，2001年，第521、527页。X射线能谱分析铜器成分，获得的是微小区域成分，鉴于金相分析表明的组织不均，此法分析结果仅供参考。其铅含量明显偏高，锡含量有可能偏高，锌更是问题。

穴墓，葬具一椁一棺，均雕花并黑漆朱绘，都已糟朽。墓中出土了57件器物，其中青铜器35件，包括17件青铜容器。发掘报告将出土的陶器与郑州小双桥和南顺城街出土者对比，将出土的青铜器与郑州南顺城街和向阳回族食品厂窖藏者比较，把该墓划为盘龙城第七期，也是该遗址最晚的一期，相当于郑州二里岗上层二期晚段。

墓中出土的青铜鼎YWM11:16原本应是盘龙城体量最大的一件青铜器，但因出土时三足皆失，下腹残缺严重，腹部多处破裂（图5.1），无法确证。其身形巨大，口径550毫米，壁厚约2毫米，复原通高达850毫米（图5.2）[①]。如此高度，应是已知的商早、中期最高大的青铜圆鼎。

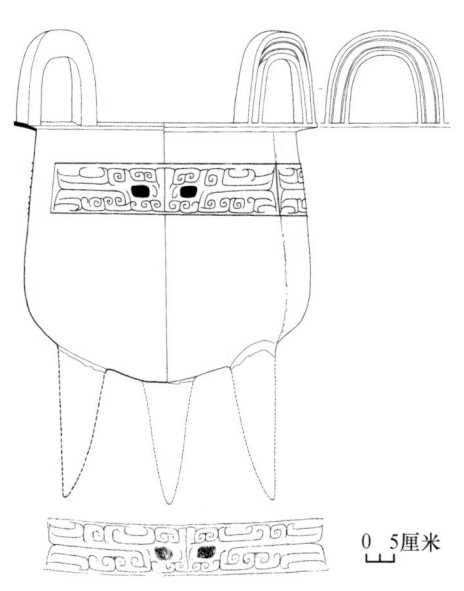

图5.1 黄陂盘龙城杨家湾鼎YWM11:16线图与纹饰拓片（引自《盘龙城》图二一二）

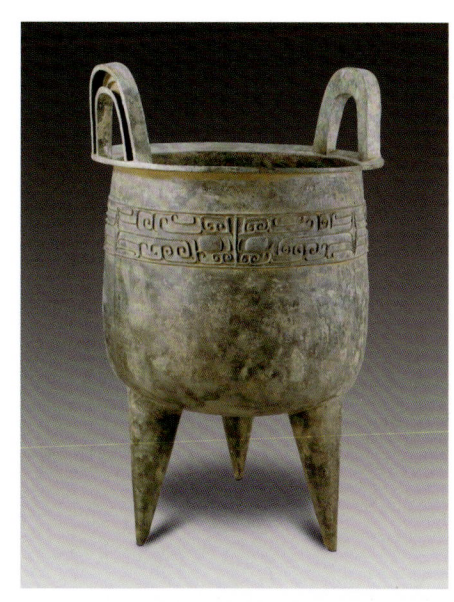

图5.2 杨家湾鼎YWM11:16（郝勤建摄）

鼎深腹，口微敛，腹壁微外弧。宽沿微下弧，外沿高内沿低。沿上竖立一对拱形耳，略向外倾，内侧平光，耳根向内沿外缩数毫米，外侧与唇沿平齐。耳肋横截面微槽形，槽中有两道随形的窄矮凸棱（图5.3）。

上腹饰三组兽面组成的纹带，均细线平铺而成，上、下以细凸弦纹作边，每组纹饰安置在两足之间。兽面中间有细线竖立纹带中，纹饰以之对称展开，但对称性并不十分严

---

① 湖北省文物考古研究所：《盘龙城——1963～1994年考古发掘报告》，文物出版社，2001年，第263～266、281、283页，图二一二，图版九二.1，彩版三九.1；胡家喜等：《盘龙城遗址青铜器铸造工艺探讨》，《盘龙城——1963～1994年考古发掘报告》，文物出版社，2001年，附录七，第577页。

图 5.3　杨家湾鼎 YWM11:16 耳（郝勤建摄）

格。兽面无眼眶，但长圆形大眼珠突出，除此之外，兽面的其他器官均不具象或不能辨识。似乎有宽鼻头，两头回卷，但与相邻线条构成花 T 形则含义不明；眼珠内侧勾线、眼珠上的花 T 形加 C 形、再外的横刀形、下方的花 T 形与横刀形，也不明其意。似乎线条勾连并大致对称、勾线多为云形和刀形。整个纹带的纹线虽然较细，但规矩有力，宽窄一致，没有刻镂和修整的痕迹（图 5.4），应当是模作纹，即从模翻制的纹饰。

器壁留有清楚的铸造披缝，且窄细而直，与前庄鼎一可媲美（见图 5.1），但在纹带上明显加宽，且有断茬（图 5.5）。底部 X 射线影像表现出

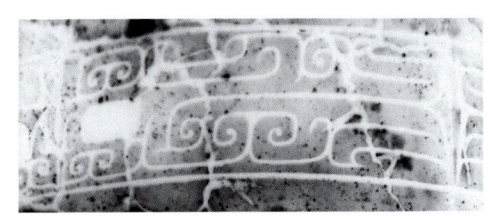

图 5.4　杨家湾鼎 YWM11:16 腹 X 射线影像（胡东波摄）

了 Y 形披缝（图 5.6），说明此鼎的铸型是三块侧范、两块耳范与一块腹芯组成，腹芯包含三足芯和双耳耳孔芯，耳范自带耳槽中泥芯。为支撑泥范，或曾使用了垫片，X 射线影像表现出纹带下十多毫米处的一块深灰色块。上边缘线条直硬，下边尤其右侧漫漶，

图 5.5　杨家湾鼎 YWM11:16 纹饰（郝勤建摄）

是否属于垫片有待复核（图 5.7）。即使使用垫片，使用量也相当节制，这也是垫片出现不久的特征，具体待考。因三足残断，加之底部中心有一补块，丧失了许多工艺信息，这些部位的浇道设置无考。腹部纹带的披缝，一处较宽，胡家喜等测量其长 230、宽 6、凸起 2 毫米，而且其上段有断茬，说明此处曾经设置过内浇道[①]。但是另一条分型面上，披缝既不加宽，也无断茬（图 5.8），说明不曾在那里设过浇道。因而，此鼎或许采用过阶梯式浇注系统[②]。

底部的 X 射线影像表明鼎底中央有一补块，边缘曲折，且不见垫片设置（见图 5.6）。可以推断中央补块所补孔的

---

① 胡家喜等：《盘龙城遗址青铜器铸造工艺探讨》，《盘龙城——1963～1994 年考古发掘报告》，文物出版社，2001 年，附录七，第 586、589 页。胡氏等以为此为浇口痕迹，欠准确。

② 苏荣誉、张昌平：《盘龙城出土青铜容器工艺技术研究》待刊。

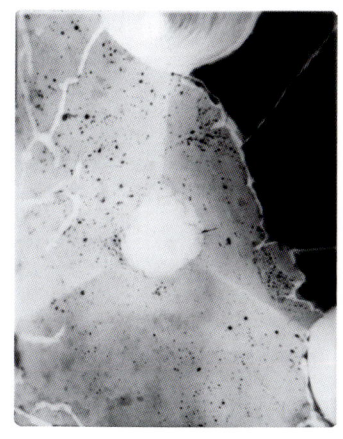
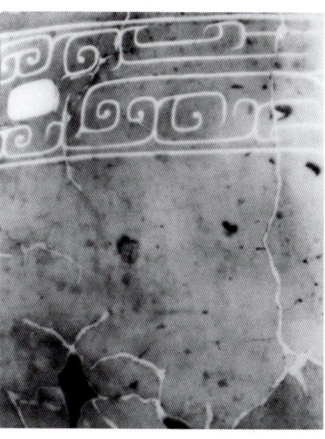

图5.6 杨家湾鼎YWM11:16底X射线影像（胡东波摄）　　图5.7 杨家湾鼎YWM11:16腹X射线影像（胡东波摄）　　图5.8 杨家湾鼎YWM11:16纹饰组界（郝勤建摄）

功能，和李家嘴鼎LZM1:1底部中央的一致，原来是泥芯头孔。至于三足的情况是否和李家嘴鼎LZM1:1一样，难以稽考。但此二器都是大型器物，采用相同工艺的可能性很大。

X射线影像还反映出腹壁有少量气孔（见图5.4、图5.7），而底部有大量气孔的现象（见图5.6）。造成该现象的主要原因在于铸型倒立浇注，气体向上所致。此外，底部较腹壁为厚，也是原因之一。

## 六、郑州向阳回族食品厂窖藏鼎XSH1:1

1982年，位于郑州商城东墙南端墙外54米的向阳回族食品厂内，在施工中发现一批青铜器，经考古清理，认为是一处窖藏，共出土13件青铜器，且有数件大器，另有陶器和原始瓷器。窖藏被二里岗上层文化所叠压，《郑州商城》发掘报告确认其年代属于二里岗上层一期[①]。

该窖藏出土一件大圆鼎XSH1:1，通高773、口径520、壁厚6毫米，重约33千克（图6.1）。耳、足属于四点配置（图6.2）。出土时，腹内有一块兽骨，器外底有烟熏痕迹[②]。

---

① 河南省文物研究所、郑州市博物馆：《郑州新发现商代窖藏青铜器》，《文物》1983年第3期，第49~59页；河南省文物考古研究所：《郑州商城——1953~1985年考古发掘报告》，文物出版社，2001年，第516~519页；李伯谦：《中国出土青铜器全集》（第九卷），科学出版社，2018年，第20页；河南博物院：《鼎盛中华——中国鼎文化》，大象出版社，2013年，第29页。后者的尺寸不同，从发掘报告。

② 张俊儒：《杜岭方鼎》，《河南博物院镇院之宝》，大象出版社，2017年，第58、59页。

图6.1　向阳回族食品厂鼎XSH1:1（引自《郑州商城》彩版一七）

此鼎深腹，口微敛，腹壁略外弧。宽斜沿，方唇外出，唇边不够光滑，局部有缩孔，在耳处较甚（图6.3）。外沿上对立两拱形耳，耳梢微外侈。耳内侧与折沿的折线相切，外侧与唇沿平齐（图6.4）。耳肋下段较直，近乎方形拱耳；其截面为槽形，向外面开放，中间有一道随形的凸棱（图6.5）。

上腹所饰的一周兽面纹带，浮凸在器表，由三组细线平铺的兽面纹组成，以细凸弦纹作下边，以较细凸弦纹作上边，每组兽面纹布置在两足之间。兽面纹中间一条垂直的细线，纹饰以之对称展开。兽面有锚形宽鼻头，然两头线条向内回卷，鼻头两侧有深咧的嘴角，可见三角形排牙。鼻梁两侧竖立羽刀纹，纹外有长圆形眼眶，其中长圆形眼珠突出（见图6.2右）。眼后伸出窄条形兽身，并略上斜，尾向上竖起再回勾（图6.6）。额头正上方为云纹，两侧横刀纹，于尾梢之间填云纹，这些纹饰似乎构成一个极为宽大的冠饰，而身下一串云纹（图6.7）的含义不明。整个兽面纹纹线规矩刚硬，未见修整痕迹（图6.6、图6.7），应是从模直接翻制而成。

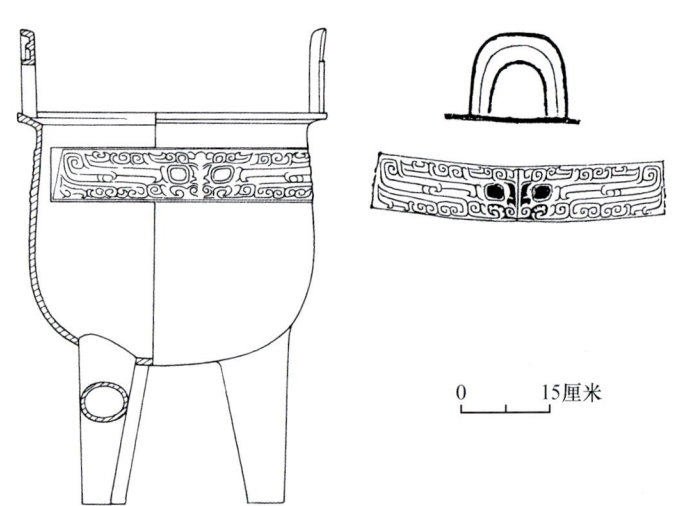

图6.2　向阳鼎XSH1:1线图与纹饰拓片（引自《郑州商城》图五三八）

图6.3 向阳鼎XSH1:1唇沿及其缩孔（笔者摄）

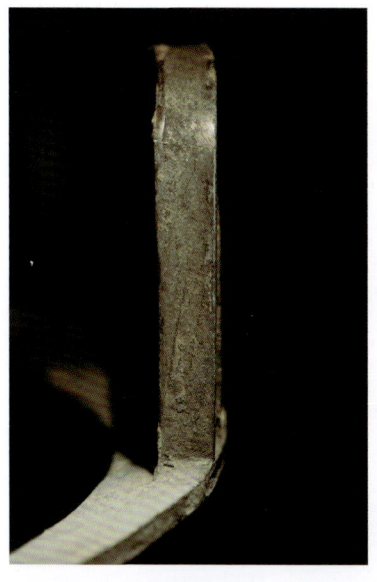

图6.4 向阳鼎XSH1:1耳（笔者摄）

图6.5 向阳鼎XSH1:1耳外面（笔者摄）

图6.6 向阳鼎XSH1:1纹带局部（笔者摄）

图6.7 向阳鼎XSH1:1纹带局部（笔者摄）

图 6.8　向阳鼎 XSH1:1 腹横披缝（笔者摄）

下腹中间一周凸弦纹，宽窄、高低不一（图 6.8）。

鬲底下以三柱足（或截锥足）承器，中空透底，上粗下细，上段的截面为椭圆形（见图 6.2 左）。

这件鼎的复杂，在于器表的铸造工艺信息。腹部有明显的三条垂直方向的铸造披缝，位于三足外面的中线，自足端向上至沿下（见图 6.1），中腹和下腹的披缝，宽窄不一，表面毛糙，并不尽直（图 6.9），而其中的一条在中腹较宽，上面有明显的错磨痕迹，从左上略向右大体平行下斜（图 6.10）；在纹带部分，披缝也不细直，间有小疙瘩（图 6.11），似乎范的分型面发生了小磕碰；纹带上面一段披缝经过打磨，下段已平光而上段较模糊，到腹壁与沿转折处，披缝粗大，沿下部分保留了初铸态，然后直折到唇外（图 6.12），且未经打磨。

图 6.9　向阳鼎 XSH1:1 腹纵披缝（笔者摄）

图 6.10　向阳鼎 XSH1:1 腹纵披缝（笔者摄）

图 6.11　向阳鼎 XSH1:1 腹纵披缝（笔者摄）

水平的凸弦纹粗细不匀，高低不一，具有铸造披缝特征，应是一道水平披缝（见图 6.8）。这样，便与垂直的三道披缝相交，交点是四块范交汇处，范较易发生磕碰，使得交点成为一块，虽经打磨，依然高起（图 6.13）；另一处虽然磕碰较小，但披缝较宽，铸后

叁 平陆前庄鼎与早商大鼎研究 | 093

图 6.12　向阳鼎 XSH1:1 唇及沿下披缝（笔者摄）

图 6.13　向阳鼎 XSH1:1 腹披缝节点（笔者摄）

仍需打磨（图6.14）。足部的披缝，有微曲不直者（图6.15），也有直但较宽者（图6.16），从足根向鬲底中央延伸，由于组合不严，出现了较宽且高的飞边（图6.17、图6.18），其实腹部被打磨的较宽披缝，与之相若。

图 6.14　向阳鼎 XSH1:1 腹披缝节点（笔者摄）

图 6.15　向阳鼎 XSH1:1 足披缝（笔者摄）

图 6.16　向阳鼎 XSH1:1 足内侧披缝（笔者摄）

　　形成较宽披缝进而产生飞边的原因，不外乎合范不严、范发生变形两种主因，范受损也是缘由之一，而范变形可能是关键因素。若合范不严，或发生危险的跑火事故，范必弃置重做。范变形是局部问题，部分可以紧密合范，部分缝隙略大，可以加泥弥补，纹带中所见错范（图6.19、图6.20）多由此而生。

　　发掘报告推测这件鼎的铸型，上腹三范、下腹三范且过足包底。认为三足中一足为浇

图 6.17　向阳鼎 XSH1:1 外底披缝（笔者摄）

图 6.18　向阳鼎 XSH1:1 外底披缝（笔者摄）

图 6.19　向阳鼎 XSH1:1 错范痕迹（笔者摄）

图 6.20　向阳鼎 XSH1:1 错范痕迹（笔者摄）

口，另二足为冒口，一次浑铸成形①。虽然简约，但颇居要津。与复杂的铸造信息相应，此鼎的铸型的确非常特别，最为突出的是铸型上下分段，并沿三足外中线纵向三分，使得铸范的数量增加了一倍，当然，耳外也各有一块范。至于腹芯，依然与三足芯、两耳孔芯一体。

这件鼎表现出不少铸造缺陷以及补救痕迹。一耳在耳孔的根部，出现了一个大孔（图 6.21）。该孔有可能是憋气所致，因为此处转折，排气不畅会在此憋气。而另一耳根的唇沿，不仅有憋气的气孔，还有凝固收缩产生的缩孔，可能孔较大，还进行过补铸（图 6.22）。在一足内侧的中间，集中出现了若干个浇不足孔，对此也进行过补铸，但补块似

———
①　河南省文物考古研究所：《郑州商城——1953～1985 年考古发掘报告》，文物出版社，2001 年，第 797 页，图五三八，彩版一七、图版二一一.1。

乎在足内壁，外面孔洞依然明显（图6.23）。

从鼎身大量披缝较宽、高低不平，可知原铸件表面不够光洁，不仅披缝经过打磨，纹线表面也进行了打磨，使纹线更加规矩刚直（图6.24）。

图6.21　向阳鼎XSH1:1耳根浇不足孔（笔者摄）

图6.22　向阳鼎XSH1:1耳根缩孔与裂纹（笔者摄）

图6.23　向阳鼎XSH1:1足浇不足孔与补铸（笔者摄）

图6.24　向阳鼎XSH1:1披缝与纹饰错磨痕迹（笔者摄）

和纹线及披缝上错磨痕迹不同的是，纹带沟槽的底面，分块有不同方向近乎平行的细密纹线（图6.25），以至于眼珠表面也有，这些纹线超细，在沟槽中不可能由磨石或工具形成，而其形态更近于毛刷痕迹，可推断该鼎的纹饰经过了涂刷处理。在兽面纹冠饰纹线间，还残留有细腻的物质，底色为褐白色，填在纹线之间（图6.26）。同样，在冠饰两侧的云纹中，有细腻的黛色物质填充（图6.27），与冠中颜色或有区别，它们均应该是呈现纹饰、凸显纹饰的处理工艺[①]，但原色不详。鉴于此，以为鼎底有烟熏痕迹作为烹饪器的证据有待复检，烟黑色很可能也是一种涂色处理。

在一足内侧的下段，披缝的一侧有一断茬（图6.28），成因待考。

图6.25　向阳鼎XSH1:1兽面眼睛及其周围（笔者摄）

图6.26　向阳鼎XSH1:1纹饰填纹处理（笔者摄）

图6.27　向阳鼎XSH1:1纹饰填纹处理（笔者摄）

图6.28　向阳鼎XSH1:1足突出残迹（笔者摄）

## 七、山西晋商博物院藏鼎

2020年，山西打击文物犯罪缴获一件早商大圆鼎，现收藏在太原的晋商博物院，姑

---

① 苏荣誉：《凸显纹饰：商周青铜器填纹工艺》，《青铜器与金文（第三辑）》，上海古籍出版社，2019年，第313～367页。

称之为晋商鼎。鼎通高654、口径460、双耳宽460毫米，重25.9千克（图7.1、图7.2）①。

图7.1 晋商鼎（韩炳华摄）

图7.2 晋商鼎背面（引自《国宝回家》13页）

该鼎深腹，腹壁略外弧，耳与足呈四点配置，但微有偏差，不能端正放置。宽斜折沿，方唇外出。外沿上对立两拱形耳，其体量略显小，梢外斜，是早期大鼎罕见现象。耳肋上下宽度大体一致，内侧与沿的折线平齐（图7.3），外侧与唇沿平齐。耳肋横截面为槽形，其中有随形凸棱（图7.4）。

上腹饰一周纹带，由三组平铺的细线纹饰构成，以细线凸弦纹作边。每组纹饰都设置在两足之间，组界是足外侧中线，均由居中间的兽面纹和两侧填饰的"目云纹"构成。兽面纹构图富有特点，冠饰比兽面高，开启了大角占据兽面大半空间的先河（图7.5）。经剔出纹饰，兽面明晰，阔鼻头、宽吻，鼻头以细线螺卷，吻线有若蝶须。额中为不规则菱形，上方为盾牌形冠饰中部，其两侧饰羽刀纹，再外为双线勾出的开口向下的C形纹，端头也螺卷，成为大冠饰的一部分。面中为不规则形状的眼眶，其中不规则形状的眼珠突出。眼外有S形状纹，含义不明，有人称其为兽足（图7.6）。兽面两侧所填纹饰，通常被指认为夔纹，但只有与兽面相同的眼眶和眼珠可辨，其余纹饰含义不明，对于平陆前庄两件大鼎，称其为目云纹，但与此鼎的纹饰尚有较大出入。该鼎之填纹，眼睛之上是与兽面沿上的C形纹十分接近的构图，但其前端出一螺卷纹；眼前是另一C形纹，两端回卷，中

---

① 山西省公安厅、山西省文物局：《国宝回家——2018年山西公安机关打击文物犯罪成果精粹》，文物出版社，2020年，第12、13页。

图7.3 晋商鼎俯视（韩炳华摄）

图7.4 晋商鼎耳（韩炳华摄）

图7.5 晋商鼎兽面纹（韩炳华摄）

图7.6 晋商鼎兽面纹（笔者摄）

间勾云纹；眼下是横的羽刀纹（图7.7）。因此，暂且称这类纹饰为"目云纹"。应该说，此鼎纹饰的构图较为别致。

鼎下腹光素。圜底下以三柱足相承。柱足上粗下端细，但端头为蹄形。蹄上到足根均匀过渡，轮廓为一条斜线，其横截面为椭圆形，长轴在鼎腹的轴向（图7.8）。

和早商其他大鼎一样，这件鼎身的铸造披缝也很清晰，而且位置相同。垂直的披缝从足端向上直至沿下，通过腹部纹带重合兽面纹组界（图7.9，见图7.1）；与足外侧的铸造披缝相对，足内侧的垂直铸造披缝同样清晰（图7.10），二者在足横截面长轴的两端。外底曾被仔细打磨，不见披缝痕迹，但据三足内侧披缝（图7.11），可推知其原本有Y形披缝。鼎的铸型由三块范与一块腹芯组成，腹芯组合了三只足芯而成全形。

这件鼎上最富内涵的是许多补块。首先是内底的补块，三个补块呈三角形分布，一块略大，两块较小，大体与三足根相应，均贴敷在内底，并与之有缝隙（图7.12），这样排列的补块，不应是发生了浇不足类铸造缺陷，尔后的补铸应当是有意为之。相对的外底，

图7.7 晋商鼎目云纹(笔者摄)

图7.8 晋商鼎足根(笔者摄)

图7.9 晋商鼎披缝(韩炳华摄)

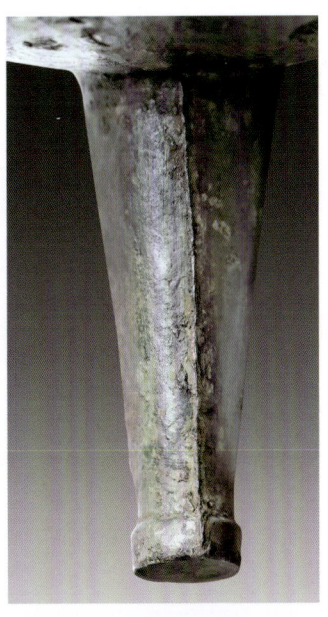

图7.10 晋商鼎足内侧披缝(笔者摄)

图7.11 晋商鼎外底(韩炳华摄)

图7.12 晋商鼎内底补块(笔者摄)

也有三个补块（见图7.11），应可一一对应。外底的中心有一圆形，性质不明。其两侧的两个补块，左近的一块近乎弧三角形，右侧的一块较小，也近乎弧三角形（图7.12），是内底两个补块在外底的表现。说明需要补铸的孔较大，从一面补难以应付，需要两面形成补块。具体孔洞的性质和大小，需要X射线成像予以揭示。

但是，内底的三个补块的人为性的确富有含义，可以与李家嘴鼎LZM1:1底部情况相对读。三个补块位置，原本设计三个孔，是腹芯芯头，用以支持三块范，保证其型腔。浇注后打开铸型，掏取出泥芯，露出芯头形成的孔洞，便逐一补铸。外底的两个补块当与芯头设置相关，而且都可见很大的浇道残余，说明从外侧补铸（图7.13、图7.14）。

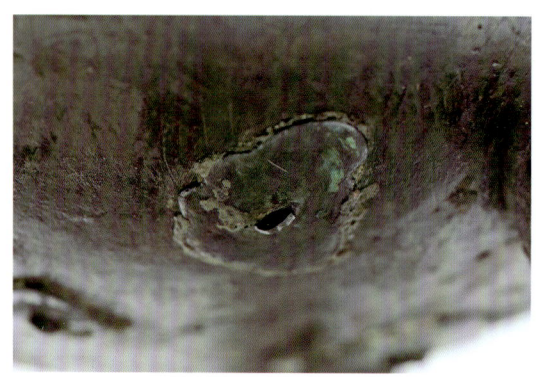 

图7.13　晋商鼎外底补块及浇道残迹（笔者摄）　　图7.14　晋商鼎外底补块及浇道残迹（笔者摄）

与此相应的还有足上的补块。此鼎三足都有补块，程度不同（见图7.1、图7.2）。其中一足的两侧各有一个补块（图7.15、图7.16），一高一低，至少高的补块在足内壁可见（见图7.8）。这种现象也不寻常，与其精致的双耳、腹部纹饰不相称。推测有可能是所补

 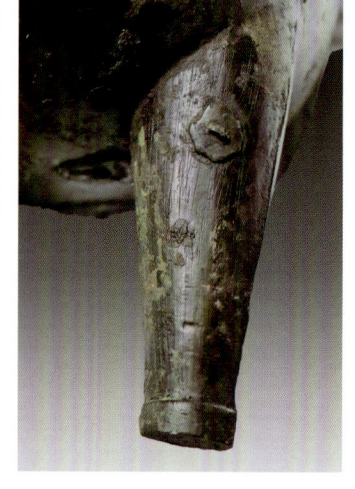

图7.15　晋商鼎足补块（笔者摄）　图7.16　晋商鼎足补块（笔者摄）

铸的空洞也是设置了泥芯头所形成，尔后补铸的。与浇注本体的精细相反，这些补块的质量大多较差，粗糙且浇道设计不合理，留下了较大的残茬，有碍观瞻。

对于底部和足部补铸块的分析，说明当时铸工尚不会或者不熟练使用垫片以解决芯与范的支撑问题，在垫片技术成熟后，这一现象不复再现。

该鼎另一有趣的现象是兽面纹和目云纹的眼睛珠，它们都是长圆形，大小相若，眼珠形状依然，且都突出，差别在于目云纹的眼珠较兽面纹的略高。这些眼珠都呈绿松石色，且颜色层较薄，分布也不均匀。结合纹线中的填色物质，应该是当时工匠着意形成的。

## 八、渊源：二里头鼎

根据目前的考古资料，青铜鼎出现于二里头文化第四期。现今所知时代最早的青铜鼎是1987年在偃师二里头遗址Ⅴ区因施工掘出的，编号87YLVM1:1。同出的尚有一件青铜斝和觚，另有玉石器和陶器，考古学家认为它们出自一座墓。鼎87YLVM1:1，通高约200、口径153、壁厚1.5毫米（图8.1、图8.2）[①]。

图8.1 二里头鼎87YLVM1:1 [引自《中国青铜器全集》（卷一）图一]

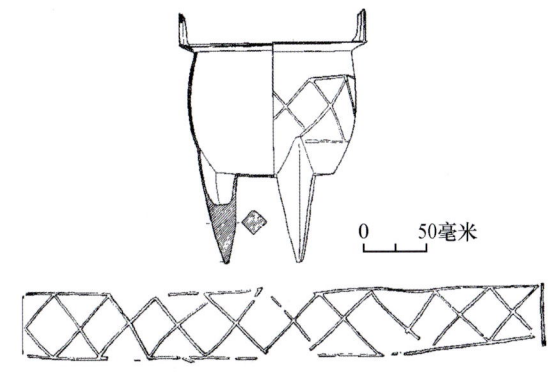

图8.2 二里头鼎87YLVM1:1线图（引自《考古》1991年12期1138页图一）

鼎腹较深，口沿、腹壁外弧。耳、足呈四点配置。斜折沿甚宽，各处斜度不同，故口不平齐。外沿窄而内沿宽，外沿上对置两拱形耳，耳外侧光滑而内侧棱鼓，也相对粗糙（图8.3、图8.4）。腹壁饰一周细阳线网纹带，上下的凸弦纹边十分平直，但宽窄高低不一

---

① 中国社会科学院考古研究所二里头工作队：《河南偃师二里头遗址发现新的青铜器》，《考古》1991年第12期，第1138、1139页，图版八.1，图一；《中国青铜器全集》（卷一），图一。

图8.3 二里头鼎87YLVM1:1耳内侧（笔者摄）

图8.4 二里头鼎87YLVM1:1耳外侧（笔者摄）

致，其中的纹线不很均一，网格大小亦各有差别。

鼎底平，外接三只四棱形锥足，足中空透底，与鼎腹相贯，贯线锐折，一足顶截面为菱形（图8.5），另一足顶面为两长两短的钻石形（图8.6），即足的截面为外面两边较短、里面两边较长的形状；长的两边托住鼎底（图8.7），短的两边在外，其外棱可耸至腹部纹带下栏（图8.8）。四棱形足足端尖利。

图8.5 二里头鼎87YLVM1:1足顶（笔者摄）

图8.6 二里头鼎87YLVM1:1足顶（笔者摄）

应二里头考古队郑光之约，华觉明考察了这件鼎和同出土斝的铸造工艺，仅在鼎腹发现对开的铸造披缝而鼎底没有任何披缝痕迹，推测鼎的铸型为对开范与腹芯（含三足芯）组成，在足部最大截面分型[1]。

---

[1] 苏荣誉、华觉明、李克敏等：《中国上古金属技术》，山东科学技术出版社，1995年，第98页。

叁　平陆前庄鼎与早商大鼎研究 | 103

图 8.7　二里头鼎 87YLVM1:1 外底（笔者摄）

图 8.8　二里头鼎 87YLVM1:1 足（笔者摄）

宫本一夫讨论二里头青铜器的铸造，指出与鼎同出的斝（87YLVM1:2）沿三足分型，分型面交汇在底部中心。对此，苏荣誉等早已指出。然而，宫本氏再由此推测鼎的铸型也如此[①]。此后，他再次申论道：

> 但是其上的三范的范线却非均等的分布关系，位置和一起出土的斝并不相同。鼎的范线位置关系为 T 字形，范线间的角度关系为 180 度、90 度、90 度，而非典型的三范范线为均等的 120 度角关系。再者，需注意的是，底部上为无范线的平坦面，也就是足部是利用内范形成的。透过上述几点，这个鼎的铸造技术为非常特殊的外范为 T 字形三范，及底部持有内范的三范构造制品。

宫本氏进而指出：

> 二里头 V 区一号墓出土的鼎和斝，相较于二里头文化的爵和斝，是属于三范铸造制品中的例外，拥有外范三范构造和底范内范，就技术上而言，可说是介于双范铸造和三范铸造的中间型。

他给出的铸型结构示意图明显是三腹范与一底范的形式[②]。

---

① 宫本一夫：《青铜彝器の制作技术から见二里头文化から二里岗文化への变迁》，《中国初期青铜器文化の研究》，九州大学出版会，2009年，第35、36页。
② 宫本一夫：《夏商交替的青铜器生产与商文化的形成》，《金玉交辉：商周考古、艺术与文化论集》，史语所，2013年，第176～178页，图六、图七。

宫本氏的说明有难以理解之处，范线是俗语，即铸造披缝；内范是芯的俗称，宫本指鼎的底范，他以为底范形成了三足，但并未解释如何形成，因为足的横截面为四边形。更重要的是，宫本氏只讨论范而完全没有涉及泥芯，鼎的铸型必须由范与芯组成。

为了认识和理解宫本一夫的观点，在二里头夏都遗址博物馆的支持下，笔者专门考察该鼎，可以确定的一条纵向铸造披缝不在足外中线，而在一足的右侧（图8.9），也就是宫本氏所指认的T字形的竖端，但在另两足，则没有披缝（图8.10、图8.11），因此，宫本对于这两件器铸造披缝的举证只勾出草图而无照片证据，难以取信。当然，浇注位置也都不清楚。

图8.9　二里头鼎87YLVM1:1披缝（笔者摄）　　图8.10　二里头鼎87YLVM1:1足、腹（笔者摄）　　图8.11　二里头鼎87YLVM1:1足、腹（笔者摄）

鼎腹壁薄至不足2毫米，出现铸造缺陷实属高频率发生的可能。腹部的一个较大补块（图8.12），应当是补铸浇不足的。口沿上的一个补块（图8.13），成因也应如此。

 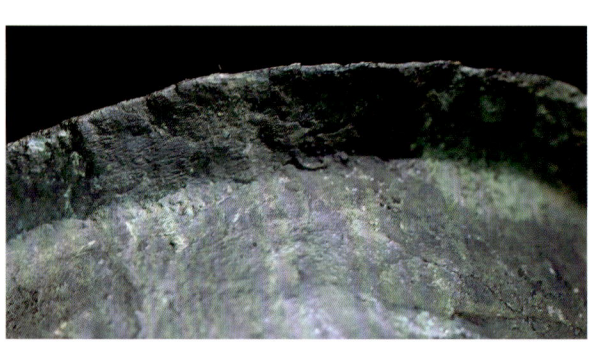

图8.12　二里头鼎87YLVM1:1腹补块（笔者摄）　　图8.13　二里头鼎87YLVM1:1口沿补块（笔者摄）

很明显，二里头晚期的青铜鼎，虽然结构完全，但耳和足的形状、鼎的装饰和铸型工艺、鼎的体量等，都具有原始性，是在新石器时代陶鼎的基础上，结合了陶鬲的空足，增加了双耳而成。

## 九、早商大鼎的类型分析

青铜鼎的重要结构包括双耳、口沿、腹壁和足，以及装饰纹样，现对这些风格因素略加分析，详略不拘。

### 1. 鼎口与鼎耳

早期鼎腹较深，几乎都是微微收敛的口，腹壁微外弧。这样的结构延续到西周。春秋时代流行的浅腹鼎，均为敞口，渊源当可上溯到西周中期。

至于口沿，二里头文化晚期出现的鼎 87YLVM1:1，为宽斜折沿（见图 8.1），为何如此，是为设盖扣严？不得知晓。1987 年在郑州陇海路北二街发现的二里岗下层早商墓出土的一件鼎 C5M1:4[①]，通高 205、口径 165 毫米；上海博物馆拣选的一件同时期鼎，通高 190、口径 169 毫米，均是宽斜折沿，与二里头鼎一脉相承。属于二里岗上层的，如 1958 年郑州白家庄出土的鼎 C8:郑博 0058，通高 161、口径 135 毫米；铭功路出土的鼎 C11M146:3，通高 203、口径 173 毫米，二者都是宽斜折[②]，与同时代的向阳回族食品厂大鼎 XSH1:1 一致（见图 6.1）。同时代宽斜折沿的鼎，还可见于 1962 年铜川三里洞出土的锥足鼎，通高 190、口径 150 毫米[③]。

盘龙城出土的李家嘴鼎 LZM2:36 和 LZM1:1，也是宽斜折沿（见图 3.3、图 4.3），它们的形态早于向阳回族食品厂鼎 XSH1:1。晋商鼎也是斜折沿，与上述鼎的沿一致。可见，早期的鼎几乎都是斜折沿，大鼎更为突出。

斜折沿将口沿分内、外，耳立在外沿，限制了耳肋的厚度，影响了耳的强度。可能是为了加厚耳肋、增大耳的尺寸，在早商后段，便将斜折沿改为斜沿，但沿的总体宽度窄于斜折沿。1982 年在郑州北二七路早商墓出土的鼎 M1:3，通高 237、口径 172 毫米，沿斜，方唇外出[④]。平陆前庄出土的两件鼎均斜沿，厚方唇外出，耳肋下段的厚度明显大于顶端

---

[①] 河南省文物考古研究所：《郑州商城新发现的几座商墓》，《文物》2003 年第 4 期，第 20 页，14 页图二五、18 页图四一.2；《中国青铜器全集》（卷一），图二六。

[②] 河南省文物考古研究所：《郑州商城——1953～1985 年考古发掘报告》，文物出版社，2001 年，第 798、799 页，图五三九.1、3，彩版一八.1、3，图版二一一.2、4。

[③] 《中国青铜器全集》（卷一），图二八。

[④] 河南省文物研究所：《郑州北二七路新发现的三座商墓》，《文物》1983 年第 3 期，第 60～77 页，69 页图一七.1、70 页图一八.2；《中国青铜器全集》（卷一），图二九、图三○。

（见图1.3、图2.4）。

盘龙城杨家湾鼎YWM11:16是下弧沿，介于斜折沿和斜沿之间，似乎是二者的过渡形态，但毕竟样本太少，尚不能确定。就上述早商大鼎、参照相关小鼎情形看，从折沿到斜沿，是早期鼎的变化趋势。

与这一变化趋势密切相关的，还表现在李家嘴鼎LZM1:1和平陆鼎二耳部的加强筋。前者的加强筋设在折沿的内沿面，从耳肋根部延伸到内沿边（见图4.4、图4.5）；后者将加强筋设在沿下，相当于耳肋伸向外壁（见图2.7、图2.26），虽然都是加强耳与沿、壁的措施，但后者的效率明显高于前者，也许说明后者较前者略晚。

晋商鼎沿虽宽，但斜度很小近乎平沿，晚商到西周的大鼎，沿如此或平沿者很多，也有从斜沿向平沿的演变趋势。

本文所论七件鼎耳皆拱形，而且都是尖拱，李家嘴鼎LZM2:36耳为典型。这与中商阶段方拱形耳不同，其耳的两肋下段较直，然后起拱；至中商晚期，如罗山蟒张大鼎，耳上的拱已相当平，与晚商和西周所谓的方立耳更为接近。可见，耳形有由尖拱向方拱、再向方形耳发展的趋势。

二里头晚期鼎87YLVM1:1体量很小，耳更小。早商的大鼎，耳的体量也相应成倍增加，耳肋的厚度增加更多，与沿、腹壁厚度梯度剧增，浇注容易产生热裂缺陷甚至报废。为此，铸工将耳肋设计成中空的型式，横截面呈槽形，开口向外面。廉海萍指出该结构体现了铸造设计的"等壁厚原则"①。同时，为了增加耳的强度，在槽中设一道或两道随形的凸棱，相当于加强筋。除却李家嘴鼎LZM1:1外，均是如此。槽形耳肋的结构，在中商阶段依然延续，且比例很高。但如李家嘴鼎LZM1:1耳肋实心者，虽在早商的大鼎中显得孤立，但在中商大鼎中，不断有追随者，如新干中棱水库出土的二号鼎，年代属于中商早期；东兴城北出土的中商中期鼎，罗山蟒张和殷墟妇好墓出土的亚弜鼎，属于中商晚期或中商向晚商的过渡阶段，其耳都是实心的②。为了减小实心耳与沿、腹壁的厚度梯度，湖南博物院收藏的一件中商晚期大鼎，在耳中设置泥芯，属于盲芯，将芯头伸出耳孔以固定自身，开启了鼎耳中空且无须外面开放的新阶段③。

郑州商城紫荆山北发现了一件陶鼎的耳部残片C15T21②:16，残片高92毫米，考古学家断其年代为二里岗上层一期④。鼎耳属于尖拱形，立于外沿上，耳肋槽形，向外开放，

---

① 廉海萍：《商代晚期—西周早期金属芯在青铜鼎铸造中的应用》，《商周青铜器铸造工艺研究》，科学出版社，2019年，第115～138页。
② 苏荣誉、郎剑锋：《中商时代大鼎初论》，《湖南商周青铜器研究》，安徽科学技术出版社，2023年即刊。
③ 苏荣誉：《湖南兽面纹大鼎》，《湖南商周青铜器研究》，安徽科学技术出版社，2023年即刊。
④ 河南省文物考古研究所：《郑州商城——1953～1985年考古发掘报告》，文物出版社，2001年，第719页，图四八九.4。

槽中有一道随形凸棱（图9），造型与向阳回族食品厂鼎XSH1:1鼎耳相同，应该是仿铜陶鼎之耳，可以佐证这类鼎耳在早商的流行。

## 2. 鼎腹

长期以来，鼎腹形态的变化被认为是型式变化、进而成为时代变化的一个指标。但鼎腹的变化因素也有其复杂和微妙之处，有些变化可能是由铸范变形所导致的。因为大鼎的侧范尺寸颇大，泥质范在翻制、阴干、焙烧、浇注过程中，不免发生形变，而且各自的变化不一致，导致合范时总会出现舛误。向阳回族食品厂大鼎XSH1:1，披缝两侧的错范就是这样发生的。

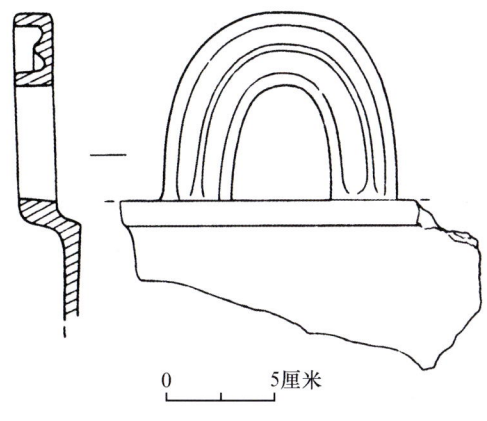

图9　郑州紫荆山陶鼎耳C15T21②:16
（引自《郑州商城》图四八九.4）

迄今所知二里头文化的青铜鼎只有一件，腹较深，口微敛，腹壁略外弧，底平。敛口和弧形腹壁关系密切，而平底则移借自二里头阶段的青铜爵，具有很大的偶然性，商代青铜鼎除方鼎平底外，圆鼎都是圜底。

鼎腹壁上段的弧度取决于敛口的程度，具有正比例关系。但大鼎的敛口程度甚低，腹壁的外弧程度也低。弧形腹壁最显著的特点是最大直径位置，李家嘴鼎LZM2:36在中腹，但由于上腹饰一周纹带，且纹带有若贴敷在器壁，加之腹壁弧度甚小，视觉上那里也是最大外径点，或者相当接近（见图3.1）。同样，李家嘴鼎LZM1:1也是如此，只是纹带位置较LZM2:36略低，显得敛口略甚（见图4.1）。

鼎腹壁下段内收成底，因此其弧度取决于底的形状，底部圜形的曲率决定了腹壁曲线，曲率越大，有若半球，下腹壁向内弧曲点高，如向阳回族食品厂鼎XSH1:1，自腹中水平披缝以下弧形向内收（见图6.1），鼎的容量也相对较小。而前庄鼎一底部弧度小，下腹足的上部才开始内收，这样就使得其轮廓显得垂腹，足壁显得较直，容积增大不少（见图1.1）。前庄鼎二底部形状介于二者之间，腹壁相对直的部分明显较鼎一短，不显得垂鼓（见图2.1），就此排列，前庄鼎二显得较鼎一略早。但是，杨家湾鼎YWM11:16的腹壁就颇接近前庄鼎一，而其纹饰与鼎一出入很大，铸型也不同。可见，腹壁未必可以成为确定器物早晚的一个确定性因素，但两件前庄鼎的差异，说明它们出自不同的铸工之手。

## 3. 鼎足

二里头文化的青铜鼎，足为尖锥形，截面四棱，中空透底。虽然使用颇为不便，即作为容器不易将进入足内的东西取出，但制作的便利之处是芯成为一块，腹芯与三足芯一体，易于组合和固定，但如何制作是另外的问题，至今不很明晰。当然，若鼎非实用仅仅作为宝物或象征、符号，就不存在盛装物品和取出的问题，有若宋代礼器那样，作为摆设，高高在上，无底亦可①。但就使用而言，若还要盛物，底则必需。就视觉而言，若能看到腹内，有底无底出入太大。所以，商周青铜器不仅有底，底上的铸造缺陷还须弥补。

其实，从结构上看，鼎底的首要功能是设足，足支撑器身，大小与器物尺寸成正比。因金属凝固问题，足需要中空，也就是其铸型必须有芯。因为有泥芯的固定问题，所以将其与腹部泥芯合为一体，铸出的鼎便中空透底。

早商青铜鼎继承了二里头文化青铜器形制，足锥形中空，足较高而端部尖利，代表性的是李家嘴鼎LZM2:36和杨家湾鼎YWM11:16。这样高的鼎足是否可以在鼎底下烧火炊爨，野炊过的人会以为不可思议，不是不可，是非常不便，效率不高。从这一角度考虑，鼎的重要功能可能在于呈献，与木质和陶质容器相同，只不过材质的缘故更高贵，更重要的是由于铸造的缘故可更复杂、匀称、华美。因为作为容器，盛物会进入空足，取出颇为不易，贵重华美成为其首要功能，所以缺陷要弥补。

早商鼎足，李家嘴鼎LZM1:1三足补铸是例外，李家嘴鼎LZM2:36和杨家湾鼎YWM11:16为代表，是标准的锥形，自粗的足根尺寸渐次收缩到足尖，轮廓线为一条直线。这类从二里头开始的鼎的中空锥足，足高且直，在早商大型化后，足尖的压力增大，若腹中盛满，足会戳入地里，地面硬度不同的话还会倾倒，为使其稳当放置，用物什包裹足尖、甚至给其穿靴的处理或曾发生，进而才会截去足尖，出现截锥足，如向阳回族食品厂鼎XSH1:1，仅仅是将较细的足尖截去而已（见图6.1）。为美化青铜鼎，除铸造纹带并在其中填彩、器表彩绘外，为了装饰的均衡，铸工要在足根装饰纹样，于是就出现了前庄鼎二，将截锥足变为柱足，在足上装饰凸弦纹。相应的，足根变粗很多，甚至有些膨鼓（见图2.1）。如此加粗足根，是否在其上彩绘无从知晓，至少可以这样考虑，但到前庄鼎一，在足根铸造兽面纹，锥足向柱足的演变轨迹始得廓清，鼎可以稳当放置。

当然，也会有铸工再给足端穿靴，将柱足的端头作大，以至于使之成为蹄形，既彻底解决了放置问题，视觉也很均衡。

晋商鼎的蹄形足颇为显眼，因为长期以来都认为蹄足是西周中期后才流行的。早期的蹄足，除晋商鼎外，新干大洋洲鼎XD:1也是②，虽不如这件显眼，也被认为是蹄足的滥觞③。现在看来，蹄足的出现可能还会更早。这样的足形虽是某铸工的新创，但有其自身的逻辑。

---

① 苏荣誉：《复古艺术的纠结：宋代铜礼器研究》，《法国汉学》待刊。
② 江西省文物考古研究所、江西省博物馆、新干县博物馆：《新干商代大墓》，文物出版社，1997年，第9页，图三，图版三.1、2，彩版三.1。
③ 苏荣誉、郎剑锋：《中商时代大鼎初论》，《湖南商周青铜器研究》，安徽科学技术出版社，2023年即刊。

**4. 腹足纹饰与装饰**

本文所论及的七件早商大鼎，除前庄鼎一足上段饰兽面纹外，其余足均素面，或者仅饰凸弦纹。从纹饰布局看，前庄鼎一较晚。

七件鼎的腹部均饰兽面纹带，虽然大多数的兽面非常抽象，但都是三组。它们的纹饰配置如下。

兽面纹：李家嘴鼎LZM2:36和LZM1:1、杨家湾鼎YWM11:16、向阳回族食品厂鼎XSH1:1。

兽面纹两侧填饰目云纹：前庄鼎一、前庄鼎二、晋商鼎。

这些兽面纹纹线，前庄两件是宽线，其余都是细线平铺的形式，它们的眼珠均突出。从纹线类型和构图，可以认为黄陂盘龙城和郑州商城大鼎年代略早，平陆前庄两件鼎的年代略晚。虽然晋商鼎出土地不明，纹线属于前者而构图属于后者，具有过渡性特点。

张昌平分析盘龙城青铜器，指出宽线纹带是主流，但也发现大鼎饰细线纹带，"似乎显示出（细）阳线兽面纹与大型铜鼎之间存在着某种内在的联系"[①]。从向阳回族食品厂鼎XSH1:1耳槽内的白色层和纹饰中的充填材料，前庄鼎二纹线中的物质，都说明纹饰经过了填纹处理（见图2.29、图6.5、图6.25~图6.27）；晋商鼎的兽面和目云纹突出的眼珠的绿松石颜色（见图7.6、图7.7），也非自然形成，或属一种人工处理，以凸显纹饰。如此，细线纹带留出较宽的空间，的确可以充填不同的颜料，增强纹饰的色彩表现。这些是经三千四五百年瘗埋、出土后又经过多道手续处理的残留，实际上对纹饰填彩处理的比例要高得多。

再简要讨论一下前庄鼎一，该鼎是唯一在足上段装饰兽面纹者。前文在分析足形时讨论过足形演变逻辑，装饰美化并使其均衡是其内核，而这件鼎是其具体表现。足根粗大，上段五分之三高度装饰平铺的细线兽面纹。重要的是，足根的兽面纹远比腹部的兽面纹完整，具象。宽吻大口如鳄鱼，臣字形眼中眼珠圆突，额中菱形凸起，上竖笏形冠饰，眼上竖一对叶形大耳。除耳轮廓是较粗线条外，其余均是细线平铺。这是所见最完整具象的兽面纹，此后流行的两层花、三层花兽面纹，均本于此。而其来源，很可能源于大口折肩尊上的牺首。特别需要注意的是该鼎足兽面纹的叶形大耳，与中商大鼎足上普遍装饰的兽面纹完全一致。

正是以前庄鼎一为开端和代表的足饰兽面纹，到中商时代，足上段纹饰甚或较腹部纹带重要，宽大的扉棱成为其重要的装饰，甚至腹部纹带不饰扉棱时，足部兽面依然装饰扉棱。也正是如此，前庄鼎一成为中商鼎许多因素的嚆矢。

---

① 张昌平：《盘龙城商代青铜容器的初步考察》，《江汉考古》2003年第1期，第45~51页。

早商大鼎的基本结构：宽斜沿、一对肋向外开放成槽的拱形立耳、深腹上段饰兽面纹带，圜底下接三中空透底的锥足或截锥足、柱足，足多素面。这是大同的概观。但几乎每个鼎都有或多或少的自身特点，大同中各有小异。体现了早商大鼎的格局，那是各鼎的铸工有其自我的表现。这些表现，很多并不具备时代性，若以其作为分型分式的依据，可能会陷入彀中。

## 十、早商大鼎的工艺

商周青铜器以泥范块范法铸造，工序多，工艺复杂，是古代操作链最长的手工业。大约在早商阶段业已发展成熟，典型的操作如图10所示。

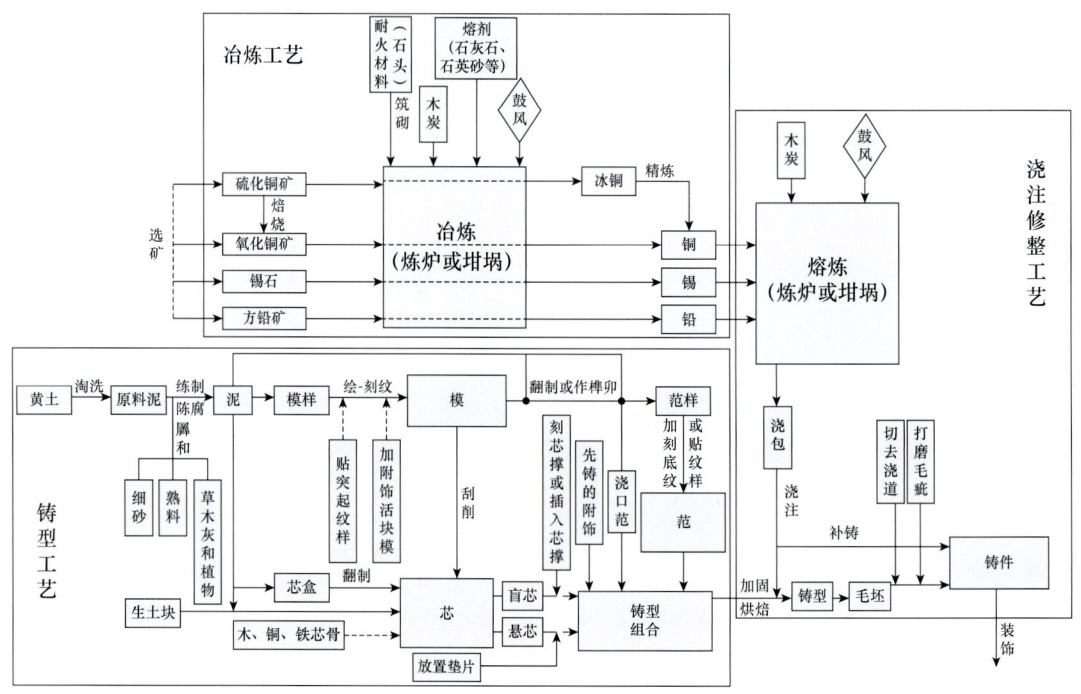

图10　泥范块范法铸铜流程图

面对如此繁杂的铸造工艺，针对早期大鼎，在此仅简要讨论铸型、垫片、浇注系统和铸造缺陷四个方面。

### 1. 关于铸型

本文所讨论的七件青铜大鼎，盘龙城出土的三件均是三块侧范、两块耳外范与一块腹芯组成铸型，腹芯与三足芯、两耳孔芯一体，多是三足芯组合到腹芯的形式，空足与腹的相贯线锐折，耳肋中芯由耳外范自带。

前庄的两件鼎，铸型有较大的变化。首先是增加了底范，主体铸型变成了三块侧范、一块底范与一块腹芯的形式。其次，沿上的双立耳自唇沿向内缩进些许，与盘龙城鼎二外侧与唇沿平齐不同，结合济南大辛庄鼎耳、足也四点配置，一耳应一足，铸造披缝从足端纵贯到唇边，但不至于耳拱，推测耳单独设范，与鼎腹在口沿上下分段，耳外各有一范，而耳孔芯仍然与腹芯一体。可能是应对鼎腹范过大、重量过巨，不易控制变形的措施。但此一推测尚需其他证据，最有力的是出土的耳外范。

沿着这一思路考察盘龙城三件鼎，耳、足四点配置，铸造披缝在沿下和唇边都有相应的痕迹，但在耳拱没有任何痕迹，说明耳外单独有一块范，并自带耳中泥芯。它们的铸型是：三块包含三分之一底的范、两块耳范与一块泥芯构成，泥芯是腹芯、三足芯和双耳耳孔芯的合体，往往是分别制作组合在一体的。为脱模方便，足的横截面往往是轴向的椭圆形，长、短轴之比较大，分型面在椭圆形长轴，即足的外面中线和里面中线。

当然，三块范形式的大鼎铸型，每块范包含底部的三分之一，范的尺寸过大，工艺操作不便，控制不发生畸变颇难，到前庄鼎就增加了一块底范，三块范变成了侧范，其余铸型依然延续。但这是一个重要变化，使得足的铸型也变为三块，翻制容易，足的横截面虽然仍是椭圆形，但长、短轴之比在变小，渐趋圆形，到中商时代，出现了横截面如D形的足，如上海博物馆收藏的大鼎[①]。这一变化直接导致了中商时期的大鼎基本上采用了有底范的铸型[②]，并在晚商大、小鼎中流行，成为定制。

可见，铸造工艺的变化往往是从大型器开始的。

## 2. 关于垫片

垫片是块范法铸造技术系统中的一项工艺措施，通常以与铸件厚度相同的碎铜片充当，放置在芯与芯、芯与范或范与范之间，一方面用以支撑悬芯，另一方面防止范或芯发生位移，以保证型腔的尺寸。

就现有资料，二里头文化青铜器还未见使用垫片。垫片应该是二里岗时期青铜器大型化过程中的一项发明，李家嘴鼎LZM2:36和LZM1:1，底部中央和三足均经过补铸，应是这些部位原本设置了芯头，之后补铸为成品。杨家湾鼎YWM11:16三足均脱失就是蹊跷事件，不能排除三足和李家嘴两件鼎一样，三足根设芯头固定芯和铸型，然后再补铸

---

[①] 陈佩芬：《夏商周青铜器研究——上海博物馆藏品（西周篇上）》，上海古籍出版社，2004年，第264、265页。

[②] 苏荣誉、郎剑锋：《中商时代大鼎初论》，《湖南商周青铜器研究》，安徽科学技术出版社，2023年即刊。

三足，补铸的足容易脱落，已经不是个别现象了。晋商鼎也是如此，但底部设三个芯头，鼎足设两个芯头，清除泥芯后分别补铸。这些大鼎采用设置芯头的方式保证型腔，补铸不仅麻烦，而且有碍观瞻，还会产生新的缺陷，于是发明了垫片来解决铸型固定和型腔尺寸问题。

直到二里岗上层早段，铸造青铜器都使用了很少的垫片，往往在器物底部设一枚或四枚，只是在盘龙城城垣出土的青铜罍CYM1:7，每腹范使用四枚、底范三枚，共计十五枚垫片，是盘龙城青铜器中使用最多的。可以确定，盘龙城四期之后的青铜容器，大多数都使用了垫片[①]，且城垣罍已经出现了滥用的端倪[②]。

青铜垫片很薄，往往会发生贴器外壁而内壁看不见、贴器内壁而外面看不见的现象。虽然对此还没有解释，但大量事实可以确证。此外，青铜器经过数千年陈放和自然锈蚀，加之有些原本表面经过彩绘等处理，在瘗埋的墓葬中与其他物质紧密接触，都导致器表生成薄厚不等的锈蚀层，会遮掩垫片，因此仅凭肉眼观察，只能发现部分垫片。此外，垫片与器表平光或者隐在器壁中，拓片所能表现的垫片更少，因此，松丸道雄依据拓片分析垫片分布自可质疑[③]。因此，当工业X射线探伤设备成熟后，盖滕斯（Rutherford J. Gettens）率先分析弗利尔艺术馆（The Freer Gallery of Art, Smithsonian）收藏的商周青铜器，立即发现垫片的存在，从此该技术成为检查器物的标准方法[④]。

郑州商城出土的青铜器，尚未见关于垫片的报道，也未见对器物进行X射线成像分析，对其垫片的使用茫然无知。向阳回族食品厂鼎XSH1:1，应该采用了若干垫片，但苦无证据。

前庄鼎二的垫片使用具有早期特点——慎用，腹部的X射线影像只是局部，显示出即使纹带下使用了垫片，但数量不多，或者每范一枚，每足根左右各一枚，约计九枚，或者下腹一周三枚，统共十二枚垫片相当合理。但前庄鼎一则大不相同，腹部设三重垫片，每重十二枚，加上底部四枚，总共使用了四十枚垫片，是滥用的典型。也表明其年代相对较晚。

---

① 胡家喜等：《盘龙城遗址青铜器铸造工艺探讨》，《盘龙城——1963~1994年考古发掘报告》，文物出版社，2001年，附录七，第576~598页。

② 苏荣誉、胡东波：《商周铸吉金中垫片的使用和滥用》，《饶宗颐国学院院刊》创刊号，2014年，第101~134页。

③ 松丸道雄著，蔡凤书译：《西周青铜器制作的背景——周金文研究序章》，《日本考古学研究者中国考古学研究论文集》，京都：东方书店，1990年，第306~312页；苏荣誉、胡东波：《商周铸吉金中垫片的使用和滥用》，《饶宗颐国学院院刊》创刊号，2014年，第101~134页。

④ Rutherford J. Gettens. The Freer Chinese Bronzes, Volume II, Technical Studies. Washington DC: Smithsonian Publications, 1969: 98-106；苏荣誉：《射线成像技术与商周青铜器铸接》，《文物保护与考古科学》2022年第34卷第6期，第1~9页。

**3. 关于浇注系统**

现代铸造的浇注系统，往往由浇口杯、直浇道、支浇道和内浇道构成，有些铸件可能没有支浇道。浇口杯承接熔融金属，普通铸件可能一个或两个，直浇道的数量与浇口杯数量一致；内浇道将金属注入型腔，数量可能很多。青铜的流动性不够好，古希腊失蜡法铸造400毫米高的青铜人像和现代工厂以失蜡法铸造大小相若的仿古青铜器，浇口杯和直浇道往往一套，或者两套，但支浇道会有多个或十多个，内浇道会有数十个甚至成百个。很明显，浇注系统的功能是将熔融金属平稳导注入铸型并充满，且不要将气体裹入其中，为使铸件更好地同时凝固，注入顺序务求讲究，希望较快地同时充满，不要冲刷浇注系统将泥沙带入型腔，不要形成紊流和涡流裹入空气。

迄今还没有发现铸型组合完整但未浇注的青铜容器，但铸铜遗址发现有带浇道的铸型，尤其是石范和钱范的铸型，前者浇口杯通过浇道连通型腔，向浇口杯中浇注熔融的青铜，青铜流过浇道进入型腔凝固后即得到铸件毛坯，打断浇道并磨砺断茬即获得铸型；对于后者，往往浇口杯通过直浇道联系内浇道，内浇道通向钱币的型腔，较前者要复杂一些。这两种都是最简单的平板型铸型，也是平板型的浇注系统，而容器的立体浇注系统远要复杂。然而，平板式的简单型式有可能给人以错觉，会将浇道指认为浇口，以为直接向其中注入熔融青铜即可。所以，会将铸范上的浇道径直称为"浇口"。

铸铜遗址出土的铸范，只有很少带有浇注系统信息，倒是青铜器上，往往会看到，尤其是早期青铜器。同样的原因，会将所看到的内浇道残迹认为是"浇口"。

二里头遗址出土的那件青铜鼎，浇注系统信息全无，不便推测。二里岗阶段的青铜器，三足器均锥足，足尖尖利，显然没法如晚商青铜器观察所以为浇道设在足端。胡家喜等考察盘龙城青铜器，发现它们铸造披缝上往往局部较宽，认为那是"浇口"痕迹，基本上是一器一处痕迹，并对其尺寸进行了测量①。胡氏等的发现是敏锐的，但没有估计到不同形状的和不同大小的器物，那样的"浇口"是否足够、是否别处还有的问题。因为这些内浇道设在纹带中，被打断后无法打磨，断茬很明显。若在其他部位，或许就被打磨掉了。若看补块上的浇道残留，如晋商鼎底部和足壁，尺寸很大而没法错磨干净（见图7.13～图7.16），说明较大的浇道才能完成补铸；平陆鼎二一足的补块，水平方向的浇道痕迹大小可与很多器物的相埒（见图2.38），这些大的补铸浇道与失蜡法铸造设置多至数十个、成百个内浇道具有相同的考虑。因此，器物上看到的，未必就是全部。

腹壁尤其是纹饰带中的设置的内浇道，与器物基本上是垂直关系，胡家喜等虽然指

---

① 胡家喜等：《盘龙城遗址青铜器铸造工艺探讨》，《盘龙城——1963～1994年考古发掘报告》，文物出版社，2001年，附录七，第576～598页。

出,但并未明言器物"侧浇",在常怀颖分析盘龙城青铜器时,认为这些器物侧浇成形,是把内浇道当作了主浇道,且认为一件器物基本只有一个,并进而概括为二里岗风格的一个因素①,虽然可贵地意识到技术是风格的重要组成部分,但却不免有以偏概全之嫌。

铸件的浇道既多,浇注系统所占的重量比也相当大。然而,在业已发现的铸铜遗址中,迄今未见浇注系统遗存,甚至不见其中的某一部分留存,说明它们被小心地回收重熔了。但是,从器物取样分析铅同位素比值以探讨铸铜原料的来源,均未见考虑到这样的回炉料,甚至多种回炉料因素,看来那种探索路径首先需要意识和方法上的突破。

即使对于现代铸造,清理浇注系统也是一项繁重的工序,而对古代的工具水平,难度更大。因与铸件直接相连的是内浇道,因此,内浇道通常设计成楔形,便于打断,古代中原青铜含锡量偏高,大多在10%以上,较为硬脆,是否与便于打断内浇道有关,值得考虑。在青铜器上看到的断茬,如李家嘴鼎LZM1:1和杨家湾鼎YWM11:16纹带中(见图4.11、图5.7)、前庄鼎一的外底(见图1.21~图1.24),都是打断内浇道的孑遗。但前庄鼎二一足端的内浇道设计欠虑,没能从根打断,留下一大残留(见图2.18、图2.22),晋商鼎的多个补块上,颇大的浇道残迹也是如此。

### 4. 关于铸造缺陷

青铜铸造,由于主要合金元素铜和锡的熔点分别为1084℃和232℃,二者差别过大,凝固过程复杂,容易形成反偏析;流动性差,易于形成浇不足类缺陷;青铜容易吸气,产生气孔和缩孔类缺陷,也会形成热裂等缺陷,导致厚度梯度大的部位,如鼎耳根、足根等产生裂纹以至于断脱②。因此,在青铜铸件的工艺设计上,尽量使其壁厚均匀或平滑过渡,以减少热裂;烘焙铸型减少水分并覆盖熔融青铜减少吸气以减少气孔;同时凝固减少缩孔、反偏析等。至于如何增强充型能力,其奥妙还未知,因为早期青铜器铸造得很薄,古代中原青铜器纹饰十分精美。

但缺陷时时都会发生,或者说绝大多数器物,都有程度不同的铸造缺陷,最普遍的缺陷是气孔。青铜铸造的气孔分明显可见的气孔和表皮之下的气孔,也有不易察觉的细小气孔,呈针状气孔。在本文涉及的七件早商大鼎上,盘龙城三件鼎气孔类缺陷明显少于前庄两鼎。重要的原因是盘龙城鼎器壁薄,冷却速度快,同时凝固的倾向大,前庄鼎则相反。至于向阳回族食品厂鼎XSH1:1和晋商鼎,因未见X射线成像,还不清楚,但

---

① 常怀颖:《盘龙城铜器群与"二里岗风格"的确立》,《商周青铜器的陶范铸造技术研究》,文物出版社,2011年,第111~151页。

② 苏荣誉:《商周青铜铸造泥模范的七个问题》,《対照実験を主軸とした:東アジア鋳造技術史解明のための実験考古学の研究》,2020年,第40~59页。

主观上会认为近乎前庄鼎。而中商阶段的大鼎，普遍接近于前庄鼎，气孔缺陷之多，甚至有过之而无不及①。

## 十一、结　语

据考古学研究，商文化的前身是下七垣文化，还不掌握青铜冶铸，其如何发展强大能倾覆二里头文化还是不解之谜。但明确的事实是，它获得了二里头文化的铸工，在自己的都城——郑州商城中铸造青铜器，并至早商后段，即形成了青铜器的勃发局面，铸造了一批大型青铜鼎，目前搜集到的圆鼎共七件，据前文分析，它们的编年可以排列如下。

七件大鼎的铸造年代顺序：李家嘴鼎LZM2:36→李家嘴鼎LZM1:1→杨家湾鼎YWM11:16→晋商鼎→向阳回族食品厂鼎XSH1:1→前庄鼎二→前庄鼎一。

前庄鼎的某些因素，已经很接近济南大辛庄鼎M139:1，鼎二足无纹、鼎一阳线兽面纹均显得略早，大辛庄鼎被推断为中商早期，前庄鼎的年代应当在早商晚期。

李家嘴鼎LZM2:36形态和工艺最早，但纹饰完整，年代不应早到二里岗下层，年代还应该是二里岗上层早期，最多属二里岗上、下层过渡阶段。

铸造大型青铜鼎的难度很大，对铸工和工装要求很高，其铸地成为富有魅力的问题。目前郑州商城发现的紫荆山和南关外两处铸铜遗址，遗迹和遗物均不支持铸造大型器物和精美容器，如向阳回族食品厂鼎XSH1:1，说明核心的铸铜遗址当在商城之内，有待发掘。至于盘龙城小嘴发现的铸铜遗迹，更为单薄②，技术内涵还很不清晰，没有证据显示能铸造青铜容器，大型鼎更不可能。

目前所知的七件大型青铜鼎，三件年代较早的出自盘龙城墓葬，足以显示那里的重要和墓主的显赫，两件出自平陆前庄窖藏，性质不明，但也说明作为夏墟之地河东的重要。晋商鼎与前庄鼎接近和相同之处不少，与李家嘴鼎LZM1:1也有不少关联，出土地待考。六件出土地明确的大鼎，空间上居夏商要津，造型、纹饰和工艺一脉相承，具有艺术和技术的同源性。推测它们均铸自郑州商城王室铸造工场，合情合理。当然，这需要考古发现予以证实。

需要指出的是，以李家嘴鼎LZM1:1为代表的盘龙城大鼎，铸造工艺上采用两步成形，先铸鼎腹、再分别铸造鼎足。这一方式与鼎腹铸型固定密切相关，芯在底和足设芯头与范组合，铸后再补铸芯头的工艺孔，在上端铸接鼎足。这是垫片发明前的工艺，使用面

---

① 苏荣誉、郎剑锋：《中商时代大鼎初论》，《湖南商周青铜器研究》，安徽科学技术出版社，2023年即刊。
② 路晋东：《论盘龙城发现的铸铜遗存及相关问题》，《江汉考古》2020年第6期，第67~75页。

多大①、持续多久需要对早期青铜器进行普遍调查，但是，可以认为铸造大鼎可能导致了垫片的再次发明。此前这类现象集中在盘龙城，但晋商鼎的出现，给出了新的证据。对此，将另外为文予以讨论。

（执笔：苏荣誉、陆晶晶）

附识：青铜大鼎具有震慑心魄的力量，久有研究之心。1989年开始研究新干大洋洲青铜器，算是发端。青铜大鼎数量不多，不少材料没有公布，只好期待。21世纪初，黄陂盘龙城考古报告发表，得张昌平先生邀约，一起合作研究盘龙城青铜器，其中三件大鼎的内涵十分重要，郝勤建先生为我们拍摄了上佳照片，胡东波先生拍摄了X射线影像，由是笔者可在2012年完成了《盘龙城商代青铜容器工艺研究》初稿，但仍然有一些不明白的问题，期待更多的第一手研究，以及新材料的出现。2019年，笔者开始与山西博物院合作研究他们院藏青铜器，在院长张元成先生的领导和支持下，全院员工尽力帮助，积极参与，自然科学史研究所研究生董逸岩、段西洋、苟欢、刘百舸、覃椿筱和盛婧子，山东大学教授郎剑锋和博士生刘智，程度不同地参与了平陆前庄青铜器群的研究、讨论和拍照，其中董逸岩和陆晶晶拍摄较多。山西博物院文保中心闫文祥先生在王杰和李鑫二位先生的协助下，为它们拍摄了X射线影像，取得了更多的第一手信息。本文即是与山西博物院暨山西青铜博物馆合作研究的一部分成果。2020年9月22日，新冠疫情间隙，经高西省先生安排，二里头夏都遗址博物馆馆长赵晓军慷慨应允在闭馆后亲炙二里头出土的青铜鼎，确认宫本等的说法缺乏证据。2021年，山西打击文物犯罪收获巨大，缴获了大批青铜器，包括一件大鼎。得之于韩炳华先生的周到安排，在周燕女士支持下，亲炙了这件大鼎。拙文写作期间，炳华先生倾所拍摄的照片相助，为拙文提供了重要证据。对于以上诸单位和学者的诚挚帮助，笔者谨致以深深的谢忱。

荣誉辛卯年立秋后二日六一贱辰于京北铸庐

校稿补注：此文在讨论垫片时，推测垫片发明于二里岗上下层之间。在"青铜器与考古新发现——第四届中国古代青铜器研究学术研讨会"（2023.9.21-22，北京）上，上海博物馆马今洪教授报告的论文《上海博物馆藏管流爵及其相关问题》，公布了对一件二里头晚期青铜角的CT扫描结果，确认使用了多枚垫片，将垫片的发明前推到二里头文化阶段。

---

① 此前没有二里头文化青铜器使用垫片的证据，以为垫片发明于二里岗阶段。新近上海博物馆马今洪先生和丁忠明先生，对馆藏一件二里头文化管流角进行CT扫描分析，在管流、腹壁和底部均发现了垫片，将垫片的使用前推到二里头文化阶段。见马今洪、丁忠明：《上海博物馆藏管流爵及其相关问题》，《青铜器与考古新发现——第四届中国古代青铜器研究学术研讨会论文》，2023年9月21、22日。

# 肆

# 平陆前庄青铜罍与商早期青铜罍
## ——兼论青铜罍与尊之别

罍是青铜容器中的一个类别，数量不大，常与青铜尊或瓿混淆，对之缺乏研究。王宏整理商周青铜罍，搜集可谓详备，但仍将商前期青铜罍归入尊中，张懋镕创新通过器物组合关系法辨识出青铜罍[①]，但对这类器物，尤其是早期类型，还有讨论的必要。

## 一、青铜罍之名物

关于青铜罍的文献，最早见于《诗经·卷耳》："我姑酌彼金罍，维以不永怀。"知罍"金质"，即属青铜，为一盛酒容器，但不知形态如何。《周礼·司尊彝》所及罍，材质不明，用作盛酒，形态不明。《仪礼·少牢馈食礼》"司宫设罍水于洗东"，似乎表明罍为水器，材质不明，形态不详。或许代表了春秋时期对青铜罍的认识[②]。

《说文·木部》："櫑，龟目酒尊，刻木作云雷象，象云雷博施，施不穷也。罍、櫑或从缶，蠱，櫑或从皿。"罍的材质或木或陶，意味着许慎（约58~147年）可能不知罍有青铜质。

三代青铜器著录以《考古图》为最早，很多器类的定名以之为嚆矢。因其首先以铭中自名定名，青铜罍被称为彝，如单伯彝（图1）。然而，彝为青铜器通称，故而吕大临（约1046~1092年）面对单伯彝记到："此器与诸彝小异，两耳即腹间为鼻，皆有垂环。"其实是一件西周时期青铜罍。所著录的足迹罍，为折肩式南方风格罍，将在商代南方风格青铜罍中讨论[③]。此外，吕大临依据器形与乐司徒从卣相近定为卣的一件器物，实为一圆肩罍（图2），年代在商周之际，然图中未见三耳[④]。

---

[①] 王宏：《中国古代青铜器整理与研究·青铜罍卷》，科学出版社，2016年；张懋镕：《再论青铜器组合关系定名法——以尊、罍、瓿的区分为例》，《中国古代青铜器整理与研究·青铜罍卷》，科学出版社，2016年，第iii~xvi页。

[②] 周振甫：《诗经译注》，中华书局，2002年，第5~7页；容庚：《商周彝器通考》，哈佛燕京学社，1941年，第448页；陈梦家：《中国铜器概述》，《海外中国铜器图录》，北平国立图书馆，1946年，第29、30页；陈温菊：《诗经器物考释》，文津出版社，2001年，第39~41页。

[③] 苏荣誉、段西洋：《商代南方风格青铜罍研究》待刊。

[④] 吕大临：《考古图》（卷四）一九至二〇页，（卷四）六一至六二页，（卷四）五六页，（卷四）四二至四三页，清乾隆四十六年四库全书文渊阁书录钱曾影钞宋刻本。

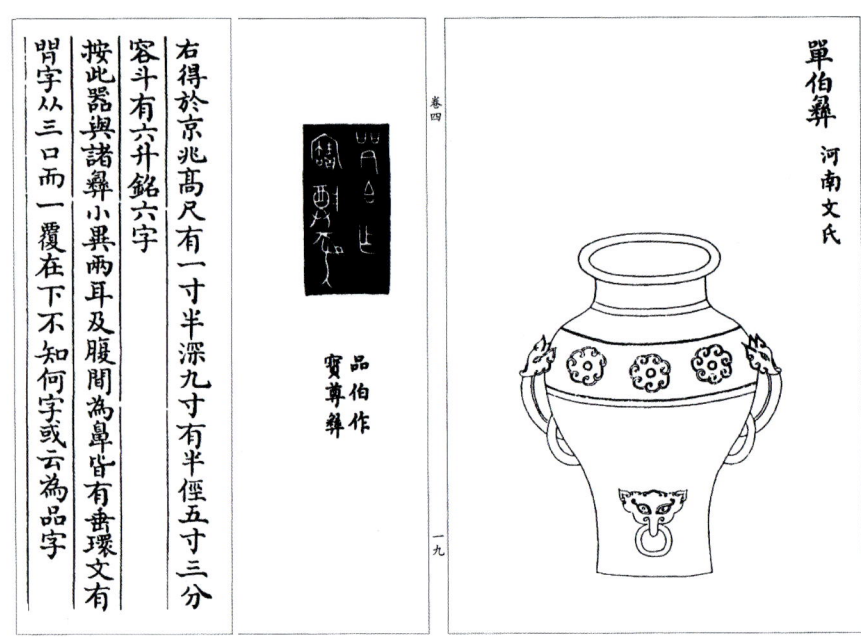

图1　单伯彝［引自《考古图》（卷四）19、20页］

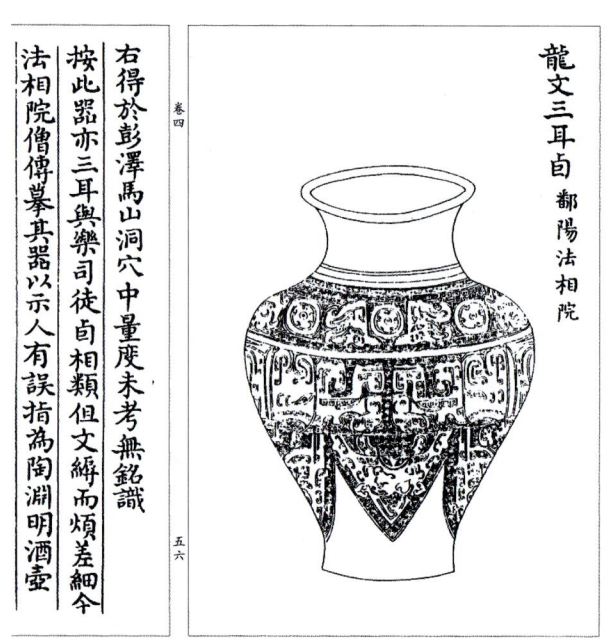

图2　龙纹三耳卣［《考古图》（卷四）56页］

继之的《博古图》，将罍归为一类并集中附于尊后。所著录的两件周著尊（图3），斜肩深腹，底近平，颈略长，小口，应属罍；两件周著尊均折肩、深腹、束颈，口不大，亦应属罍。所著录的四件周牺首罍，大圆肩，深腹，束颈，小口，肩对置两兽耳，下腹一兽耳，形态和著录的周素牺罍及周象兽罍接近，确实都是商周之际和西周早期罍。另一件周饕餮罍，折肩、深腹、束颈、口敞，应是典型早期罍，将在下文讨论。而著录的周麟凤百乳罍①，即是《博古图》足迹罍，如前所述，将在商代南方风格青铜罍研究中论及。

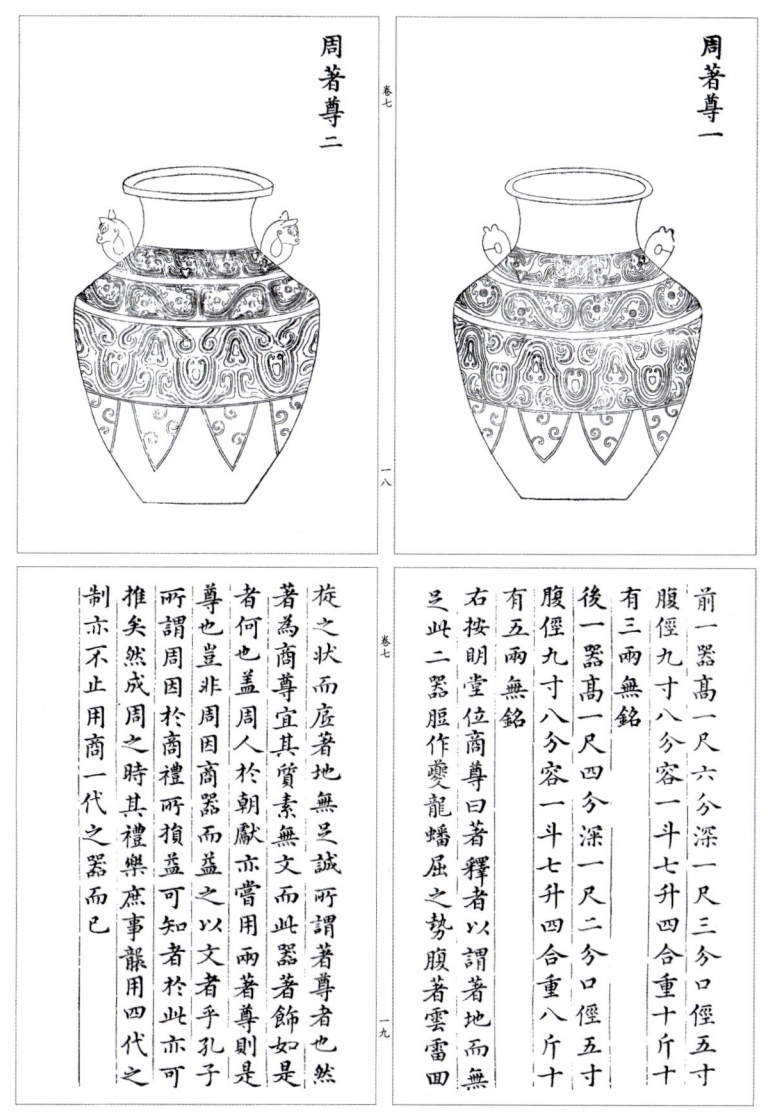

图3　周著尊［引自《博古图》（卷七）18、19页］

清高宗敕编的《西清古鉴》中，罍已单独设卷，著录十七件器，但其中的周攻罍、周兽耳罍、周云螭罍、周蟠虺罍分别为缶和尊②。可见，清之前的金石学难以分辨器类并合理

---

① 王黼：《博古图》（卷七）一八至一九页，（卷七）二〇至二三页，（卷七）二六至二七页，（卷七）三〇至三一页，（卷七）二八至二九页，清乾隆十八年天都皇晟亦政堂修明万历二十八年万化宝古堂刻本。
② 《西清古鉴》（卷一二）一至一七页，清乾隆二十年内府刻本。

定名青铜罍。

青铜器自名为罍者为刘心源（1848~1915年）著录的父乙罍，铭"作父乙宝彝尊罍㘡"（图4.1、图4.2），器形无考①。端方（1861~1911年）著录㕣（洀）罍（图5.1），后称洀御事罍或洀御史罍（图5.2、图5.3），圆肩深腹，喇叭口形矮圈足，束颈，小敞口，肩对置两兽耳，衔圆环；颈部饰鸟纹带，肩部两组凸起若泡形涡纹与夔纹相间，腹部均布蕉叶纹，属西周中期器。铸铭五行十五字："洀御事（史）作/尊罍，其/万年无/疆，子=孙=永宝用享。"②1976年底陕西扶风庄白一号窖藏出土的陵方罍76FZH1:17，圆肩，深腹，矮圈足，直口较小，肩部对设两兽耳衔环，耳两侧各布一高浮雕大涡纹，前后则在两涡纹

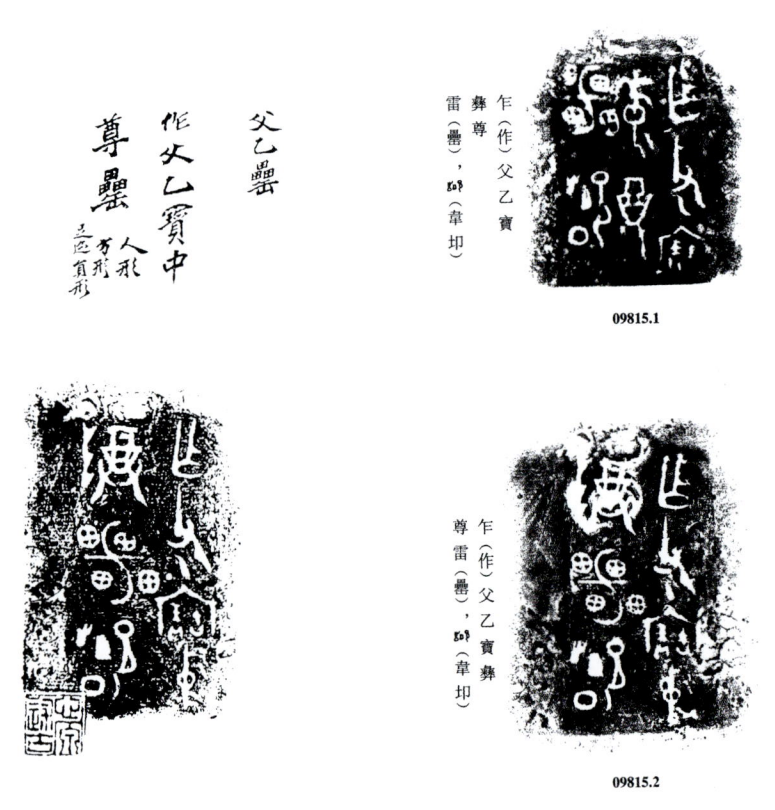

图4.1 父乙罍铭［引自《奇觚室吉金文述》（卷六）30页］　　图4.2 中父乙罍［引自《殷周金文集成（修订增补本）》No.09815］

---

① 刘心源：《奇觚室吉金文述》（卷六）三〇至三一页，清光绪二十八年自写刻印本；中国社会科学院考古研究所：《殷周金文集成（修订增补本）》（第六册），中华书局，2007年，No.09815。后者称"中父乙罍"。

② 端方：《陶斋吉金录》（卷三）七页，光绪三十四年石印本；中国社会科学院考古研究所：《殷周金文集成（修订增补本）》（第六册），中华书局，2007年，No.09824；故宫博物院：《故宫青铜器》，紫禁城出版社，1999年，第185页。

肆　平陆前庄青铜罍与商早期青铜罍——兼论青铜罍与尊之别

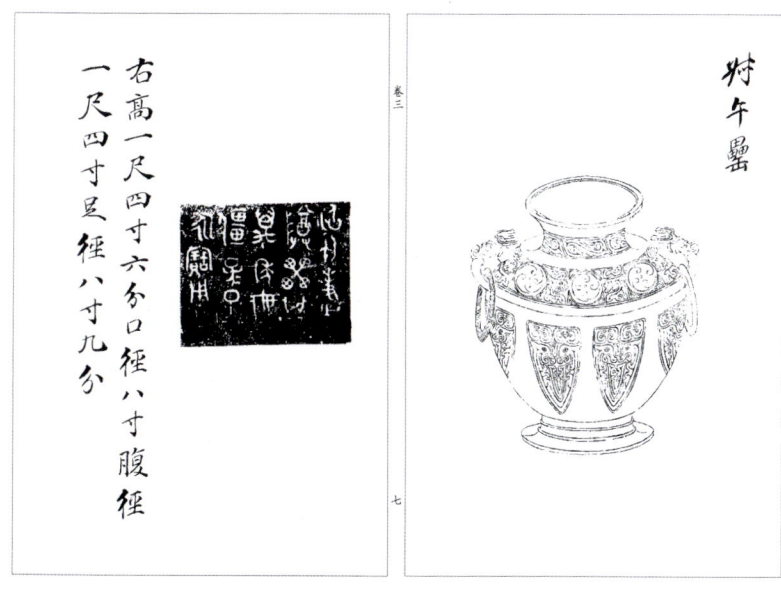

图 5.1　午罍［引自《陶斋吉金录》（卷三）7 页］

图 5.2　洀御事罍［引自《殷周金文集成（修订增补本）》No.09824］

图 5.3　洀御史罍（引自《故宫青铜器》185 页）

间设高浮雕兽首，下腹设一兽耳（图 6.1）。口内壁铸铭三行八字："陵作父／日乙宝罍。▽"（图 6.2）。年代在西周早期①。这三件器均属西周时代，都自名"罍"，写作"雷"。容庚（1894~1983 年）根据洀罍图像，指出"凡所称为罍者，均依此定之。"② 不仅西周青铜罍，

---

①　宝鸡市周原博物馆：《周原庄白西周青铜器窖藏考古发掘报告》，科学出版社，2016 年，第 19~21 页，图七，图版一三、一四。

②　容庚：《商周彝器通考》，哈佛燕京学社，1942 年，第 448 页。

图6.1 陵方罍76FZH1:17（引自《周原庄白西周青铜器窖藏考古发掘报告》图版一三）

图6.2 陵方罍铭（引自《周原庄白西周青铜器窖藏考古发掘报告》图版一四）

风格如此，后世很多对青铜罍的定名，据以为之。

1954年山东峄县上呈的两件邿伯罍，作罐形，圆肩，小平底，束颈，小敞口，肩对置两兽耳衔环，肩饰蟠螭纹，腹饰垂叶纹（图7.1），口沿铸铭二十九字："唯正月初吉丁亥，邿伯夏子自作尊罍，用祈眉寿无疆，子子孙孙永宝用之。"（图7.2）罍字结构为"雷"下加"土"，《殷周金文集成》称之为缶，或许春秋时罍器形如此。王献唐考证邿伯罍年代为战国早期，《殷周金文集成》和《海岱古族古国吉金文集》均从之①，但从器形和纹饰看，年代应在春秋中晚期，代表了春秋战国时期罍的风格。

然而，商代前期青铜尊与罍，甚至瓿的器形之间差别很小，长期以来的判据仅在于口的大小和腹与颈的高矮。《博古图》著录的周三兽饕餮尊，大圆肩，口小颈短，但圈足较高，形介于罍、瓿之间②。早期的罍与尊和瓿常常被混淆，如京都住友氏收藏的一件青铜容器（编号：彝五六），滨田青陵（1881～1938年）名之为"饕餮纹罍"，容庚和梅原末治（1893～1983年）之为"瓿"，泉屋博古馆新图录称"饕餮文尊"③。下文将予讨论。同样，

---

① 王献唐遗著：《邿伯罍考》，《考古学报》1963年第2期，第59～64页；中国社会科学院考古研究所：《殷周金文集成（修订增补本）》（第六册），中华书局，2007年，No.10006、No.10007；陈青荣、赵缊：《海岱古族古国吉金文集》（第六卷），齐鲁书社，2011年，第3557～3560页。后者亦称之为"邿伯缶"。

② 王黼：《博古图》（卷七）一六页，清乾隆十八年天都皇晟亦政堂修明万历二十八年万化宝古堂刻本。

③ 《删订泉屋清赏》，住友吉左卫门，1934年，No.63；容庚：《海外吉金图录》，考古学社，1935年，图一〇二；梅原末治：《新修泉屋清赏》，泉屋博古馆，1971年，第41、42页，图版一八；泉屋博古馆：《泉屋博古——中国古铜器编》，泉屋博古馆，2002年，第59页。

图7.1　邳伯罍（王冬梅研究员惠供）

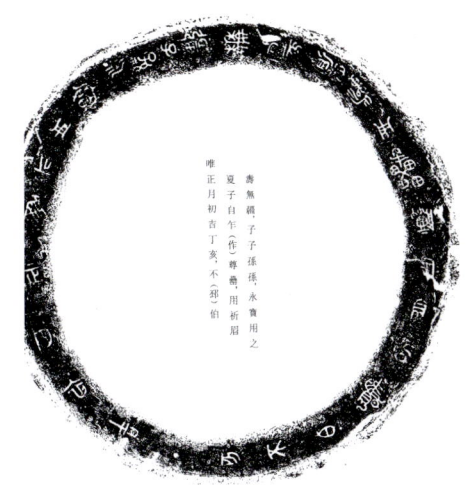

图7.2　邳伯罍铭［引自《殷周金文集成（修订增补本）》No. 10007］

一件故宫旧藏容器（编号：丽800），20世纪30年代参加伦敦中国艺术博览会称瓶，后来的展览图录则称之为兽面纹罍[①]。

有鉴于此，张懋镕在传统根据自名、史籍记载及造型、用途定名之外，新提出了"组合关系定名法"，率先确定成对而尺寸大小有别者为卣，与尺寸接近的壶不同，可以区分壶与卣[②]。对于尊和罍，张懋镕再次实践他的这一创新，从一尊二卣组合确定尊，给出尊的两个特征：大口，通常口径大于或等于肩宽；形体瘦高，通高大于腹径。分析传世尊，增加两个要素：尊颈部收缩厉害，颈与肩部有明显或较为明显的分界；尊腹深度与宽度比小于罍的比例。与尊相区别，罍则小口，口径小于肩宽，往往不及肩宽之半，但高度方面，张氏认为罍最高、尊次之，瓿最矮；罍颈部收缩不明显，颈与肩分界亦不明显。张氏的说明较为难懂：通常从口沿下到折肩处是一条曲线[③]。

朱凤瀚概括青铜罍，形体特征为敛口，直颈或微斜，折肩或圆肩，横截面最大径在肩、腹结合处，腹壁向下斜收成底，并将罍分圆形横截面和方形横截面两类。前者分折肩A型（包含Aa、Ab两亚型，分别有AaⅠ、AaⅡ两式和AbⅠ、AbⅡ、AbⅢ三式），圆肩B型（包

---

[①] 陈芳妹：《故宫商代青铜礼器图录》，台北故宫博物院，1998年，第380～387页；伦敦中国艺术国际展览会筹备委员会：《参加伦敦中国艺术国际展览会出品图说》（第一册铜器），商务印书馆，1936年，No.39。录文说"罍之小者称瓶"，此器硕大，通高320、口径237、底径199毫米（41、43页），或为缘由。

[②] 张懋镕：《青铜器定名的新方法：组合关系定名法——以青铜卣的定名为例》，《中国古代青铜器整理与研究·青铜卣卷》，科学出版社，2015年，第ⅲ～ⅹⅸ页。

[③] 张懋镕：《再论青铜器组合关系定名法——以尊、罍、瓿的区分为例》，《中国古代青铜器整理与研究·青铜罍卷》，科学出版社，2016年，第ⅲ～ⅹⅵ页。

含 Ba、Bb 和 Bc 三亚型，分别有 BaI、BaII、BaIII、BaIV、BaV 五式，BbI、BbII 两式，Bc 不分式），及宽肩 C 型（不分亚形和式别）。后者只分两个式别[①]。然而，各个型式的内涵如何，或者说不同型式，除形象的些微差别外，具有怎样的考古学、艺术史或其他含义，未见讨论，落入了单纯分型分式的窠臼。本文讨论的青铜罍，均属朱氏的 Aa 和 Ab 型。

张懋镕从器物组合关系辨识器物类别，确是青铜器定名的一项创新性发明，已为他所举证的诸多样本所证实，其关键要素还是形态，但却未与传统定名的自名、史籍及功用相结合。青铜器的功能，除少量铭文有记载且互异外，战国秦汉的文献记载不仅均晚出，也往往互不相同。纵观商周尊与罍，都是容器，常以为盛酒，前者大口、高圈足，容量相当有限，且不能封口，所以，尊的功能在于呈现；后者口较小，深腹，圈足较矮以至无圈足，目的在于容纳，且能封口存放。所以，罍的功能在于存储。酒暴露在空气中，易于挥发和腐败，密闭存储颇为重要。两类器的差别首先在于容量和封口，所以虽然多数罍的口斜沿微敞，但都可以以盖或者以布帛封闭保质；而尊，虽然某些的口不是特别大，但也圆唇大敞，设计上不考虑封闭，这是两类器的根本区别。

至于青铜瓿，功能与罍同而形矮，容量小于罍，将另外为文讨论。

正是长期对于青铜罍的模糊认识，使这类器物严重缺乏关注。本文基于平陆前庄出土青铜罍的风格和工艺分析，较为系统地整理商前期青铜罍，认识这类器物的风格与工艺特性以及它们与青铜尊的联系与区分，进而认识商前期青铜器的若干问题。

## 二、平陆前庄青铜罍

平陆前庄出土一件罍，通高 370、口外径 210、内径 175、腹深 310、壁厚 8 毫米（图 8.1、图 8.2）[②]。出土时器形较为完整，在 X 射线影像中，可见颈部和下腹局部缩孔或深度锈块，下腹有若干裂纹（图 8.3）。

### 1. 风格

器斜沿较宽，厚方唇外出（图 8.4），显得口敞。颈较长，壁微内弧，折肩饰三周平行的凸弦纹，纹线高低一致，平行度则不尽然。肩锐折并突出，肩面宽，微下弧，与颈平滑过渡而无分界，肩面内侧饰一周宽线纹带，由三组十二幅宽线变体平铺夔纹组成，细凸弦纹作边（图 8.5）。

---

① 朱凤瀚：《中国青铜器综论》，上海古籍出版社，2009 年，第 208~216 页。
② 卫斯：《平陆县前庄商代遗址出土文物》，《文物季刊》1992 年第 1 期，第 18 页；中国青铜器全集编委会：《中国青铜器全集》（卷一），文物出版社，1996 年，图一二五。

图 8.1 平陆前庄罍正面（笔者摄）

图 8.2 前庄罍侧面（笔者摄）

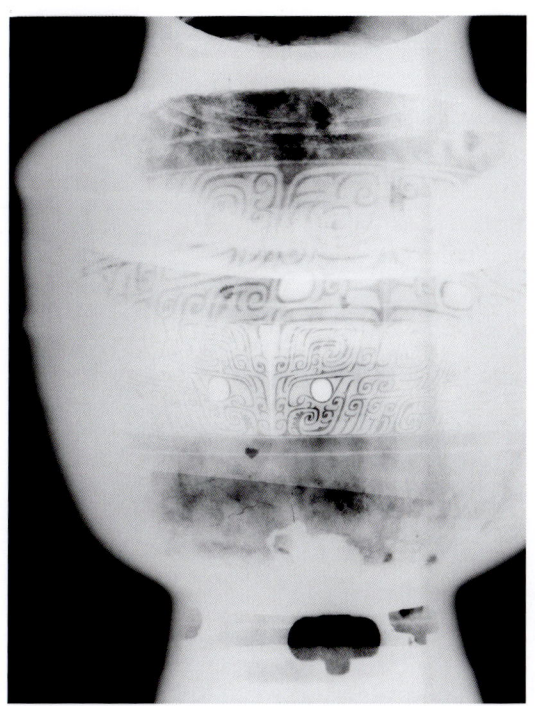

图 8.3 前庄罍 X 射线影像（王杰摄）

图 8.4 前庄罍唇沿（笔者摄）

图 8.5 前庄罍肩纹带（笔者摄）

深腹，腹壁外弧，中间饰宽兽面纹带，由三组宽线兽面纹及其两侧填饰构成，窄细凸弦纹作边。兽面中间有垂直的窄细脊棱，纹饰以之为对称展开。锚形鼻头贴在下栏，两侧深咧的嘴角露出三角形牙齿，鼻梁两侧饰羽刀纹。鼻两侧的臣字形眼，内侧尖而弯，眼珠圆突。额上有宽阔的大冠饰，羽刀纹两侧为向下弯勾的角状饰，眼后的兽身向两侧展开并向上弧弯，到上栏则向内弯勾，其内侧饰两道羽刀纹（图8.6）。兽身下所填纹饰，通常都以为是夔纹或变体夔纹，但构图无嘴、角、足、身，除突出的长圆形眼珠外，其余都是云纹，因此称其为目云纹较为合理。既往常认为其与相邻的填纹可组成一幅倒置兽面纹（图8.7），但缺乏辨析。此罍纹带的上、下方以一周凸弦纹作边，纹线平直、规矩。

图8.6　前庄罍腹纹带正面（笔者摄）　　　　图8.7　前庄罍腹纹带侧面（笔者摄）

底平，下接较高圈足，足壁直并向下外斜。顶部均布三个十字形透孔，位于腹兽面纹带组界下方，横宽竖窄，两周凸弦纹切过横的两侧并串联透孔，十字形透孔外小内大（图8.8）。圈足底沿平，但薄厚不一（图8.9）。

图8.8　前庄罍圈足透孔（笔者摄）　　　　图8.9　前庄罍外底（笔者摄）

此罍的纹饰，无论凸弦纹、夔纹还是兽面纹，都属浅浮雕形式平铺且浮凸于器表，兽面纹眼珠大而圆突，肩部变体夔纹眼珠平，兽面纹两侧目云纹眼珠较小，长圆形突出。值得注意的是，肩纹带是宽线型而腹部纹带属于较宽型，以两种线型装饰此器。腹部纹带中存留细腻灰白色物质，原是为凸显纹饰的填彩①。兽面的鼻、面、身、角等勾相同线型的云纹，与轮廓线相同，难以辨识，是否也曾涂色或填彩，无从稽考。

### 2. 铸造工艺

罍肩和腹部纹带上铸造披缝清晰（见图8.5、图8.7），铸型沿腹部兽面纹组界三等分，圈足三透孔在分型面上，但位置未必都正直，或有偏差（见图8.2）。至于铸型是否从肩沿水平分型，未有证据，可以认为罍的铸型由三块腹范与一块腹芯和一块圈足芯组成。从纹饰的规矩且平整，可以认为纹饰在模中形成，再翻制到范。兽面纹和两侧填夔纹的一对眼睛形状、大小和凸起彼此有出入，当是范上做出，如按压翻制。然而，器表光素之处，无披缝痕迹，说明披缝被仔细打磨掉了，特别是颈部弦纹上未见披缝痕迹或者被披缝打破的痕迹，打磨非常不易，可以想见打磨耗费了大量工时。为此，须控制披缝的厚度与高度，纹带中残存披缝很细，颇见功力。装饰纹带规矩，应当是在模上完成纹饰，再翻制到范上铸造。

圈足底沿薄厚不一，厚处当是浇道设置所在，但浇道的残茬已完全不可见，说明也经过了仔细打磨。浇道宽度远大于披缝，打磨更费工夫。

铸型组合时，为保证范与芯、芯与芯间距，在它们之间放置垫片，即青铜器碎片以保证型腔尺寸。因器表锈蚀，不易看到垫片，但在X射线影像中，垫片可被清楚呈现。在肩沿下的窄素带上，可以看到一周垫片（图8.10），腹部纹带下栏与凸弦纹之间的窄纹带上也有一周（见图8.3），但分布不详。下腹内收的弧弯处设有一周，也应是一周六枚，而底部设有五枚，一枚居中，另四枚呈方框分布（图8.11）。这些垫片形状不规则，当是以青铜器碎片充任。虽颈部、肩部垫片不详，即使是肩沿、中腹和下腹、底部，垫片可多至二十三枚，全器用量达三十之多，较之黄陂盘龙城城垣罍CYM1:7的十五枚（详下文）多出一倍，不免有滥用的嫌疑②。

虽然整体上看，此器铸造质量上乘，X射线成像表现出器物纹饰的凸起和下凹相当均匀（见图8.3、8.10），但也存在一些铸造缺陷。首先是肩、下腹的局部区域锈蚀较为严重（见图8.3），可能由铸造缩松所引起。下腹锈蚀区域内可见裂纹（见图8.3），是铸件缺陷导致局部脆弱，受力后发生破裂。

---

① 苏荣誉：《凸显纹饰：商周青铜器填纹工艺》，《青铜器与金文（第三辑）》，上海古籍出版社，2019年，第313~367页。
② 胡家喜等：《盘龙城遗址青铜器铸造工艺探讨》，《盘龙城——1963~1994年考古发掘报告》，文物出版社，2001年，第576~598页，593页图二一；苏荣誉、胡东波：《商周铸吉金中垫片的使用和滥用》，《饶宗颐国学院院刊》创刊号，2014年，第101~134页。

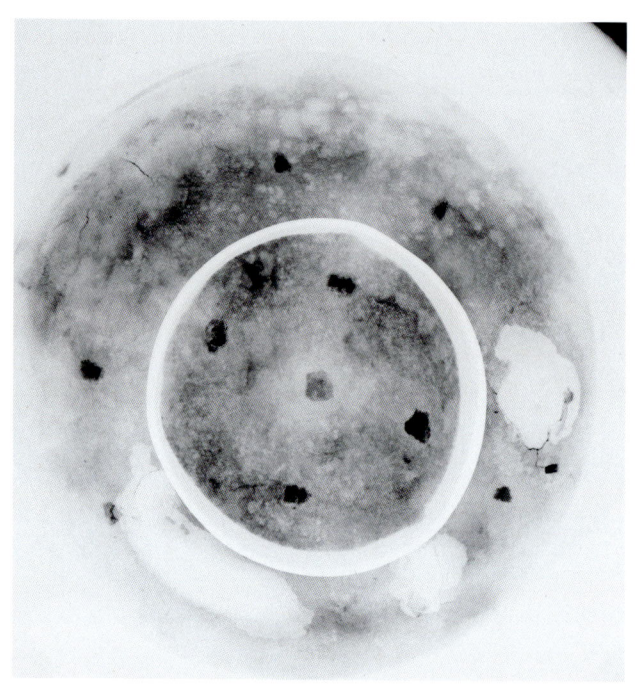

图 8.10　前庄罍腹 X 射线影像（王杰摄）　　　图 8.11　前庄罍底 X 射线影像（王杰摄）

器物内外可见多处补铸块。内底有三个补块，集中在一侧，形状不同，大小不一，凸起于器表多不足一毫米（图8.12）。外底在圈足内壁与底部结合处可见补块，多贴附于圈足内壁（见图8.9）。可能是浇注时在圈足与底的结合处产生了浇不足缺陷或者气孔，随即对之进行了补铸。此外，在圈足内壁一透孔的侧边也有较大的补块（图8.13），下腹有多处补块，其中一个较大的下边设有一枚垫片（图8.14），另两个较小的位置对称（图8.15），一个在垫片下边，另一个或者是补铸垫片脱落所形成的孔。这些补块说明浇不足类缺陷主要发生在下腹、底部和圈足，垫片也是造成缺陷的一个原因，或者也说明此器倒立浇注成形。事实上，上腹也有补块（图8.16），只不过数量较少。

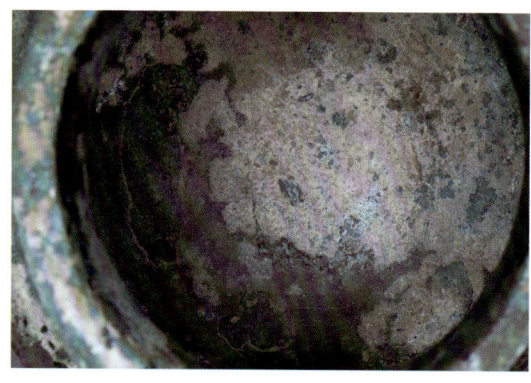

图 8.12　前庄罍内底补块（笔者摄）　　　图 8.13　前庄罍圈足透孔内壁（笔者摄）

肆　平陆前庄青铜罍与商早期青铜罍——兼论青铜罍与尊之别 | 129

图8.14　前庄罍下腹补块（笔者摄）

图8.15　前庄罍下腹补块（笔者摄）

较多补块，也是早期青铜器的一个特征。而下腹的裂纹，不知发生在何时，若在瘞埋之前，此罍就不能盛装液体。

## 三、郑州商城青铜罍

据考古发掘报告，郑州商城先后发现五件青铜罍，分别出土于向阳回族食品厂窖藏、二里岗和白家庄墓，其中白家庄出土的一件，形态或近于尊。

图8.16　前庄罍腹补块（笔者摄）

### 1. 向阳回族食品厂罍 XSH1:5

1982年在郑州商城东南角向阳回族食品厂施工中发现了一处窖藏，出土十三件青铜器，其中包括一件青铜罍XSH1:5（图9.1、图9.2）。此器出土时置于大鼎底部，通高330、口径135毫米，重5100克[①]。器口微敛，斜沿，方唇外出，口略敞；颈略长，壁微内弧，中间饰两道凸弦纹。折肩，肩面较宽，饰兽面纹带，由三组兽面纹构成。三组界之间，三高浮雕牺首均匀扣在肩面，吻略侈出肩沿。牺首阔鼻宽吻，一对臣字形大眼，眼珠突出，额上竖高冠，两侧一对大角向内弧卷。深腹，腹壁略外弧，外饰两组纹饰：口沿下一道窄纹带，由宽线斜角目云纹二方连续构成，眼珠微微突出。其下饰宽线兽面纹带，据发掘报

---

① 河南省文物研究所、郑州市博物馆：《郑州新发现商代窖藏青铜器》，《文物》1983年第3期，第49～59页，53页图一二、一三，图版四.2；河南省文物考古研究所：《郑州商城——1953～1985年考古发掘报告》，文物出版社，2001年，第821页，图五五一.1～3，图版二二七.1，彩版三三；《中国青铜器全集》（卷一），图一二三。发掘简报和报告称此器为羊首罍。

告，由三组兽面纹及其两侧填饰变体夔纹组成，相邻两夔纹可以组成抽象的兽面纹。除兽眼和夔眼眼珠高突外，纹线平铺，但所有纹饰均浮凸于器表（图9.3）。圜底，下接圈足，足壁直而微微向下外斜。上段约占三分之一高度，均布三个不很规则的圆形透孔，下段略加厚。

 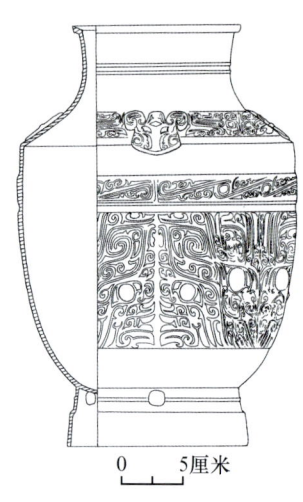 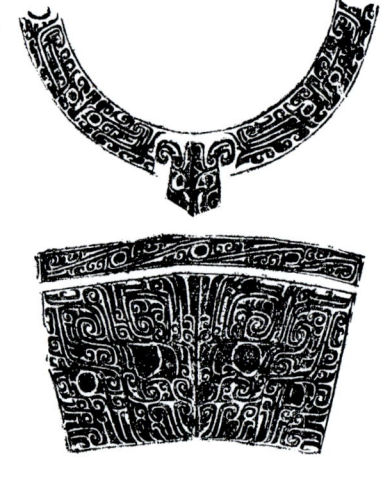

图9.1　郑州向阳回族食品厂窖藏罍XSH1:5［引自《中国青铜器全集》（卷一），图一二三］

图9.2　向阳回族食品厂窖藏罍XSH1:5线图（引自《郑州商城》图八一九.1）

图9.3　向阳回族食品厂窖藏罍XSH1:5拓片（引自《郑州商城》图八一九.2、3）

未见这件罍的铸造工艺信息披露，腹部兽面纹组界有垂直的宽度略小于纹线的披缝，与上腹目云纹组界披缝在同一垂线上，恰在肩部牺首中间，圈足透孔也在垂线上，说明铸型三分。从肩牺首安排在纹带中间，配合恰当，是一种周密设计，牺首浑铸。与同时出土的大口折肩尊H1:3的牺首做法相同。但牺首凸起颇高，鼻间未见披缝，可以认为牺首以活块范成形，整个铸型由三块腹范、三块牺首活块范与一块腹芯、一块圈足芯组成。将三个活块范嵌在两范之间颇有难度，若沿肩沿水平分型，牺首活块范则和四块范配合，可能性很小，而且没有痕迹支持沿肩沿水平分型。

## 2. 二里岗罍 C1: 郑博 0243

1968年郑州二里岗出土的这件青铜罍残破严重，修复后通高240、口径131毫米（图10.1、图10.2）[①]。该罍尖沿外侈，圆唇；颈较长，其壁较直微有内弧，中间饰两道平行的凸弦纹；宽肩微上弧，素面；折肩，深腹，腹壁外弧，上腹饰一周兽面纹带，由三组宽

---

① 河南省文物考古研究所：《郑州商城——1953～1985年考古发掘报告》，文物出版社，2001年，第818、821页，图五五二.1，图版二二九.2，彩版三四；《中国青铜器全集》（卷一），图一二一。发掘报告的线图欠准确。

**图10.1** 郑州二里岗罍C1：郑博0243 [引自《中国青铜器全集》(卷一)图一二一]

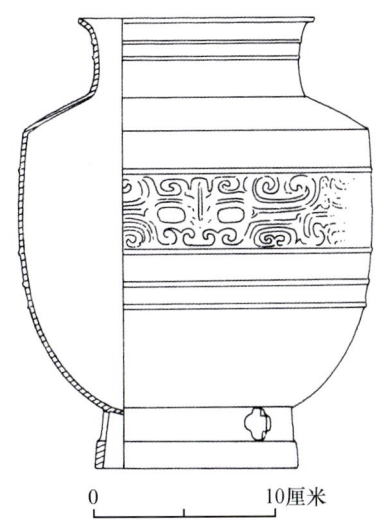

**图10.2** 二里岗罍C1：郑博0243线图（引自《郑州商城》图八二〇.1）

线兽面纹组成，两侧以凸弦纹镶边，纹带下饰两周平行凸弦纹；纹饰均浮凸在器表。圜底，圈足壁向下外斜，上段均布三个近乎十字形透孔，位置与腹部兽面纹无对应关系，一周凸弦纹穿过其中，下段加厚，底沿平齐。

从照片看，兽面纹正中无披缝痕迹，铸造披缝在腹部纹带三组兽面纹交界处，但却不通过圈足透孔，也就是说，罍的铸型垂直三等分，圈足三个透孔均不在分型面上，这是一个很奇特的现象。或者圈足泥芯非常圆正，三范依然，制作圈足芯时自带孔的泥芯头，组合时不必让泥芯头处于分型面位置。正是因为现象独特，说明其他罍的圈足芯都小心地置于分型面上，若要论技术传统，后者应该就是，这件二里岗罍属于例外，可能是铸工随手之作。当然，孔形的不规则也可能反映了铸工的随意性。

### 3. 白家庄罍C8：豫1615

这件罍的出土背景不详，体量颇小，通高116、口径114毫米（图11.1、图11.2）[①]。此器斜沿，圆唇外出；颈粗，壁内弧，口沿下饰两周凸弦纹，平行度不很高，因其间对设两个水平的半环钮。折肩，尖沿颇锐折，局部突出，肩面与颈一体。深腹，腹壁外弧，上腹饰宽兽面纹带，由三组宽线兽面纹组成，纹带上下以凸弦纹作边，纹带浮凸于器表。圈足壁直向下外斜，上段均布三个略似十字形透孔，位于兽面纹正下方，为一周凸弦纹串联，下段加厚，底沿较平。

---

① 河南省文物考古研究所：《郑州商城——1953～1985年考古发掘报告》，文物出版社，2001年，第821页，图五五二.6，图版二二九.2，彩版三六；《中国青铜器全集》(卷一)，图一二二。

图 11.1　郑州白家庄罍 C8:豫 1615［引自《中国青铜器全集》(卷一) 图一二二］

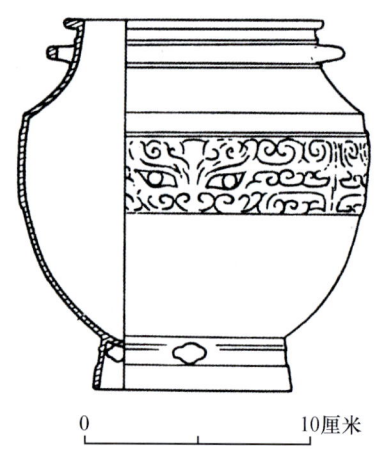

图 11.2　白家庄罍 C8:豫 1615 线图（引自《郑州商城》图八二〇.6）

该罍铸造工艺颇为明确，三组兽面纹交界处垂直的铸造披缝很明显，说明器铸型三分，且透孔不在分型面上。而颈部的半环钮，浑铸，采用"开槽下芯"法铸造[①]，是类似钮、环、鼻类结构的惯常工艺。

此器形若大口罐，无肩面，唇边、环钮外边与肩沿在一条直线上，尤其颈部设一对半环钮，在青铜罍中颇特殊。安阳陶家营新发现的洹北期墓葬中，出土的一件罍也有半环钮。而山西石楼桃花者出土的一件青铜盘，口沿下均布三个小贯耳[②]，范季融捐赠台北故宫博物院的一件盘与之相类，这些随机结构可以视为铸工的特别设计和个性表现[③]。下文的济南大辛庄罍，钮在腹内，别为一例。

### 4. 白家庄罍 M2:1

1955 年春白家庄村民在村西土岗挖沙发现一件青铜罍，考古清理出四座商代墓，青铜罍属于二号墓，通高 250、口径 130、腹径 190 毫米（图 12.1、图 12.2）[④]。该器口侈，

---

① 苏荣誉等：《強国墓地青铜器铸造工艺考察和金属器物检测》，《宝鸡強国墓地》，文物出版社，1988 年，附录二，第 530～638 页，彩版三〇～彩版三二、图版二二五～图版二五二。

② 谢青山、杨绍舜：《山西吕梁县石楼镇又发现青铜器》，《文物》1960 年第 7 期，第 50～52 页；韩炳华：《晋西商代青铜器》，科学出版社，2017 年，第 287～292 页；《中国青铜器全集》(卷四)，图一七五。

③ 苏荣誉：《商前期青铜盘研究》，《故宫学术季刊》第 40 卷第 3 期（2023），第 1～64 页。

④ 河南文物工作队第一队：《郑州市白家庄商代墓葬发掘简报》，《文物参考资料》1955 年第 10 期，第 24～42 页，图版一二；河南省文物考古研究所：《郑州商城——1953～1985 年考古发掘报告》，文物出版社，2001 年，第 821 页，图五五二.2～4，图版二二九.1；《中国青铜器全集》(卷一)，图一二八。

肆 平陆前庄青铜罍与商早期青铜罍——兼论青铜罍与尊之别 | 133

图12.1 郑州白家庄罍M2:1［引自《中国青铜器全集》（卷一）图一二八］

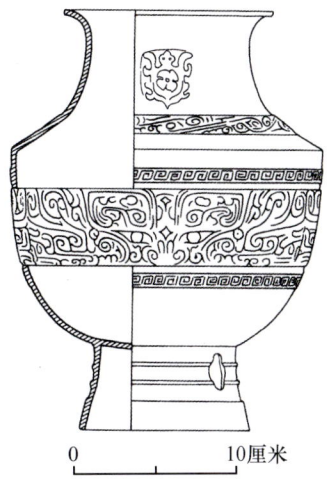

图12.2 白家庄罍M2:1线图（引自《郑州商城》图八二○.2）

圆沿外出，颈分两段，上段壁直，下段壁斜，均布三组减地式宽线龟纹（图12.3）。折肩，较宽肩面向外下斜，内侧饰较宽的斜角目云纹带，两侧以凸弦纹作边。深腹，纹饰分三组：口沿下和下腹各饰一周窄勾连云纹带，上下以凸弦纹作边；中腹饰三组宽线兽面纹组成的宽纹带，兽面位于龟纹之下，结构紧凑甚至局促，以较高浮雕呈现，两侧延伸部分平铺。圈足较高，足壁向下外斜，其上段约占三分之二部分均布三个十字形透孔，两周凸弦纹贴横的两侧串联三孔；下段约占三分之一加厚，底沿平齐。肩部和腹部纹带浮凸在器表。

图12.3 白家庄罍M2:1拓片（引自《郑州商城》图八二○.3、4）

肩部和腹部纹带上遗留着清晰的垂直铸造披缝，打破了上腹与下腹勾连云纹带，圈足三透孔在分型面上。

这件罍装饰纹线，无论是肩部斜角目纹、上腹和下腹勾连云纹、中腹兽面纹，还是颈部的龟纹，乃至圈足的凸弦纹，纹线属宽线，且宽度较为均一，或者可归纳为一种风格。从表现看，龟纹为减地型、目云纹和勾连云纹以及兽面两侧延伸纹属平铺型，而兽面属浮雕型，三种齐全，蕴含着底纹将出现以表现出层次。这样的整体构思，或使得该罍目云纹眼珠不突出，兽面纹的眼珠小而突出少，与前揭其他罍有别。

因此，唐兰（1901~1979年）率先认为罍颈部的三龟纹为图画象形铭，释为"鼍"，吴镇烽赞同①，但他们都可能泛化了文字。

文献所及白家庄出土的另一件罍M3:9，是1955年夏清理白家庄三号墓葬所获十件青铜器之一，通高277、口径192、腹径237毫米②。此器敞口，尖沿，方唇，口径小于肩径，应属尊。

郑州商城出土的四件罍，都应属于二里岗上层，年代属商代早期。四件或可分三个型式，应该反映了罍的早期格局：形态有一定的分散性。体态上看，向阳回族食品厂窖藏罍XSH1:5瘦高，白家庄罍M2:1次之，另一件白家庄罍（C8:豫1615）敦矮，二里岗罍居中。除二里岗罍尖沿、圆唇，与大口尊相同外，其余三件均是斜沿、方唇，但口径均小，颈较长且颈壁近直或微微内弧。白家庄罍C8:豫1615最特别，体型敦矮，颈相对粗，颈部设一对半环，圈足饰纹带。

## 四、黄陂盘龙城青铜罍

黄陂盘龙城考古发掘出商早期青铜尊和罍，但考古发掘报告将它们统称为尊③。按照罍具有直口或近乎直口便于封闭的标准，李家嘴M1、王家嘴M1、城垣M1和杨家湾M11各出土一件青铜罍，杨家湾H6则出土三件。

### 1. 李家嘴罍LZM1:8

盘龙城李家嘴一号墓（LZM1）原由农民发现并取出主要随葬品，后经考古清理的大型墓葬，归集的青铜器多达二十二件，考古报告中的尊LZM1:7和LZM1:8，其实后者为罍。

罍LZM1:8出土时圈足残缺较多、腹部残破并有经击打形成的两个凹坑，修复后，肩径220、口径158、腹壁厚1.5毫米（图13.1）④。该罍斜沿较宽，圆唇外出，显得口敞。长颈上段壁微内弧，下段向外弧撇，中间饰两周凸弦纹（图13.2）。折肩，尖沿锐折，宽肩向下直斜，与颈平滑过渡。肩面内侧饰一周较宽纹带，由六幅三组宽线变体无目夔纹组

---

① 唐兰：《从河南郑州出土的商代前期青铜器谈起》，《文物》1973年第7期，第5~14页；吴镇烽：《商周青铜器铭文暨图像集成》（第二十五卷），上海古籍出版社，2012年，No. 13701。
② 河南文物工作队第一队：《郑州市白家庄商代墓葬发掘简报》，《文物参考资料》1955年第10期，第24~42页，图版一一；河南省文物考古研究所：《郑州商城——1953~1985年考古发掘报告》，文物出版社，2001年，第821页，图五五二.5，图版二二九.1。
③ 湖北省文物考古研究所：《盘龙城——1963~1994年考古发掘报告》，文物出版社，2001年，第458~463页。例外的是CYM1:7，器物说明称罍（第72页）。
④ 同③，第194页，图一三三，图版五八.4，彩版二三.2。

成，内外以细凸弦纹作边（图13.3）。肩部夔纹除无目外，构图接近于前庄罍肩部夔纹（见图8.5）。腹部饰宽兽面纹带，由三组宽线兽面纹及其两侧填饰的所谓宽线变体夔纹构成，上下以细线圆圈纹带镶边（图13.1、图13.2）。兽面的锚形鼻头几乎接纹带下栏，中间起较宽直棱纵贯纹带，兽面以之对称展开。鼻头两侧纹线含义不明，鼻梁两侧勾立刀纹，再外为眼睛，长圆形眼珠高高突出；眼外为L形兽身，横向斜伸并上折至纹带上栏，向内回折并向下弯勾，身下两倒T形图案。额上冠饰正中为牌形，两侧立刀，再外为T形，含义不明。兽面两侧填饰的所谓夔纹，只是突出的长圆形眼珠可辨识，其余均为云纹（图13.4），含义不明，称之为变形目云纹可能更加合理。其眼珠靠近兽面一侧，几乎不能与相邻纹饰构成倒置兽面纹（见图13.2）。圆圈纹纹线较匀称，但圆整度有差别，排列也不尽齐整。罍底略圜，下接圈足，因残缺复原，上段均布三个十字形透孔，位于纹带的纹饰组界之下，一周凸弦纹串联它们。圈足样品经化学成分分析，铜含量70.76%、锡6.16%、铅21.76%，另有微量的锌和铁[1]，可备参考。

图13.1 黄陂盘龙城李家嘴罍LZM1:8（郝勤建摄）

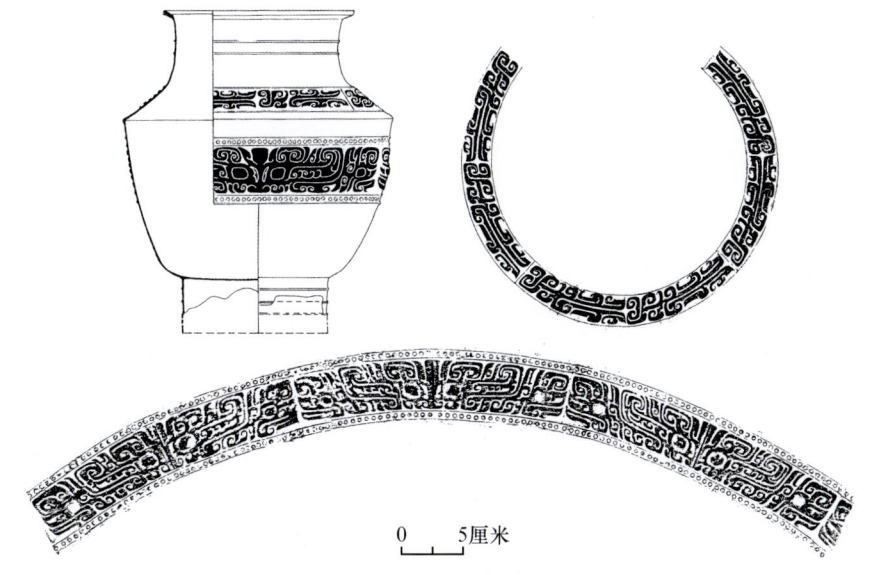

图13.2 李家嘴罍LZM1:8线图（引自《盘龙城》图一三三）

---

[1] 湖北省博物馆：《盘龙城商代二里岗期的青铜器》，《文物》1974年第2期，第37页。

图13.3　李家嘴罍LZM1:8肩纹带（笔者摄）　　　图13.4　李家嘴罍LZM1:8腹纹带（笔者摄）

肩部和腹部纹带中，铸造披缝清晰，直且窄矮，同在一条垂线，整个铸型三分，圈足透孔设在分型面上，三块范与一块圈足芯和一块腹芯组成铸型。在腹内，一条披缝对分腹底并穿过一枚垫片（图13.5），为罕见工艺现象，可以认为因腹芯较大，由两半合成，或某铸工别出心裁而为。肩部纹带下栏处，两条披缝线上可见垫片设置（图13.6），估计另一条披缝相应之处也有一枚。胡家喜等指出其腹部披缝上各有一枚垫片，尺寸为4毫米×4毫米[①]。底部的X射线影像表现出四枚垫片呈方框分布。底已脱离器壁并有若干裂纹存在（图13.7），说明下葬前曾将底部打掉、圈足打断。肩部和腹部纹带的纹线深峻，高低一致，属万家保（1926～2009年）归纳的模范合作纹[②]。

 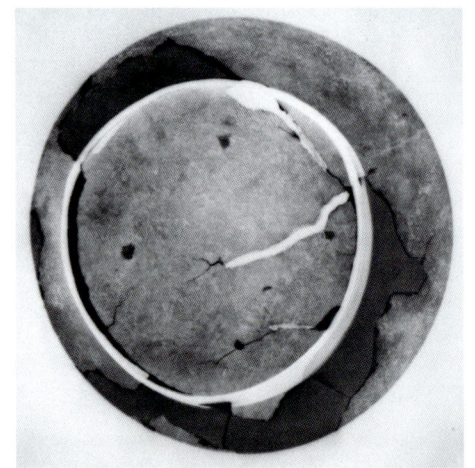

图13.5　李家嘴罍LZM1:8腹内披缝（笔者摄）　　图13.6　李家嘴罍LZM1:8底X射线影像（胡东波摄）

---

① 胡家喜等：《盘龙城遗址青铜器铸造工艺探讨》，《盘龙城——1963～1994年考古发掘报告》，文物出版社，2001年，第592页。

② 万家保：《安阳及黄陂两商代遗址铜器纹饰之比较》，《中国艺术史集刊（第七辑）》，1977年，第14页。

## 2. 王家嘴罍 WZM1:2

1975年农民修堤在王家嘴岗地东坡发现一座墓WZM1并将器物取出，收集的青铜容器包括爵四件，斝三件，鼎、觚各二件和罍一件，发掘报告定该墓属盘龙城六期，相当于二里岗上层二期偏早[①]。

罍WZM1:2（图14.1）出土时严重残损，腹部大部分残缺（图14.2），修复后通高308、口径136毫米，重2650克（图14.3）[②]。小口，较宽斜沿，尖唇外突（图14.4）；束颈较长，

图13.7　李家嘴罍 LZM1:8腹X射线影像（胡东波摄）

颈壁微内弧，中间饰三周凸弦纹，纹线间距较大，纹线的高低宽窄有出入，平行度也不高。折肩，尖沿外突。肩面外周上弧，光素；内圈斜直，与颈部过渡较为平滑而与外圈有折角。内圈饰宽纹带，由三组宽线目云纹构成，纹线规矩深峻（图14.3、图14.5）。

图14.1　黄陂盘龙城王家嘴罍 WZM1:2（郝勤建摄）

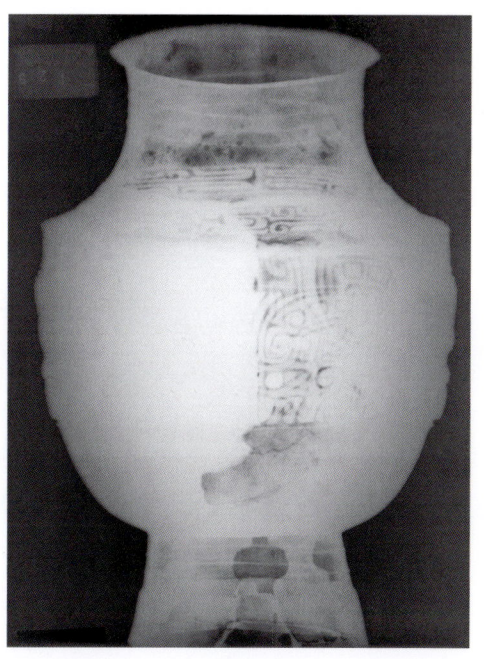

图14.2　王家嘴罍 WZM1:2 X射线影像（胡东波摄）

---

① 湖北省文物考古研究所：《盘龙城——1963～1994年考古发掘报告》，文物出版社，2001年，第445页。

② 同①，第136～143页，图八九、图版三七.1、彩版九.1。

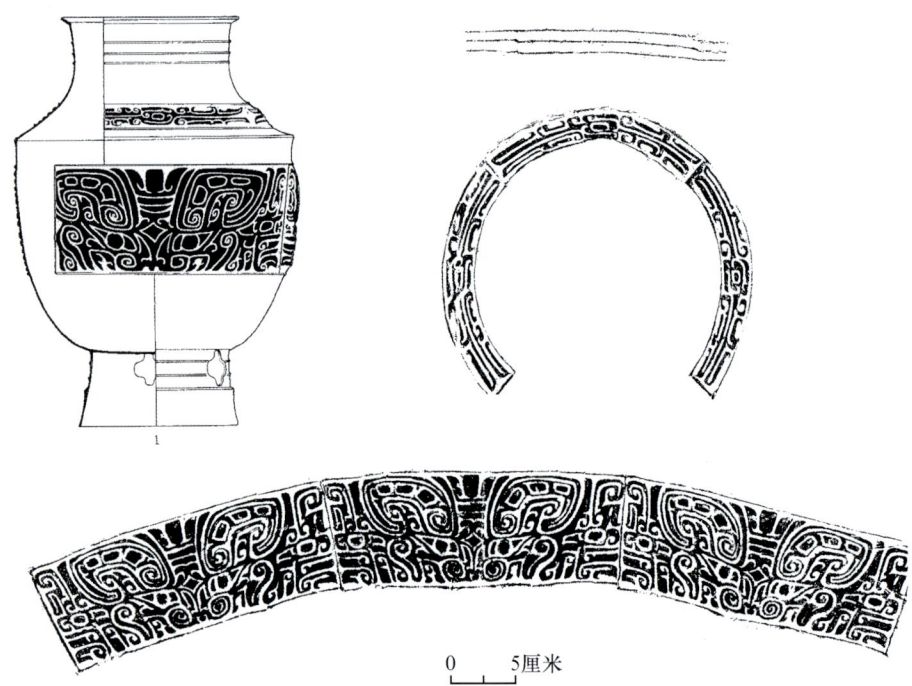

图14.3 王家嘴罍WZM1:2线图（引自《盘龙城》图八九）

图14.4 王家嘴罍WZM1:2口（笔者摄）

图14.5 王家嘴罍WZM1:2肩部纹饰布局和披缝（张昌平摄）

腹壁外弧，饰一周宽纹带，由三组兽面纹与两侧填饰的变体夔纹组成，两侧的夔纹可与相邻夔纹组成一幅倒置兽面纹，尺幅略小，三组兽面纹与肩部三组目云纹位置一致。整个纹带浮凸于器表，但兽面为高浮雕（图14.6）。兽面纹短面而高冠，面约占纹饰高度五分之二而冠约占五分之三。兽面阔鼻，鼻头以纹线向内卷绕而更凸起，两侧嘴角深咧，嘴角同样以纹线回卷凸起。嘴角上、嘴角内侧布臣字形眼，不大，眼珠圆突。两眼之间、鼻梁上端勾不规则菱形阴线。其上为宽大的冠饰：菱形线上四道水平线，有若抬头纹，两侧布羽刀纹，其上之间为牌形纹，两侧为刀形纹。眼上布大角，先向上弧弯、向外横伸再向下弯转并回勾；根粗，以纹线向内卷而突出；角面饰鳞纹，弯角内填云纹。两侧所填变体夔纹除长圆形眼珠突出外，其余构图均为勾云形（图14.7），称之为目云纹可能更为合理。

图14.6  王家嘴罍 WZM1:2 腹浮雕兽面纹（笔者摄）　　　图14.7  王家嘴罍 WZM1:2 腹部纹带与披缝（笔者摄）

平底下接较高的圈足，足壁直，向下外斜。顶部均匀分布三个形状不很规则的十字形透孔，两周凸弦纹串联透孔。圈足下半段壁厚加厚了一些（图14.8）。何堂坤对此器肩部样品用扫描电镜进行了成分分析，给出两组成分，分别为铜81.33%、77.06%，锡4.84%、4.34%，铅11.06%、15.85%，铁1.31%、1.19%，铝1.46%、1.57%[①]。很明显，扫描电镜光谱分析精确度受限因素很多，结果难以采信，仅可参考。

该器肩和腹部纹带上存在明显的铸造披缝，二者披缝在同一条垂线上，颈部三周凸弦纹上也有披缝打破并被修整的痕迹（图14.7），罍的铸型三等分，圈足透孔位于分型面上，

---

① 何堂坤：《盘龙城青铜器合金成分分析》，《盘龙城——1963～1994年考古发掘报告》，文物出版社，2001年，第541页。由于扫描电镜给出的是微区成分，这个结果只反映大致情况，而其中的铁和铝成分明显偏高。

图 14.8　王家嘴罍 WZM1:2 圈足（笔者摄）

铸型由三块腹范与一块腹芯和一块圈足芯构成。圈足透孔外小内大（图 14.8），说明其芯头由圈足芯自带，由于它们是分别刻出的，所以形状和尺寸或有出入①。

由于器壁残缺较多，难以辨识和确认垫片的使用。据器底 X 射线影像，可知曾采用了三枚垫片，呈三角形分布，大小不一（图 14.9）。

肩部饰目云纹带，纹线较宽，纹带浮凸于器表；腹部纹带颇宽，纹线多种，较宽和较窄的都有，纹带浮凸于器表，而兽面属于较高浮雕。这类高浮雕型纹饰，在盘龙城青铜器中稀见，在早商青铜器中也很特别，前揭郑州白家庄罍 M2:1，腹部兽面纹带的兽面构图虽然颇为局促，但属高浮雕，或许是这类纹饰的嚆矢，王家嘴罍 WZM1:2 兽面构图正常，双角很高，应当晚于白家庄罍。此二罍高浮雕兽面，腹内并未下凹使铸件壁厚均一，与 1981 年城固火疙瘩罍内壁下凹不同②。

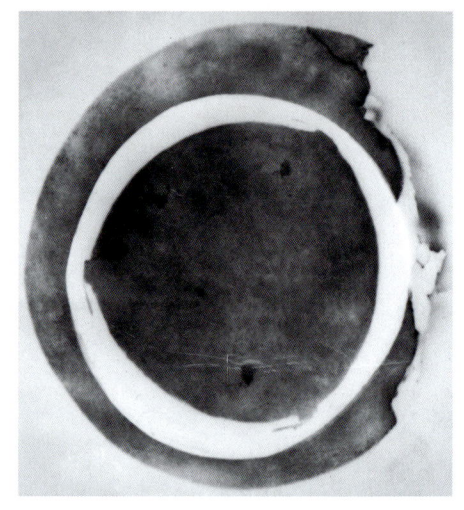

图 14.9　王家嘴罍 WZM1:2 底 X 射线影像（胡东波摄）

### 3. 城垣罍 CYM1:7

1989 年，在盘龙城西城垣南段东侧发现一座墓，残，打破西城垣，出土青铜礼器瓿、爵、斝、鼎和罍各一件。发掘报告据地层和出土器物将该墓划在盘龙城七期，相当于二里岗上层晚期③。

城垣罍 CYM1:7 肩部曾经受过重击，导致器发生变形，口沿也不平齐（图 15.1），通高 245、口径 172 毫米④。其小口，斜沿，厚方唇外突且宽窄不一。束颈较短，上段壁近直，下段向外弧撇，中间饰两周靠得很近的凸弦纹，但其宽窄高低不匀，彼此平行度不很高。

---

① 本文盘龙城青铜资料引自苏荣誉、张昌平：《盘龙城青铜容器铸造工艺研究》待刊。不再注。
② 苏荣誉、段西洋：《商代南方风格青铜罍研究》待刊。
③ 湖北省文物考古研究所：《盘龙城——1963～1994 年考古发掘报告》，文物出版社，2001 年，第 70～77、445、446 页。
④ 同③，第 72 页，图三七。

折肩，宽肩面向下直斜，与颈部过渡平滑，面饰宽纹带，由九幅三组宽线平铺的夔纹组成，内外都以细圆圈纹带镶边。圆圈大小也有出入，排列欠齐整。纹带浅浮凸在器表，长圆形夔眼珠突出（图15.2、图15.3）。

腹中部饰宽纹带，由三组宽线兽面纹及其两侧填饰的所谓宽线变体夔纹组成，上下以同样的圆圈纹带镶边。兽面的锚形鼻头几抵纹带下栏，鼻中有细直而窄矮的棱线纵贯纹带，鼻头两侧嘴角深咧，露出锯齿形牙齿；鼻梁两侧羽刀纹之外布双眼，一对臣字形大眼，内眦颇大，眼珠靠外，圆突。眼后布S形兽身，上翘抵纹带上栏，回折并向下回勾。鼻梁上的冠饰颇宽大，

图15.1　黄陂盘龙城城垣罍CYM1:7（郝勤建摄）

中间为透空的牌饰，两侧各竖立三个羽刀纹，再外是向外弯再向下回勾的"角"，"角"与尾之间竖立三羽刀纹（图15.2）。和上述王家嘴罍WZM1:2腹部纹带一样，填饰的所谓变体夔纹仅有突出的椭圆形眼珠可以辨识，其余为云纹和羽刀纹（图15.3），应当属于目云纹。

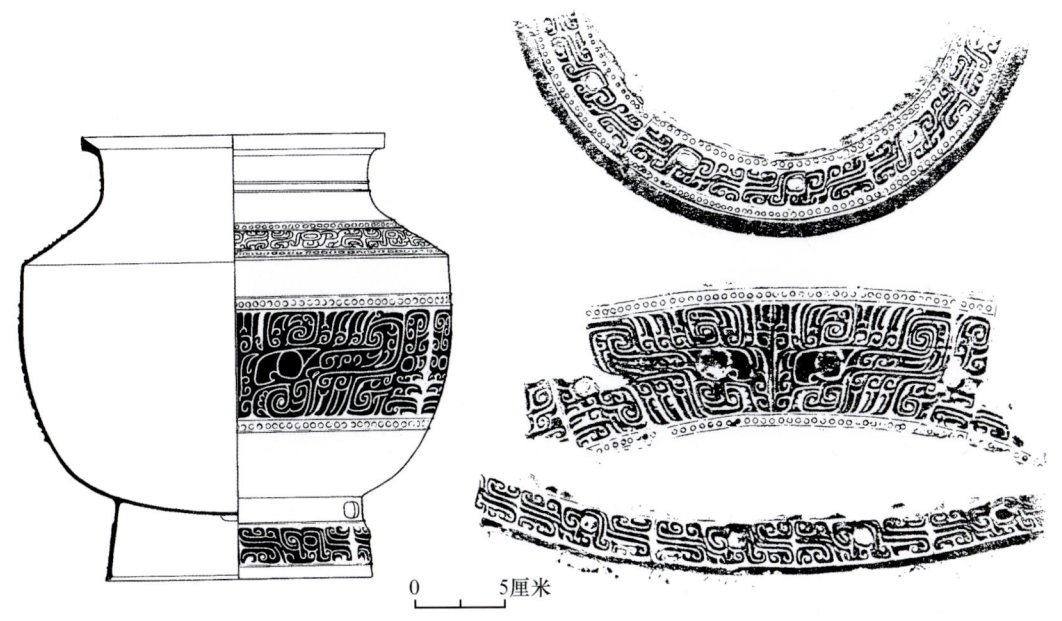

图15.2　城垣罍CYM1:7线图与拓片（引自《盘龙城》75页图三七）

图 15.3 城垣罍 CYM1:7 肩部纹饰及披缝（郝勤建摄）

图 15.4 城垣罍 CYM1:7 腹部披缝
（郝勤建摄）

圜底，圈足不高但分上下两段：上段占圈足三分之一高度，直壁，光素，均布三个近乎长方形的透孔，一个的位置和腹部兽面纹组界相应（图15.4），另两个有些许偏离。下段占高度三分之二，壁加了一个纹带厚度，纹带饰六幅三组宽线变体夔纹，分组与腹部兽面纹分组位置一致，上下以较宽扁的凸弦纹作边。

此罍纹带中的铸造披缝痕迹明显，但窄而直，表现出高超的铸型组合水平。三道垂直披缝设在腹部、肩部和圈足纹带组界（图15.4）。胡家喜等指出罍的铸型由三范和腹芯、圈足芯组成；两个浇道设在圈足，残迹尺寸为80×3和32×2毫米。他们仔细查看器物，发现腹部有十二枚垫片、每范设四枚，在肩下沿和下腹呈两周分布。X射线影像表现出底部有三枚垫片，口沿和底部各有一处补块[1]。

这件罍的肩、腹和圈足纹带，纹线均深峻规整，属典型的模作纹。三组纹饰分界处设分型面，披缝明显且细直，并和肩部披缝相贯，圆圈纹带上还可见到约2毫米的错范痕迹（图15.4）。说明分型面自口沿直通至圈足底沿，很可能没有从肩沿水平分范。

### 4. 杨家湾罍 YWH6:21

据考古发掘报告，在杨家湾发现的盘龙城七期遗址，包括两处建筑基址、一个灰坑、一个祭祀坑和一座墓葬。祭祀坑YWH6随葬铜器、陶器和玉石器多达五十八件，呈两层分

---

[1] 胡家喜等:《盘龙城遗址青铜器铸造工艺探讨》,《盘龙城——1963~1994年考古发掘报告》, 文物出版社, 2001年, 第582、586、590~593、595页。关于垫片, 此文正文 (591页) 和图二一一致 (593页), 但表二表述是腹部八枚、底部三枚, 底部垫片尺寸为7毫米×6毫米 (592页)。

堆放置，青铜礼器包括尊四件，爵、斝、罍各三件，鬲一件，另有鼎足一个和若干残片[①]，加上陶器和玉器，格局与墓葬相同而未见祭祀坑如此，窃疑原本是一座墓葬。发掘报告将该单元划为盘龙城七期。发掘报告所称的三件尊中，只有一件是典型的尊YWH6:20，属大口折肩式，其余两件应为罍，将在本文讨论。

罍YWH6:21出土时口沿残破、下腹大面积残缺（图16.1），修复后通高258、口径156、肩径236、底径136、壁厚2毫米（图16.2）[②]。罍口不平齐，宽沿斜直，方唇外出。束颈，壁近直，饰三周平行的凸弦纹，纹线宽窄和高低不够均一，平行度不尽规矩。折肩，尖沿锐折。宽肩，肩面向下斜直，与颈部平滑结合，靠内饰一周较宽纹带，由六幅三组宽线目云纹平铺构成，仅长圆形眼珠凸起，纹带以较窄凸弦纹作边（图16.3）。腹壁外弧，饰宽兽面纹带，由三组兽面纹及其两侧填所谓"变体夔纹"组成，其构成与前述城垣罍CYM1:7一致，差别在此罍以凸弦纹作上下边，同样构图的"变体夔纹"（图16.4）确应是变体目云纹。圈足较高，壁向下直外斜，上段均布三个十字形透孔，一条凸弦纹串联它们，下段足壁则有一纹线的加厚。

图16.1 黄陂盘龙城杨家湾罍YWH6:21 X射线影像（胡东波摄）　　图16.2 杨家湾罍YWH6:21（郝勤建摄）

---

① 湖北省文物考古研究所：《盘龙城——1963～1994年考古发掘报告》，文物出版社，2001年，第259、263、264页，图一九四。
② 同①，第281页，图二〇八.1，图版九一.1，彩版三七.1。

图16.3 杨家湾罍YWH6:21肩部纹饰
（郝勤建摄）

图16.4 杨家湾罍YWH6:21腹部纹带与披缝
（郝勤建摄）

图16.5 杨家湾罍YWH6:21圈足（郝勤建摄）

肩部和腹部纹带上有清晰的铸造披缝（见图16.2~图16.4），披缝平直窄细，沿纹饰组界垂直将器物三分，圈足透孔在分型面上。透孔内大外小（图16.5），其中芯头当是圈足芯自带。

### 5. 杨家湾罍YWH6:15

此罍属瘦高型，出土时残缺严重，修复后通高320、口径168、肩径204、底径140、壁厚2毫米[①]。器口变形严重，口沿不齐（图17.1）。

罍YWH6:15口沿甚宽，上斜，尖唇相应侈出许多。折肩，尖沿大约处于容器的中间。颈与肩一体，壁内弧，无分界。颈中间饰一周凸弦纹，凸弦纹与尖沿中间饰一周双行圆圈纹组成的纹带，圆圈大小不尽匀称，排列也不够齐整；行间以细凸弦纹区隔，纹带两侧以细凸弦纹作边。腹壁外弧，饰三行圆圈纹组成的纹带，布局与肩纹带相同。罍底下接高圈足，壁内弧向下向外弧撇；圈足顶均布三个倒凸形透孔，其下一周凸弦纹，余光素（图17.2）。

肩部和圈足圆圈纹带上有清晰的铸造披缝（图17.2），而且它们相互对应，铸型三分，圈足透孔在分型面上。

---

[①] 湖北省文物考古研究所：《盘龙城——1963~1994年考古发掘报告》，文物出版社，2001年，第281页，图二〇九，图版九一.2。

肆　平陆前庄青铜罍与商早期青铜罍——兼论青铜罍与尊之别 | 145

图 17.1　杨家湾罍 YWH6:15（孙卓惠供）

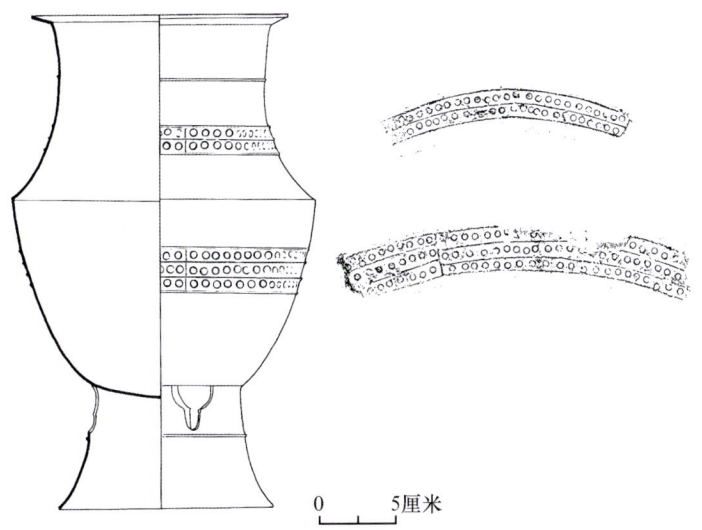

图 17.2　杨家湾罍 YWH6:15 线图（引自《盘龙城》图二〇九）

### 6. 杨家湾罍 YWM11:34

杨家湾墓 M11 位于盘龙城杨家湾岗地南坡，西侧的水沟冲刷致部分随葬器物出露，便于1989年进行发掘，发现雕花彩绘棺椁残片，随葬器物多达五十七件，发掘报告称随葬品主要堆放在椁板上的填土中，颇奇特。随葬青铜容器包括爵、斝、罍各四件，尊三件，鼎和簋各一件，另有多种青铜兵器和工具。发掘报告将此墓定为盘龙城七期。但在发掘报告中，三件尊只介绍了 YWM11:34①，应是一件罍。

罍 YWM11:34 出土时破碎严重并有缺失，经修复通高306、口径166、肩径220、壁厚2毫米（图18.1）②。器形与罍 YWH6:15 颇为接近，瘦高，高圈足。器口也不平齐而成马鞍形；宽沿向上平斜，尖唇。颈壁稍内弧，中间饰一道凸弦纹，纹线不够平直。折肩弧面同样内弧与颈平滑结合，肩与颈无明显分界。肩部饰圆圈纹带，一条略粗的凸弦纹上下各排列一行圆圈纹，圆圈大小相差无几，但排列不够齐整，间隙不一，纹带浮凸于器表（图18.2）。X 射线影像表现出纹带上下以低矮凸弦纹为栏，纹线不平直，彼此平行度较差。圆圈的高度略低于中间的凸弦纹（图18.3）。腹壁微外弧，装饰和肩部同样的圆圈纹带。圈底下圈足甚高，足壁斜直外撇，顶部一周均布三个桃形大透孔，孔外小内大（图18.4）。

---

① 湖北省文物考古研究所：《盘龙城——1963～1994年考古发掘报告》，文物出版社，2001年，第263～266、508页。

② 同①，第281页、图二一〇.1，图版九一.3。

图 18.1　黄陂盘龙城杨家湾罍 YWM11:34（郝勤建摄）

图 18.2　杨家湾罍 YWM11:34 肩部纹带（郝勤建摄）

图 18.3　杨家湾罍 YWM11:34 肩、腹 X 射线影像（胡东波摄）

图 18.4　杨家湾罍 YWM11:34 圈足（郝勤建摄）

肩部披缝比较明显，披缝处的圆圈较为模糊，肩部的披缝和腹部披缝不在同一垂线上，相错约5°；腹部披缝打破了上边一行的一个圆圈纹，中间的凸弦纹在披缝处相错，但两侧的凸弦纹一致（图18.3、图18.5），说明制作顺序是先做出中间凸弦纹，再做圆圈纹，两侧凸弦纹可能是合范后一起刻出的；铸型从肩沿分为上、下两段，肩沿也是一条披缝。在圈足孔可见其中泥芯与腹范结合的披缝（图18.6），说明孔的泥芯由圈足芯自带。器底的X射线影像表明，底部设置了四枚垫片，中心一枚，另三枚构成一等腰三角形环绕之（图18.7）。此外，还可见到底部有Y形浅色带，说明这些部位略厚，较为特殊。

图18.5 杨家湾罍YWM11:34肩、腹部披缝（郝勤建摄）

图18.6 杨家湾罍YWM11:34圈足透孔（郝勤建摄）

盘龙城六件罍体态也不同，两件杨家湾罍YWH6:21和YWM11:34瘦高，王家嘴WZM1:2罍接近，城垣罍CYM1:2敦矮，另外李家嘴罍LZM1:8和杨家湾罍YWH6:21居间。装饰分两类，简约仅装饰圆圈纹带如杨家湾罍YWH6:21和YWM11:34，其余肩纹带和腹纹带皆有，只是城垣罍CYM1:7特别，圈足多一纹带。这种多样的格局表现了早期罍的特点，与郑州商城情形一致。

这里顺便讨论几件盘龙城出土的青铜尊，它们与罍确有易于混淆之处，反映了两类器物的密切关系。张昌平曾指出：盘龙城尊与罍大小分化不明显，与郑州商城的分明具有明显差异[1]。

---

[1] 张昌平：《盘龙城商代青铜容器的初步考察》，《江汉考古》2003年第1期，第45～51页。

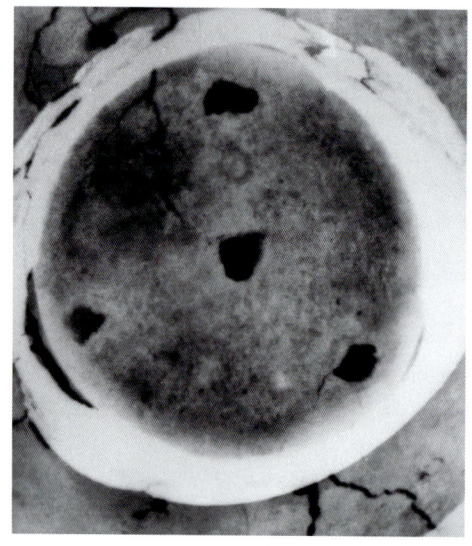

图18.7 杨家湾罍YWM11:34底X射线影像（胡东波摄）

郑州商城的商早期青铜尊，折肩大口，口大敞，口径大于肩径，而青铜罍口小、颈壁直或微内弧，与尊易于区分。盘龙城的早商青铜尊，也有大敞口类型，但口径大于肩径或相若者少，较为典型的是口径略小于肩径，如盘龙城四期的李家嘴尊LZM2:75、六期的杨家湾尊YWM7:6、七期的杨家湾尊YWH6:20（图19）等①。但还有一些尊，口敞，但口径不大，如五期李家嘴尊LZM1:7（图20）、六期杨家湾尊YWM4:1（图21）②，它们造型颇接近罍，尤其是弧肩与颈平滑过渡，与李家嘴罍LZM1:7和杨家湾罍YWH6:21相同，只是具有尖唇。此二器或应归为罍，列此备考。

图19 杨家湾尊YWH6:20（郝勤建摄）

图20 李家嘴尊LZM1:7（郝勤建摄）

---

① 湖北省文物考古研究所：《盘龙城——1963～1994年考古发掘报告》，文物出版社，2001年，图一八六.2，图版四七.4、七六.2、九一.4，彩版一三.2、七.6、三七.2。

② 同①，图一八六.1，图版五八.3、七六.1，彩版二三.1、三一.1。

特别是李家嘴青铜罍LZM1:8与李家嘴尊LZM1:7同出一墓，二者造型高度相似，所差仅在于口，前者直颈、斜沿、厚方唇外出，后者束颈，壁略内弧，尖沿圆唇并敞开，虽然口径相同，都是158毫米，但表现出的功能不同，LZM1:8口便于封闭存储，为罍，而LZM1:7似乎只能呈献，当为尊。

## 五、郾城拦河潘青铜罍

河南郾城拦河潘村南的柳河是淮河支流颍河的一条支流，1979年，拦河潘村民在柳河北岸取沙发现一个青铜器窖藏，出土十二件器物，年代属于商前期。其中包括两件罍：拦河潘罍A和拦河潘罍B，前者墩矮而后者高挑，均收藏于许慎纪念馆①。

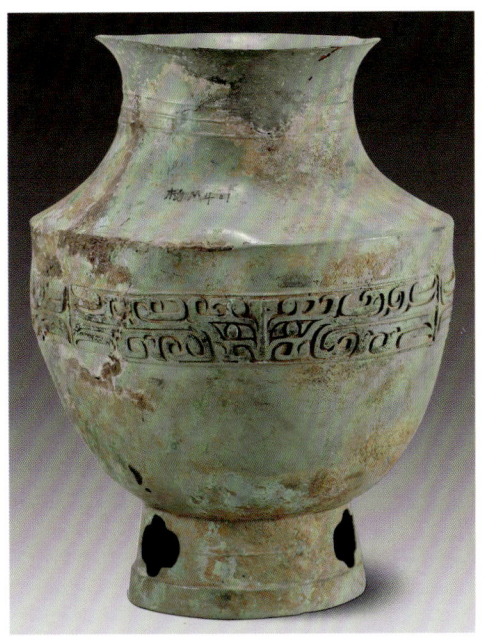

图21　杨家湾尊YWM4:1（郝勤建摄）

### 1. 拦河潘罍A

此罍通高243、口径169、底径150毫米，重3600克（图22）②。罍肩沿、厚方唇略外出，束颈，颈壁内弧，中间饰两周平行凸弦纹。折肩，肩面向下直斜，与颈无明显分界，饰宽目云纹带，由六幅三组宽线云纹组成，两侧以圆圈纹带镶边。深腹，腹壁外弧，饰两周纹带：深腹纹带窄，由十二幅三组目云纹组成纹带，上下以凸弦纹作边。中腹饰宽兽面纹带，由三组兽面纹及其两侧填饰的半个倒置兽面纹构成，相邻两组半幅兽面纹构成倒置全形，其臣字形眼与正置兽面纹相同，只是尺寸略小。此

图22　郾城拦河潘罍A［引自《中国青铜器全集》（卷一）图一二七］

---

① 孟新安：《郾城县出土一批商代青铜器》，《考古》1987年第8期，第765、766页；《中国青铜器全集》（卷一），图一二六、一二七。

② 孟新安：《郾城县出土一批商代青铜器》，《考古》1987年第8期，第765、766页；《中国青铜器全集》（卷一），图一二七。简报记此罍腹径740毫米显然有误，或为周长，存疑。

一现象似乎首次出现,颇为少见。圈足壁直向下外斜,饰宽线兽面纹带,由三组长翅兽面纹组成,上侧以圆圈纹带镶边,下侧则无,顶部亦无透孔。

该器铸造披缝明确,肩、腹和圈足纹带上均可见清晰的垂直的披缝,甚至在颈部凸弦纹上也可见痕迹,且位置都一致,说明铸型三等分。相对前揭诸罍而言,此器的装饰有所不同,首先是纹带很低地浮凸于器表,圈足纹带甚至表面与器表平齐。布局上,颈部与上腹饰目云纹带,下腹与圈足饰兽面纹带,肩部和圈足纹带的眼珠几乎不外凸,腹部纹带眼珠较外凸,意图在强调腹部纹带。而腹部纹带正置的兽面纹与倒置的兽面纹尺寸接近,构图几乎一致,颇为稀见。腹部的兽面纹只是兽面,正置兽面中间有窄细的凸棱,以之对称布局,嘴角露出三角形牙齿也为初现,冠饰中间竖立羽刀纹;倒置兽面纹以披缝对称布局,只是一对臣字形眼明确,其他器官不明,具有早期兽面纹特点。圈足兽面纹中间的竖直鼻贯通纹带,兽面纹以之对称布局,大眼,眼后为长复翅,颇为特别。肩部纹带两侧以圆圈纹镶边、腹部纹带以凸弦纹作边,两种格调配合也不常见,而圈足纹带上侧圆圈纹镶边,下侧没有,也不寻常。圈足无透孔更为罕见。这些都表现出铸工求变的心态和手法。

这件罍腹部纹带的纹线均属较细线,肩和圈足纹带纹线略宽,格局与平陆前庄罍相同,腹部兽面纹的构图也一致。

### 2. 拦河潘罍B

该罍通高266、口径150、腹径695、底径130毫米,重2500克(图23)①。和拦河潘罍A有所不同,此器斜沿、方唇外出,长颈壁微内弧,中间饰两周凸弦纹。折肩,肩面微下弧,与颈部平滑过渡无分界,内侧饰宽纹带,由六幅三组宽线无目夔纹组成,以细凸弦纹作边。肩沿锐折,深腹,腹壁外弧,饰宽兽面纹带,由三组宽线兽面纹构成,上下侧以圆圈纹带镶边。兽面纹有T形鼻头,宽鼻梁上端连接冠饰,鼻两侧布一对小阴线羽刀纹,之外是长圆形眼,眼珠突出,眼下的倒T形似为足,眼外为长身或者长翅。圈

图23 郾城拦河潘罍B[引自《中国青铜器全集》(卷一)图一二六]

---

① 孟新安:《郾城县出土一批商代青铜器》,《考古》1987年第8期,第765、766页;《中国青铜器全集》(卷一),图一二六。简报记此罍腹径695毫米,显然有误。

足颇高，直壁向下微外斜，上段均布三个十字形大透孔，其中为一周凸弦纹贯穿，下段光素但加厚了一些。

纹带中铸造披缝明确，腹部三组兽面纹组界及其圆圈纹带上都有垂直且连续的披缝，虽然图片上肩部纹带披缝不明显，可判定罍铸型三分，三透孔位于分型面上。此罍肩部纹带似乎沉于肩面，纹带顶面与器表平齐，腹部纹带微突出于器表，都与拦河潘罍A圈足纹带一致。

郾城拦河潘同时出土的两件罍，A敦矮而B常型，前者口较后者大，显得颈较后者短。前者圈足径大、较矮而后者圈足径小、较高，是否是前者圈足没有透孔的原因尚且不明，但前者圈足饰三组兽面纹组成的纹带。两件差异颇大的青铜罍同时出土，格局和郑州商城、黄陂盘龙城出土二里岗期青铜罍一致。

## 六、城固窖藏青铜罍

地处汉中盆地的陕西城固，在汉江支流湑水河流域时有商代青铜器出土。1980年，在城固龙头镇上街南侧的土包火疙瘩，农民取土发现一个青铜器窖藏，出土数十件青铜器，其中包括一件青铜罍（称火疙瘩罍1980）。第二年又发现一处窖藏，其中包括两件罍，一件（称火疙瘩罍1981）在此分析，另一件具有商代南方青铜器风格特征，将另文讨论，本文不涉及。至于一同出土的罍的碎片①，本文不论。

### 1. 火疙瘩罍1980

此罍通高388、口径231、腹深315毫米，重10121克（图24.1、图24.2）②。斜沿，厚方唇外出，显得口敞。束颈，颈壁内弧，中间饰三周平行的凸弦纹（图24.3）。折肩，尖沿锐折并略突出，肩面与颈无分界，平滑过渡，其上饰一周变体夔纹带，由九幅三组宽线变体夔纹组成，窄细凸弦纹作边（图24.4）。深腹，腹壁外弧，中腹饰一周宽兽面纹带，兽面两侧填饰变体夔纹，纹带上下以圆圈纹带镶边。兽面的锚形鼻头几及纹带下栏，以向上内卷纹线为鼻翼，鼻中垂直窄而矮的脊棱纵贯兽面，兽面以之对称展开。鼻头两侧嘴角深

---

① 赵丛苍：《城洋青铜器》，科学出版社，2006年，第53页。
② 王寿芝：《陕西城固出土的商代青铜器》，《文博》1986年第6期，第3～9页，4页图二，封二图；曹玮：《汉中出土商代青铜器》（第一卷），巴蜀书社，2006年，第106、107页；赵丛苍：《城洋青铜器》，科学出版社，2006年，第1页，图三、四，图版一八。三种文献所记此罍尺寸出入很大，据拓片拟合，本文采用曹著尺寸和重量，下同。王文图版错乱处颇多，此处不一一订正。赵丛苍说当地人称土包为"贺家疙瘩"（《城洋青铜器》，科学出版社，2006年，第1页），本文从王文。《中国青铜器全集》（卷一），图一三一、一三二。

图 24.1　城固火疙瘩罍 1980 ［引自《汉中出土商代青铜器》（卷一）105 页］

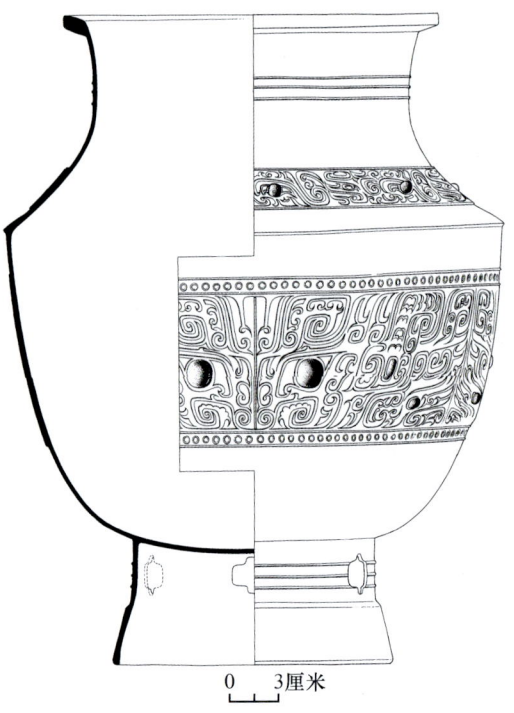

图 24.2　火疙瘩罍 1980 线图 ［引自《汉中出土商代青铜器》（卷一）106 页］

图 24.3　火疙瘩罍 1980 肩纹带 ［引自《汉中出土商代青铜器》（卷一）107 页］

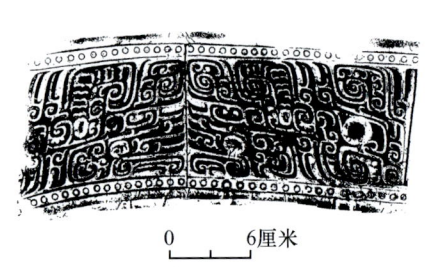

图 24.4　火疙瘩罍 1980 拓片（引自《城洋青铜器》图四）

咧，露出锯齿状排牙，鼻梁两侧饰立羽刀纹，其外布臣字形眼，眼珠圆突。眼外为 S 形兽身，向外斜着上伸并上折，至上栏再外折然后向下回折。额上的大冠饰正中为牌形，两侧各一立刀纹；再外为 L 形角，从眼内向上斜竖，到上栏外折，然后向下回勾，角面勾云纹。兽面两侧的"变体夔纹",除突出的长圆形眼珠外均不可辨识,都是云纹,称之为目云纹更合理。与盘龙城城垣罍CYM1:7对比,除兽身后段外折外,构图十分接近,仿佛出自同一铸工之手。罍圜底,圈足较高,足壁分上下两段:上段壁直,均布三个不很规则的十字形透孔,位置与兽面纹组界相应,三周平行凸弦纹穿过并串联三孔;下段壁向下外斜,加厚。底沿平齐。

肩和腹纹带上垂直的铸造披缝位于兽面纹组界,清晰、窄细并重合(图24.3、图24.4),铸型三分,三透孔位于分型面上。

该罍肩部变体夔纹的构图与平陆前庄相同(见图8.5),如出一人之手;腹部纹饰高度一致,所差仅在此罍腹部纹带以圆圈纹带镶边而彼罍以细凸弦纹作边。

### 2. 火疙瘩罍1981

该罍通高336、口径219、腹深276毫米,重6938克(图25.1)[①]。

罍斜沿直且略宽、厚方唇外出。颈壁稍内弧,中间饰三周平行凸弦纹,纹线宽窄高低有出入(图25.2)。折肩,肩沿锐折并突出,宽肩向下直斜,但肩与颈部平滑相接。肩面内侧饰一周宽线变体夔纹带,由九幅夔纹分三组构成,两侧以窄细凸弦纹作边(图25.3)。深腹,腹壁略外弧,饰三周纹带。肩沿下饰九幅三组宽线目云纹组成的窄纹带,以凸弦纹作边。下腹窄纹带由九幅夔纹分三组构成,与上腹目云纹带大体相应,但与肩部夔纹相错一个小角度。中腹饰宽兽面纹带,由三组宽线兽面纹及其两侧填饰的所谓变体夔纹构成,以窄细凸弦纹作边,与上、下腹窄纹带以窄素带区隔。圈足相对较高,分上下两段,上段壁微外斜,均布三个近乎十字形透孔,三周凸弦纹串联它们,下段壁加厚,更外斜,饰六幅三组宽线夔纹组成的纹带,凸弦纹作边。中腹兽面的构图与盘龙城城垣罍CYM1:7几乎完全一致,两侧填饰的"变体夔纹"也属宽线目云纹型(图25.4),与罍CYM1:7也一致。圜底,圈足分上下两段,上段壁微向下直斜,均布三个近乎十字形的透孔,三周凸弦纹串起透孔;下段同样向下直斜,厚度增加一层纹带。纹带由六幅三组宽线夔纹构成,以凸弦纹作边。夔纹平铺,眼珠突出,其形状不规则,各不相同(图25.5)。

这件罍的铸造披缝在肩、腹和圈足纹带中清晰可见,直且窄细,均处于纹饰组界,而且彼此重合,器三分铸型,圈足透孔在分型面上。肩沿上不见任何错范或打磨痕迹,不支持沿肩沿水平分型说。所有纹饰均浮凸于器表,平铺,纹线规矩,宽窄匀称,高低一致,应是典型的模作纹。夔纹、目云纹的眼珠突出但形状互有出入,兽面纹的眼珠大,突出更

---

[①] 王寿芝:《陕西城固出土的商代青铜器》,《文博》1986年第6期,第3~9页,7页图一二,图版一.1;曹玮:《汉中出土商代青铜器》(第一卷),巴蜀书社,2006年,第108~110页;《中国青铜器全集》(卷一),图一三三。

图25.1 城固火疙瘩罍1981［引自《汉中出土商代青铜器》（卷一）108页］

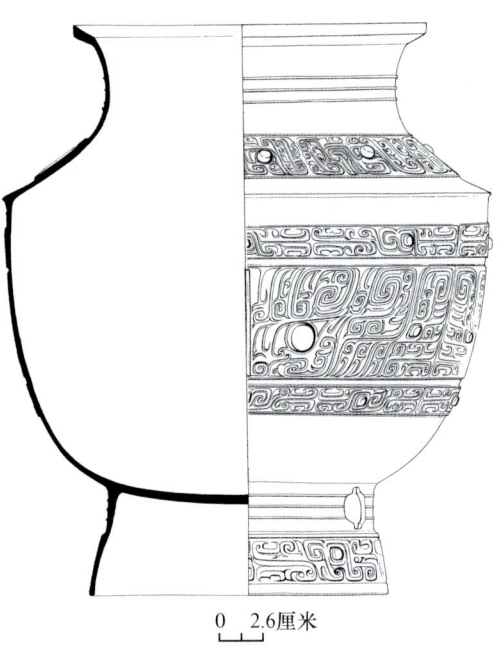

图25.2 火疙瘩罍1981线图［引自《汉中出土商代青铜器》（卷一）109页］

图25.3 火疙瘩罍1981肩纹带［引自《汉中出土商代青铜器》（卷一）110页］

图25.5 火疙瘩罍1981圈足［引自《汉中出土商代青铜器》（卷一）110页］

图25.4 火疙瘩罍1981纹饰拓片［引自《汉中出土商代青铜器》（卷一）］

高，但大小和形状也有差别，说明是在腹范翻成后再压出的。该罍的铸型工艺与其他诸器相同，但装饰有发展，不仅腹部饰三道纹饰，结构与1955年郑州白家庄出土的尊M2:1一致。圈足装饰纹带虽然特别，却与盘龙城城垣罍CYM1:7的相同，不仅布局相同，而且构图一致（见图15.1）。

这两件城固火疙瘩青铜罍，包括另一件南方风格罍，体态一致，但装饰各不相同。火疙瘩罍1980腹部的宽兽面纹带两侧镶嵌圆圈纹带，火疙瘩罍1981腹部饰三组纹带，上腹和下腹窄而中腹宽，均以凸弦纹作边。既反映了早期青铜罍的格局，也表现着窖藏青铜器的特点。

## 七、藁城台西、长子北高庙和济南大辛庄青铜罍

在河北藁城台西商代遗址、山西长子北高庙和山东济南大辛庄商代墓葬中分别出土一件青铜罍，北高庙出土者还涉及尊与罍的区分。

### 1. 藁城台西罍C:6

藁城台西是一处商中期遗址，破坏严重。考古学家采集到一件青铜罍C:6，体态高挑，通高304毫米（图26.1、图26.2）[①]。此罍斜沿较宽，厚方唇；折肩，肩沿向上收分形成肩面和颈部，轮廓内弧，肩面和颈部和缓过渡，过渡处饰两行圆圈纹带，两行圆圈纹布在三周平行的凸弦纹间，纹带浮凸于器表。从照片看，口沿下有两周深色平行线，或者是以织物封口的捆扎痕迹。

肩沿向下外弧收分并形成深腹。腹中饰三行圆圈纹并组的纹带，形式与肩部的相同。腹下接较高的圈足，足壁直而向下外斜。足分大体相当的上、下两段：上段均布三个倒凸形透孔，下段光素，似较上段略厚，形成了发掘报告所谓的"镂孔下有一周不太清楚的凸弦纹"。肩、腹圆圈纹带与盘龙城杨家湾罍YWH6:15和YWM11:34一致，而圈足透孔与罍YWH6:15相同，体现出二者的密切关系。

这件罍的铸造工艺信息未见披露，从照片看，肩部纹带中有明显垂直的铸造披缝，位置与圈足透空相应，说明其铸型沿三透孔垂直分型，是否曾沿肩沿分型，需要考察，但从肩沿棱角锐折而光滑均匀看，似乎没有水平分范。至于垫片的使用与否及分布，有赖X射线成像分析。

---

[①] 河北省文物研究所：《藁城台西商代遗址》，文物出版社，1985年，第129页，图七八.2，图版八八；《中国青铜器全集》（卷一），图一三四。

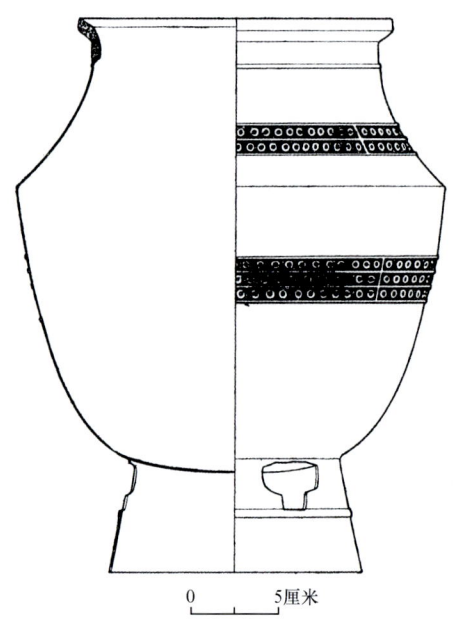

图 26.1　藁城台西罍 C:6 [引自《中国青铜器全集》（卷一）图一三四]

图 26.2　藁城台西罍 C:6 线图（引自《藁城台西商代遗址》图七八.2）

## 2. 长子北高庙罍

1971年底，农民施工在山西长子北高庙发现一批十五件青铜器，包括鼎、爵各两件，鬲、甗、瓿、罍各一件，兵器七件。考古学家随后的调查，认为出自商墓，年代属于商前期。

青铜罍形体较宽，通高260、口径180、腹径230、足径140毫米（图27）[①]。宽弧沿、尖唇外侈，口的开敞有若青铜尊，但略长的颈部微内弧而近直，具有罍之特征。折肩，肩沿锐折甚至局部突出。肩面较宽，但与颈部分界不明，内弧而和缓过渡，过渡处饰较宽的宽线夔纹带，由六组夔纹组成，内外侧的凸弦纹却颇为窄细。颈部中间饰三道平行的凸弦纹，纹线宽窄高低虽有出入，但整体基本一致。

肩沿向下收分和缓，腹部硕大，上腹饰三组宽线兽面纹组成的宽纹带，上下以圆圈纹带镶边。纹带上、下方各有一周凸弦纹，推测凸弦纹与纹带间曾涂敷颜料以衬托兽面纹。夔纹和兽面纹构图颇为规整，布局也严谨，肩部两组夔纹对应腹部一组兽面纹。

下腹所接圈足同样笔直而向下外斜，也分上下两段：上段均布三个不很规则的圆形透孔，下段素面但略厚。

此罍铸造工艺信息明确，腹部兽面纹组界上铸造披缝清晰，并与肩部两两成组，组界

---

[①] 郭勇：《山西长子县北郊发现青铜器》，《文物参考资料（3）》，文物出版社，1980年，第198～201页，200页图四；《中国青铜器全集》（卷一），图一二四。

上披缝位置一致，分型形式与藁城台西罍C:6相同。尽管二者形体和纹饰差异明显。

### 3. 济南大辛庄罍M139:3

2010年，济南大辛庄遗址发现一座大型墓葬M139，虽曾遭盗掘，在二层台东北角和西南角依然出土八件青铜容器，包括鼎与盉各两件，罍、卣、觯、爵各一件。

大辛庄罍M139:3，通高247、口径133、肩径195毫米，出土时内置一件青铜斗M139:10（图28）。器窄沿，圆唇，显得口略敞。颈壁微内弧，中饰两周凸弦纹，其间距略大。圆肩，肩面略上弧，饰一周目云纹带，由六幅三组宽线目云纹构成，以窄凸弦纹作边。三只较厚的板状圆雕牺首均布在肩面，但凸起高度不一，角和冠叠压着纹带，弧形宽吻则突出肩沿。牺首以螺线勾鼻头，臣字形眼中眼珠圆突，一对大角向两侧弧弯，角根凸起，造型颇接近阜南月儿河出土的兽面纹尊肩部的牺首，但规矩程度略逊色。深腹，腹壁外弧，饰宽兽面纹带，由三组正立宽线兽面纹和三组倒置较宽线兽面纹组成，窄凸弦纹作边。正立兽面在两牺首之间，倒置兽面纹的长吻正对牺首中间。每幅兽面纹为弧三角形，颇长的三角形纹有若蝉纹，正中起窄矮直棱纵贯纹带，鼻梁两侧饰立刀纹，臣字形眼中眼珠圆突，额以上的冠饰颇大，其正

图27 长子北高庙罍［引自《中国青铜器全集》（卷一）图一二四］

图28 济南大辛庄罍M139:3（郎剑锋教授惠供）

中为牌饰形，两侧立羽刀纹，再外勾云纹。眼角上出的S形是否兽身不甚分明。纹饰罕见。圈足不高，壁外弧微外撇，顶部一周均布三个不规则的椭圆形透孔，位于倒置兽面棱线下方。据发掘简报说"器壁内近肩部铸有两个桥形錾"，即桥形钮，横置①。结构十分独特。

---

① 山东大学历史文化学院考古系、山东省文物考古研究所：《济南大辛庄遗址138号商代墓葬》，《考古》2010年第10期，第3～6页，页5图三。发表的简报误将口径称为"3.3厘米"，推测为133毫米。腹内钮系郎剑锋教授惠告。

发掘简报未披露铸造工艺信息，从照片看，没有沿正立兽面的棱线分型，铸型很可能沿倒置兽面的棱线分，这样，三个透孔在分型面上，符合常型；但牺首也在分型面上，却有悖常规，可以推测牺首分铸。至于先铸抑或后铸，需要进一步CT分析探究，但腹内的两钮应该是开槽下芯法浑铸的。

风格和工艺两个方面都表明大辛庄罍M139:3很不寻常。

张昌平分析这件罍，指出牺首处于分型面，保留了较早的（二里岗期）技术特征，但圆肩、腹部六组纹饰带，是殷墟四期分法中第二期或之后的特点，认为两种现象并存是"一种发展的滞后现象"①。很明显，这件罍关乎技术与风格关系问题，涉及器物断代，下文将予以讨论。

这三件罍出自三地墓葬，各有特点，将在下文进行讨论。

## 八、安阳小屯青铜罍

因洹北商城的考古发现，可以推断那里是史书所载的盘庚迁殷之所，到武丁时才将都城迁徙至小屯，直至武王翦商。都于小屯是商晚期，都于洹北商城属中商阶段，而早年小屯发现的多座青铜器墓，位于小屯建筑基址之下，20世纪80年代殷墟四期划分中属于殷墟一期，个别被划为二期，现在看来皆应属中商晚期。小屯墓出土两件折肩罍，后来西区墓葬出土一件折肩罍，它们的年代均属中商。

### 1. 小屯罍R2058

此罍系1937年春早期安阳最后一次发掘品，出土于小屯丙组墓地M331，该墓出土各类器物412件，其中青铜器二十六件，包括容器十九件（觚、爵与斝各三，鼎、尊各二，甗、盉、罍、方卣、锅形器和勺各一）。

罍R2058，通高241、口径168、肩径213～226、壁厚2～3毫米，重3445克，容5285毫升（图29.1）②。口稍敞，窄斜沿，厚方唇外出，颈壁微内弧近直，中饰三周平行凸弦纹。

---

① 张昌平：《论济南大辛庄遗址M139新出青铜器》，《江汉考古》2011年第1期，第65～72页。
② 石璋如：《小屯（第一本：遗址的发现与发掘）丙编——殷墟墓葬之五：丙区墓葬》，史语所，1980年，第41～160页，69页插图二三，图版二〇、二四；李济、万家保：《殷墟出土伍拾叁件青铜容器之研究》，史语所，1972年，图版二五、五四.11。两文献均称此罍为瓿形器。郑振香和陈志达、杨锡璋和杨宝成都称之为尊，见郑振香、陈志达：《殷墟青铜器的分期与年代》，杨锡璋、杨宝成：《殷代青铜礼器的分期与组合》（中国社会科学院考古研究所：《殷墟青铜器》，文物出版社，1985年，第27～77、79～102页），岳洪彬相继认为其属青铜尊，但误作R2066（见岳洪彬：《殷墟青铜礼器研究》，中国社会科学出版社，2006年，第66页）。《中国青铜器全集》称罍（卷三，图七七）。李永迪：《殷墟出土器物选粹》称罍（史语所，2009年，第62页）。

折肩，肩面向下直斜，与颈部无明显界限，靠内饰一周纹带，由九幅三组宽线抽象动物纹组成，纹带以细凸弦纹作边。腹较深，外弧，饰两周纹带：深腹饰窄斜角目云纹带，亦九幅三组，宽线；中腹饰宽兽面纹带，由三组宽线兽面纹及其两侧填饰变体夔纹组成，以中间垂直的窄脊棱对称展开，兽面臣字形眼中眼珠突出，夔纹平铺。底微圜，圈足较矮，壁微外弧并向下略外斜，上段均布三个圆角长方形透孔，位于腹部兽面纹组界下，一周凸弦纹贯穿其中；下段饰一周勾连雷纹带，由二十七幅分三组构成（图29.2）。

图29.1　安阳小屯M331罍R2058（引自《殷墟出土器物选粹》62页）

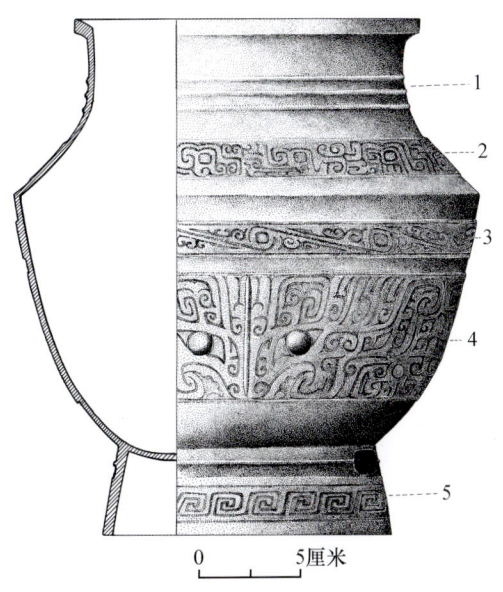

图29.2　小屯罍R2058线图（引自《小屯丙区墓葬》图版四三）

该罍肩、腹和圈足纹带尚遗有清晰的铸造披缝，位于腹部兽面纹带组界，铸型三分，圈足透孔位于分型面上。万家保认为肩沿锐折并突出，可能于此水平分范。肩部和圈足纹饰外面与器表平齐，万氏认为属于"刻画模纹"，颈部和腹部纹带略高于器表，万氏以为属"堆雕模纹"的表现方式。

### 2. 小屯罍R2061

这件罍是小屯M388中所出土十件容器之一，出土时肩、底小有残破，修复后通高244~246、口径141~166、肩径224~231、足径141、壁厚3~5毫米，重4340克，容积5050毫升（图30.1）[①]。

---

[①] 石璋如：《小屯（第一本：遗址的发现与发掘）丙编——殷墟墓葬之五：丙区墓葬》，史语所，1980年，第206~257页，218页插图七二，图版一五七、一五八；李济、万家保：《殷墟出土伍拾叁件青铜容器之研究》，史语所，1972年，图版二三、五四.13。两文献均称此器为瓿形器。《中国青铜器全集》（卷三），图七八。

罍 R2061 斜沿、方唇外出，显得口敞。束颈，颈壁向上略内斜，外饰三周凸弦纹。折肩，肩较宽，向下斜并微下弧，饰宽目云纹带，由六幅三组略宽线目云纹组成，两侧以圆圈纹镶边。肩面均布三只浮雕牺首，兽角叠压着肩部纹带并打破圆圈纹带，兽眼位于肩沿，口鼻下折搭在上腹，并叠压着上腹纹带（图30.2）。

图30.1　安阳小屯M388罍R2061［引自《中国青铜器全集》（卷三）图七六］

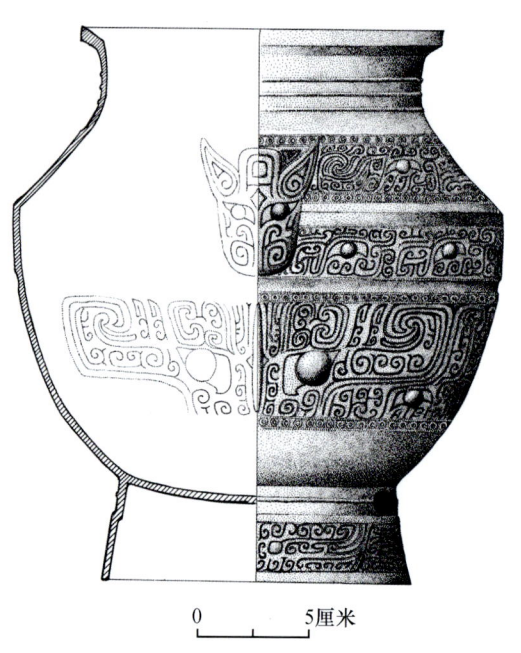

图30.2　小屯罍R2061线图（引自《小屯丙区墓葬》图版一五八）

腹较深，壁略外弧，饰两周纹带：上腹饰略窄的纹带以窄凸弦纹作边，由十二幅三组较宽线不规则目云纹构成，肩部牺首下颏压在纹带上，接近纹带下栏。中腹饰宽兽面纹带，由三组较宽线兽面纹与两侧填饰变体夔纹构成，上、下以圆圈纹带镶边。兽面以窄矮脊棱为对称展开，只有一双臣字形眼可辨，圆眼珠突出，眼外长身横伸再上折并回勾。底微圜，其下圈足壁直向下外斜，分上下两段：上段约占高度三分之一，均布三个不规则长方形透孔，位置在腹部兽面纹组界下，一周凸弦纹贯穿其中；下段约占高度三分之二，饰三组较宽线长身兽面纹构成的纹带，位置与腹部兽面纹一致，以平的凸弦纹作边（图30.3）。

万家保分析此罍的铸型，沿兽面纹组界三分，圈足透孔位于分型面上。三牺首在各自范中间，与之相应的内壁稍稍凹入①，那是因此处较厚、凝固形成的缩孔，因此，牺首浑铸

---

① 李济、万家保：《殷墟出土伍拾叁件青铜容器之研究》，史语所，1972年，图版二三。

成形。牺首上没有披缝，应该是以活块范成形的①。也是因为三个跨肩的牺首，此罍不可能在肩沿将铸型分上下段。

### 3. 小屯罍R2056

该罍出自小屯南组墓M232，那是一座中型墓，1936年冬发掘，墓主似乎为中组和北组墓葬的居首人物。罍是随葬十件容器之一，通高253、口径202、肩径255、足径150、壁厚2.0～2.5毫米，重4300克，容积7607毫升（图31.1、图31.2）②。

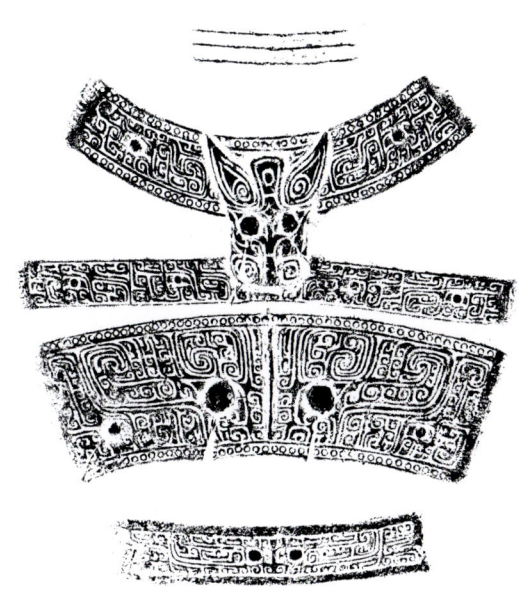

图30.3　小屯罍R2061拓片（引自《小屯丙区墓葬》218页图七二）

罍R2056圆沿，圆唇外出，显得口敞。束颈，颈壁较直，中饰两道凸弦纹。圆肩，肩面向下斜直，内侧饰一周夔纹带，由九幅三组宽线兽面纹组成，凸弦纹作边。腹壁外弧，饰宽兽面纹带，由三组兽面纹及其两侧填饰宽线夔纹构成，细凸弦纹作边。兽面纹和夔纹都是臣字形眼，眼珠均圆突，只是夔纹眼和眼珠略小而已，兽面鼻头两侧嘴角深咧，露出三角形牙齿。底平，圈足壁微外弧，上段的三分之一均布三个近似椭圆形透孔，位于腹部三组兽面纹组界下，为一周凸弦纹从中穿过；下段三分之二饰窄目云纹带，由六幅三组宽线目云纹组成，以凸弦纹作边。

罍的纹带上有清晰的铸造披缝，沿腹部兽面纹组界三等分型，圈足透孔在分型面上（图31.3）。肩部和圈足纹带几乎与器表平齐，只有眼珠突出，腹部纹带微浮凸器表，但眼珠颇突出。

20世纪30年代安阳小屯墓地出土四件罍，一件具有南方风格，再另文讨论。本文所及三件，罍R2056体态敦矮，另外两件近乎其形；罍R2058大口，与另外两件的略小口有别，但口径均相对大于前述小口罍，反映出洹北期青铜罍具有较大口的特性，

---

① 关于活块范，可参阅对西周早期伯双耳方座簋及伯格卣和尊的分析。见苏荣誉等：《彊国墓地青铜器铸造工艺考察和金属器物检测》，《宝鸡彊国墓地》，文物出版社，1988年，附录二，第530～638页。
② 石璋如：《小屯（第一本：遗址的发现与发掘）丙编——殷墟墓葬之三：南组墓葬附北组墓葬补遗》，史语所，1973年，第1～73页，29页插图八，图版一三、一四；李济、万家保：《殷墟出土伍拾叁件青铜容器之研究》，史语所，1972年，图版二四、五四.9。两文献均称此器为瓿形器。岳洪彬称之为尊（见岳洪彬：《殷墟青铜礼器研究》，中国社会科学出版社，2006年，第66页）；李永迪：《殷墟出土器物选粹》称罍（史语所，2009年，第63页）。

图31.1 安阳小屯M232罍R2056（引自《殷墟出土器物选粹》63页）

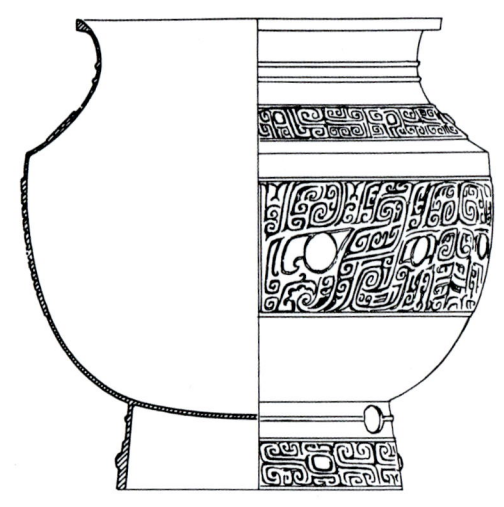

图31.2 小屯罍R2056线图（引自《殷墟出土伍拾叁件青铜容器之研究》图版五四.9）

图31.3 小屯罍R2056（引自《殷墟出土伍拾叁件青铜容器之研究》图版二四）

蕴含着早期青铜罍走向衰退的趋势而逐渐与青铜瓿合流。

装饰上，三件罍都是满装，肩部、腹部和圈足都装饰纹带，而在圈足全部装饰纹带已经定型。M388罍R2061肩部装饰牺首，在早期青铜罍中为数不多，却是早期中原青铜尊的惯常做法，而且与那些尊的牺首高度一致，也体现了罍与尊的紧密联系。

因此，要在此简单讨论一下小屯M333出土的另一件容器R2059，出土时被压扁，口破裂残缺（图32.1），修复后仍旧残缺。通高274～276、口径180～200、肩径255、足底径141、壁厚3～5毫米，残重3345克，容积5630毫升，发掘报告将其归为瓿[①]。但修复图（图32.2）明显表现出肩沿、方唇，口侈，口径虽小于肩径，但大敞口应归属尊。

---

① 石璋如：《小屯（第一本：遗址的发现与发掘）丙编——殷墟墓葬之五：丙区墓葬》，史语所，1980年，第161～205页，178页插图五七，202页插图六七.2，图版一二六、一二七。

 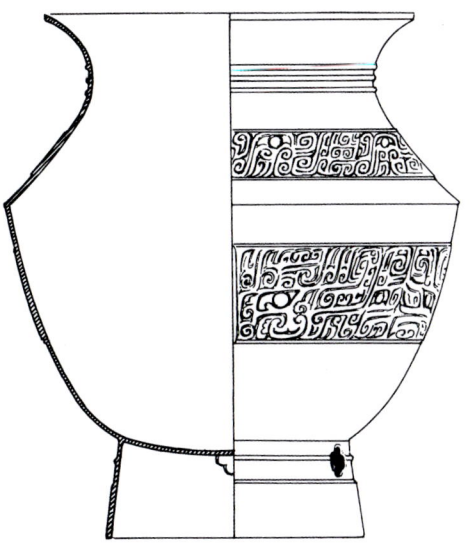

图 32.1　安阳小屯 M333 尊 R2059（引自《殷墟出土伍拾叁件青铜容器之研究》图版二六）

图 32.2　小屯尊 R2059 线图（引自《殷墟出土伍拾叁件青铜容器之研究》图版五四.10）

## 九、传世的早期青铜罍

中国考古始于20世纪早期，由外国学者作先导，中国学者踵其后，1928年安阳考古标志着考古学在中国的建立。此前各地出土的青铜器，虽是珍贵的艺术品，难以统计数量，王公和士大夫所搜藏的，只有一部分见诸著录，甚至是比重不很大的部分。在历史长河中，青铜器遭遇多次厄劫①，仅小部分得以流传后世。本文所见和所著录的几件商早期青铜罍，也是讨论该主题的材料。

### 1. 清宫藏罍

清宫旧藏的一件罍，曾著录于《西清续鉴乙编》（图33.1），以为是瓶，称"周蟠夔瓶三"。后来归藏北平古物陈列所，为容庚所著录（图33.2）。通高七寸八分，口径五寸一分②。颈较短，微内弧，折肩饰一周凸弦纹，口略侈，圆唇；圆肩，深腹，肩、腹各饰一周兽面纹带，且都以圆圈纹带镶上下边，矮圈足饰两周凸弦纹。虽然《西清续鉴乙编》的绘图失真不少，但却清楚表现出矮圈足上均布三个透孔，一周凸弦纹穿过其中。然而，铸造工艺信息没能表现，推测也应是三分铸型。

---

① 容庚：《商周彝器通考》，哈佛燕京学社，1941年，第227～229页。
② 王杰等：《西清续鉴乙编》（卷一六），一五页，北平古物陈列所据宝蕴楼抄本石印本，1931年；容庚：《商周彝器通考》，哈佛燕京学社，1941年，第450页，附图七九五。

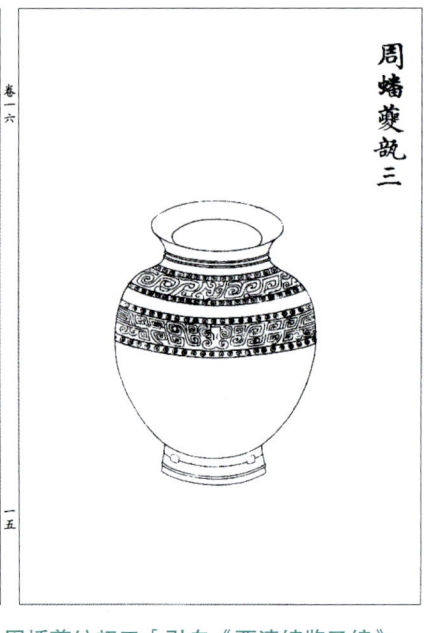

图 33.1　周蟠夔纹瓿三 [ 引自《西清续鉴乙编》（卷一六）15 页 ]

图 33.2　清宫藏罍（引自《商周彝器通考》附图七九五）

## 2. 泉屋博古馆藏罍

前揭京都泉屋博古馆收藏的一件青铜罍（彝五六，图 34.1），下腹残碎较多（图 34.2、图 34.3），经古董商补配修复后通高 246、口径 175 毫米，重 3940 克。滨田青陵认为此罍兽面纹与住友氏收藏的一件瓿（藏品号：彝五五）相同，实则差别甚大；但他指出罍口内铭

图 34.1　泉屋博古馆罍（引自《泉屋博古——中国古铜器编》59 页）

图 34.2　泉屋博古馆罍三维图（引自《泉屋透赏》图五五.1）

图 34.3　泉屋博古馆罍三维剖面（引自《泉屋透赏》图五五.2）

"疑作父乙宝尊彝"系后来伪刻，恰当，并疑其为周器[①]。容庚则认为器名为"饕餮纹瓿"，同时指出《博古图》的周饕餮罍与此器略相似，称罍。伪刻铭文第一字为"迂"。梅原末治认为器名为"饕餮虺龙纹瓿"，纹饰与安阳出土器相同[②]。

此罍斜沿，方唇，唇沿外侈；短颈，颈壁微内弧，中间饰两周凸弦纹；斜肩甚宽，饰夔纹带，两侧以圆圈纹带镶边；折肩，深腹，腹部饰上下三重纹带：肩沿下和下腹各饰窄目云纹带，但眼目相错排列，两纹带之间，中腹饰宽兽面纹带，兽面纹两侧填饰夔纹；底下的圈足，壁微外弧，顶部均布三透孔，形状不规则，一周凸弦纹贯穿其中，其下饰兽面纹带；兽面纹和目云纹均宽线平铺，浮凸于器表，眼珠均高浮凸。新图录称其为尊，认为器形和纹饰具有中商和晚商特点，进而指出兽面纹冠的羽刀纹具有晚商早段特色，当是将其年代定在商后期的缘由[③]。

此罍的正面照片，虽然兽面纹正中有纵贯中腹纹带的脊棱，且与圈足纹带兽面纹在同一垂线，但深腹窄纹带和肩部纹带不在此垂线分组（见图34.1），披缝不会设在这个位置。三维图（见图34.2）表现出穿过纹饰组界及圈足透孔的披缝，说明铸型在透孔三分。CT扫描测出器壁薄至1.8～2.0毫米[④]，X射线影像表现出壁厚均匀，纹线深度一致。在肩沿和下腹设有垫片，个别垫片脱落形成空洞，修复曾以有机物堵塞（图34.4）。

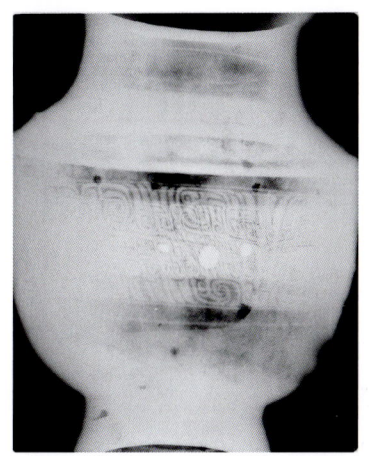

图34.4　泉屋博古馆罍X射线影像（泉屋博古馆惠供）

### 3. 国家博物馆藏罍

中国国家博物馆2008年购藏一件商早期青铜罍（藏品号：C5.3848），通高300、口径226、底径200毫米（图35）。斜沿，厚方唇外出。束颈，颈壁微内弧，中饰两周平行凸弦纹。折肩，宽肩面向下直斜，靠内饰宽变体夔纹带，由六幅三组较宽线变体夔纹构成，细凸弦纹作边。深腹腹壁外弧，上腹饰九幅三组变体夔纹带，凸弦纹作边；下腹饰宽兽面纹带，由三组兽面纹及其两侧填饰的变体夔纹组成，兽面纹中间有脊棱纵贯，纹饰以之对称展开。圈足壁向下斜直，顶端四分之一高度均布三个透孔，有方形也有不规则形状，位于兽面纹组界之下，其下饰较宽夔纹带，由六幅三组变体夔纹组成。肩、腹和圈足纹带都是较宽线平铺而成，均为臣字形眼，眼珠圆突。纹线中填有颜料以凸显纹饰。新编图录确定

---

[①]《删订泉屋清赏》，住友吉左卫门，1934年，No. 63；容庚：《海外吉金图录》，考古学社，1935年，图一〇二。

[②] 梅原末治：《新修泉屋清赏》，泉屋博古馆，1971年，第41、42页，图版一八。

[③] 泉屋博古馆：《泉屋博古——中国古铜器编》，泉屋博古馆，2002年，第59页。

[④] 泉屋博古馆、九州国立博物馆：《泉屋透赏——泉屋博古馆青铜器透射扫描解析》，科学出版社，2015年，第178、179页。

图35 国家博物馆藏罍（引自《中国国家博物馆馆藏文物研究丛书·青铜器卷·商》173页）

其年代在二里岗晚期到中商晚期[①]。

### 4. 周饕餮罍

宋《博古图》卷七著录一件罍称"周饕餮罍"（图36），录文如下：

> 右高九寸六分，深七寸六分，口径八寸三分、腹径一尺一寸一分，容二斗二升四合，重九斤四两。无铭。罍于酒器中所容最多，故释器者云受一斛。此器所容但五分之一，岂罍之一类者亦自有等差小大耶？又《诗》云金罍，盖未必以黄金为之，以五金皆金耳。

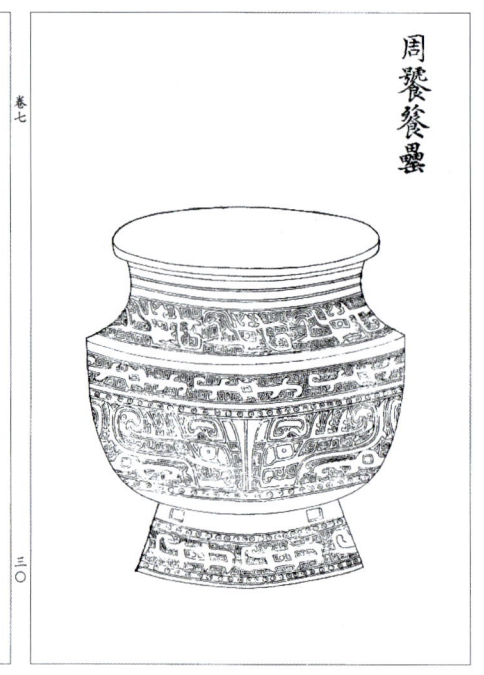

图36 周饕餮罍〔引自《博古图》（卷七）30、31页〕

---

① 中国国家博物馆：《中国国家博物馆馆藏文物研究丛书·青铜器卷·商》，上海古籍出版社，2020年，第173页。

此罍中诸器中特为精致，高古可以垂法后世，于是诏礼官其制作为之楷式以荐之天地宗庙，使三代之典炳然还醇见于今日，亦稽古之效也。①

这四件青铜罍三件藏于博物馆，一件下落不明。清宫旧藏的一件圆肩（图 33.2），最大腹径不在肩、腹结合处，而下移些许到上腹纹带。肩面纹带和腹部纹带均平铺，眼珠也不突出，并以圆圈纹带镶边，具有早期特点。圈足矮而壁向外直撇，具有后期兴起的圆肩三耳罍取向。其余三件罍均属折肩式，国博藏罍和《博古图》罍腹部都饰两周纹带，圈足也饰纹带，表现出纹饰的一致性，而泉屋博古馆藏罍腹部装饰三周纹带，更趋繁复。这组罍的风格格局与殷墟小屯出土罍一致，铸造工艺相同。

## 十、罍在晚商殷墟的变体

前文罗列的商前期罍，除小屯 M232 出土罍 R2056 外，均是折肩、口小或略小、深腹、圈足的形式，与该时期流行的大口折肩尊接近，功能上，便于封口以盛贮酒浆，与大口尊只能呈献酒浆功能不同。这是早商和中商的格局。

但到晚商青铜罍器形出现了重大变化，小口、圆肩并具有双耳、深腹并在下腹置一耳、平底和内圜底形式，即朱凤瀚划分的 B 型迅即成为主流。这一变化出现于中商晚期，形成于晚商早期，并取代了前期的折肩罍。在晚商早期到西周早期阶段，横截面方形的这类罍出现在高等级墓葬中。

### 1. 小屯罍 R2076

1936 年冬发掘的小屯北组墓葬中的 M238 是一座小型墓，墓口 1960 毫米 ×1250 毫米，墓中有遗骸五具，出土青铜器三十九件，其中容器十二件，包括觚、爵各三件，方彝两件，斝、罍、壶、卣各一件。其中罍 R2076 出土时多处残破，发掘报告指出是打碎瘗埋的，修复后通高 362～364、口径 148、最大腹径 300、底径 148、壁厚 3～4 毫米，残重 8860 克，容积 15650 毫升（图 37.1）②。

此罍小口，尖沿略侈，方唇；短颈，颈壁微内弧，饰一周细线云纹带，由六组纹饰构成，一细凸弦纹作边。肩宽，外弧，与颈交界明显而与腹平滑过渡。肩部饰两周纹带，内圈较窄，

---

① 王黼：《博古图》（卷七），三〇至三一页，清乾隆十八年天都皇晟亦政堂修明万历二十八年万化宝古堂刻本。
② 石璋如：《小屯（第一本：遗址的发现与发掘）丙编——殷墟墓葬之一：北组墓葬》，史语所，1970 年，第 376～402 页，218 页图七二，图版一五七、一五八；李济、万家保：《殷墟出土伍拾叁件青铜容器之研究》，史语所，1972 年，图版六、五二.8。

由六组细线目云纹组成,细凸弦纹作边;外圈为甚宽的夔纹带,由八组略宽线夔纹、细线云雷底纹构成,略宽凸弦纹镶边;一C形兽耳对置在夔纹带上,纵跨纹带,除角面及角间细线填纹外,余仅具轮廓。深腹,腹部饰三周纹带。肩夔纹带下饰一头双身夔纹带,六组夔纹以较宽线平铺,空白处填细线云雷纹。中间饰窄云纹带,其下垂一周三角形兽面纹,兽面以较宽线平铺,余填饰细线云雷纹。下腹另置一耳,形与肩耳相同。平底无圈足(图37.2)。

 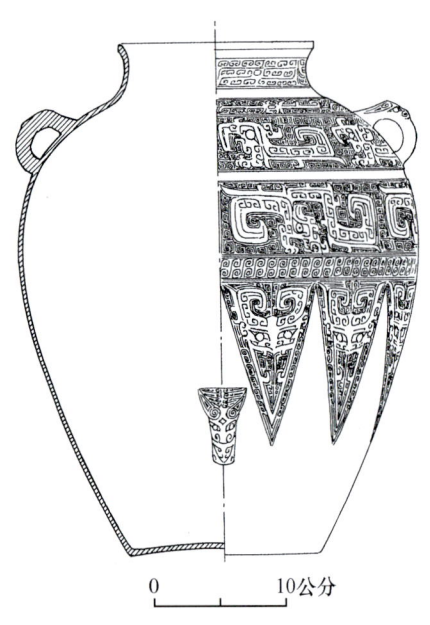

图37.1　安阳小屯M238罍R2076(引自《殷墟出土伍拾叁件青铜容器之研究》图版六)

图37.2　小屯罍R2076(引自《殷墟出土伍拾叁件青铜容器之研究》图版五二.8)

该罍遗有明确铸造工艺信息,三等分披缝说明铸型垂直三分,披缝位于纹饰组界,与诸罍相同。而此罍的三耳,均浑铸成形,耳下还有两道泥芯与范结合形成的披缝痕迹,说明也是"活块范"嵌入铸型铸造的(图38)。

罍R2076的特征明显,与前揭诸罍判然有别。造型上首先没有圈足,省材亦节省工,说明其功能明确为贮存之器,不在乎表现其高大。就贮存论,容积很大,容积15650毫升,较之比其高的贯耳壶R2074(通高376毫米,容积9670毫升)[①],容积高出62%。其次是圆肩,造型上可能受陶罐或陶瓮的影响,此前酒的重要容器应当是陶器。圆肩上设一对兽耳,会便于提携,而下腹的一只耳也可提起以便将器内液体倾出。无论罍实用与否或者在多大程度上实用,结构的演化确倾向于实用。这可能是该类型在商晚期开始流行,两周沿袭并再度据以演变的核心。

装饰上的重大变化是满器纹饰,求精致与华丽的倾向明显。纹饰平铺,以较宽线勾

---

① 李济、万家保:《殷墟出土伍拾叁件青铜容器之研究》,史语所,1972年,图版三二。

肆　平陆前庄青铜罍与商早期青铜罍——兼论青铜罍与尊之别 | 169

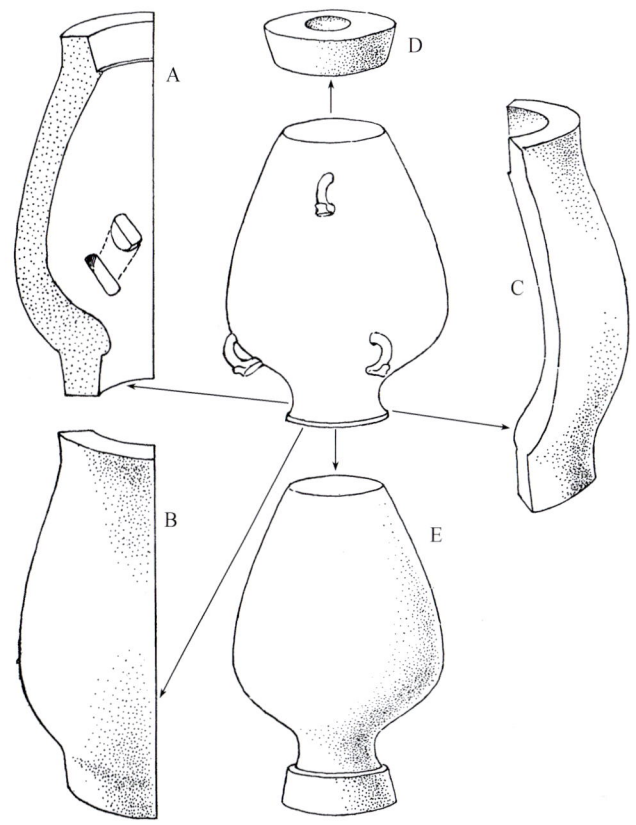

**图38　青铜罍R2076铸型复原（引自《殷墟出土伍拾叁件青铜容器之研究》31页图一五）**

所谓的主体纹样，以细密云雷纹填空或作底纹，以纹线的变化表现层次。与商早期的以纹线高低表现层次不相同，结合同出的诸器都具有中商特征，此罍的年代也应属于中商洹北期。

### 2. 小屯圆肩小口罍M18:37

1977年，在安阳小屯发掘的M18颇为重要。该墓在妇好墓东南22米，也是长方形竖穴式，棺椁经多次髹漆，但已糟朽，殉人五、狗二。墓中随葬品九十件，包括四十三件青铜器，其中礼器二十四件，十三件铸铭，多"子渔"。容器中包括两件尊和一件罍，尊是典型的大口折肩尊，肩部饰三个圆雕牺首。

罍M18:37，通高330、口径116、底径120、壁厚5毫米，重6000克（图39.1、图39.2）[①]。器小口，窄斜沿，无唇，颈壁直微内弧，饰两周平行凸弦纹。圆肩较阔，对设C形兽耳，

---

① 中国社会科学院考古研究所安阳工作队：《安阳小屯村北的两座殷代墓》，《考古学报》1981年第4期，第491～517页，图八.2，图版一二.2；中国社会科学院考古研究所：《殷墟青铜器》，文物出版社，1985年，No.154，图五七.1。

图39.1 安阳小屯罍M18:37（引自《殷墟青铜器》图版一五四）

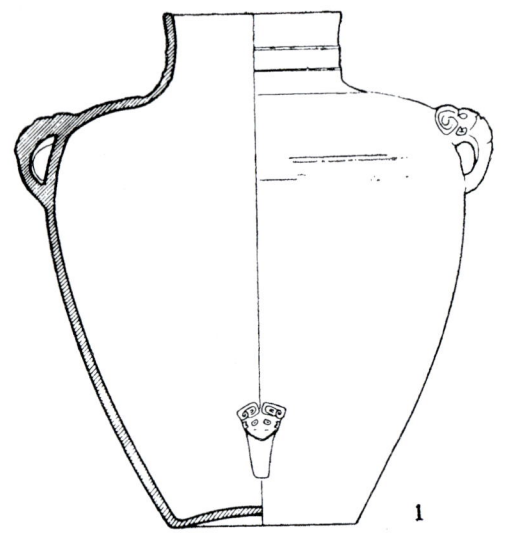

图39.2 小屯罍M18:37（引自《殷墟青铜器》图五七.1）

图40 安阳大司空罍SM539:22（引自《殷墟青铜器》图版一七一）

深腹腹壁外弧并向下收束，下腹与双耳垂直方向另设一同样的兽耳，底内圜。

此罍素面，通体不见任何工艺信息，在小屯M18随葬青铜礼器中似乎绝无仅有，颇不寻常；相对于同出青铜尊M18:4和子渔尊M18:13的满器纹饰，更显突出。可以怀疑此器表曾满布绘纹，纹样也许接近小屯罍R2076，为此，才对器表进行了仔细打磨抛光。与之相同的一件罍（SM539:22）于1980年出自大司空墓M539，仅形体略大（通高343、口径125、底径130毫米，图40）。发掘报告认为墓葬年代与小屯妇好墓和M18相近，推测墓主人属"出"族，具有"亚"爵，担任寽职①。

罍M18:37结构上的独特在于无唇，较之前揭诸罍大不相同，这种结构便于设外扣形盖，纳颈密闭。盖的材质不明，或早遗失或为木质已糟朽。

---

① 中国社会科学院考古研究所安阳工作队：《1980年河南安阳大司空村M539发掘简报》，《考古》1992年第6期，第509～517页，图一三.4，图版四.3。

发掘简报确定墓主年代为殷墟四期划分中的第二期。由于洹北商城的发现和对中商阶段认识的深化,认为小屯是武丁时期开始营建的都城,商代晚期始于此,原四期划分的第一期划为洹北期,小屯妇好墓和M18均为晚商早期。

罍M18:37与R2076形一致但有差别,正反映了这件罍向圆肩罍转变的格局,具有相应的多样性。

### 3. 妇好方罍

1976年殷墟小屯妇好墓出土妇好方罍两件一对(图41.1、图41.2),造型与藤田方罍相近,但纹饰和附饰有不少出入。两件罍均有盖,造型、纹饰和大小、轻重均一致,微小的差别在于方罍M5:856底中部和盖内侧壁均铸铭"妇好",M5:866内底铸铭"好"而盖内侧壁铸铭"妇好"。M5:856通高525、口159×133毫米,重14.8千克[①]。

图41.1　妇好方罍(笔者摄)

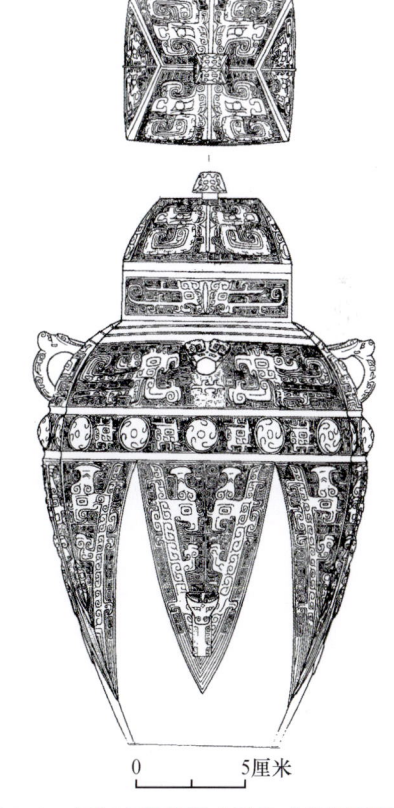

图41.2　妇好方罍线图(引自《殷墟青铜器》图一八.2)

---

① 中国社会科学院考古研究所:《殷墟妇好墓》,文物出版社,1980年,第67页,图版三二.1,图三五.7、8;蔡玫芬、朱乃诚、陈光祖:《商王武丁与后妇好:殷商盛世文化艺术特展》,台北故宫博物院,2012年,第125页。

妇好方罍长颈，截面长方形。口上扣盝顶式盖，圆肩，深腹，没有扉棱饰，肩部两侧兽耳不衔环，无圈足。盝顶式盖钮为方柱短，等等。盖面的纹饰属浅浮雕式三层花，前后面倒置的兽面纹中间有一凸起的脊棱，兽面纹依之对称展开，一副巨大的虺形卷角，高度占据一半，角梢翘起；兽面宽鼻头，两侧嘴角深咧，上有臣字形小眼，眼珠突出，两侧尖叶形小耳，无兽身兽足。颈部四面中心也有窄矮脊棱，两侧平铺双身夔纹组合成兽面纹，夔纹上身长尾向上回勾，下身出歧，头顶有T形花冠。整个纹带平铺，脊棱和眼珠突出，兽面勾线略宽，与细线云雷底纹易于分辨。

肩截面为弧边长方形，四边向外微弧鼓，四角呈小圆角过渡，前后面长而两侧面略窄，肩纹带与附饰也有所不同。纹带是双身夔鸟纹，有大勾喙，脑后有C形缨，上身尾上折回勾与之呼应，下身出歧，粗壮鸟足踞而前伸，利爪张开。前后面居中设圆雕牺首，其高不足纹带宽度之半。侧面饰同样纹带，其中间设兽耳，上面的兽头宽鼻，臣字眼，小眼珠圆突，两侧张开小耳，额中勾菱形，头顶一对高浮雕大角伸向罍肩，角饰鳞纹，两角间填细雷纹。纹带布局意图在强调纹饰的水平分层，格局在二里岗晚期已定型，但在中商时代的南方风格个别器物，试图建立上下联系，四羊方尊即是一件实例[①]。

妇好方罍的腹部纹饰变化更大，由上腹的涡纹、目纹带和腹部的对夔蕉叶纹组成。上腹纹带窄，突出的圆涡纹几乎与之等宽，与之相间而布的为目纹，几乎平铺。前后面布涡纹五而两侧面布涡纹四。下面八组对夔蕉叶纹分布在四角和四面中心，夔纹高浮雕，一对均有勾喙，长圆形眼珠突出，上有勾眉，头顶有大长颈鹿角。身中在内侧出鸟腿，张爪，尾相交；后面下腹的蕉叶尖内也设一C形兽耳。罍腹下段光素，收而出底。底微内圜。此罍装饰上不仅满工，且三层花纹饰辅以圆雕牺首、圆雕耳，富丽堂皇。妇好是商王武丁的配偶，墓中随葬青铜器铭为妇好者，当属自作器，为晚商早期的王室标准器[②]。

上述三件罍，妇好方罍和小屯罍M18:37属于晚商（殷墟）早期，M238的年代长期被认为属于殷墟四期划分的二期，但很可能更早，当不晚于妇好墓，似与M232、M388、M331、M333年代相同，属于洹北期，即中商晚期器。这样，小口圆肩无圈足罍出现于中商晚期即洹北期，并且在肩部设一对耳，下腹另设一只耳。这类罍在殷墟定型，代表作即是晚商早期的小屯罍M18:37和大司空罍SM539:22，经晚商的发展（如亚醜罍），西周繁荣（如彭县竹瓦街窖藏罍）[③]，在春秋战国演变为瓿和缶。此外，还在殷墟早期与中商方罍

---

① 苏荣誉：《商代青铜羊尊的艺术与技术研究》，《湖南考古辑刊（第十五集）》，科学出版社，2021年，第210~239页。

② 苏荣誉、童凌骜：《藤田美术馆藏四件商代青铜器研究》，收入苏荣誉：《中国青铜技术与艺术（丁酉集）》，上海古籍出版社，2019年，第77~210页。

③ Liu Yang.Ya Chou Lei: A Unique Late Shang Wine Vessel at Mia from the Former Qing Imperial Collection. Orientations, 2022, 53(5): 2-11；彭县竹瓦街出土多件罍，孙华概括为"列罍"现象，见孙华：《巴蜀文物杂识》，《文物》1989年第5期，第39~46、30页。

结合，演变出妇好方罍形式，这类方罍在晚商和西周早期持续发展，但在西周中期式微[①]。特别有趣的是，这两类罍的定型，迅即取代了折肩罍和少量的圆肩罍，那些罍当然属于早期，即本文所论及的对象。

在各类青铜器的演变中，如此清楚的类型转变罕见，具有典型意义，虽然对为何如此截然演变的原因还茫然无知。

## 十一、商早期罍型式与年代分析

对上述二十五件商前期，即殷墟之前青铜罍的逐一解析，可将其归纳如下。

颈直或内弧，斜沿，方唇外出，小口微敞。折肩或圆肩为器最横宽处，折肩居多，圆肩少见。肩面多弧面，与颈无分界。肩面纹带多九幅三组目云纹或变体夔纹，也有六幅三组或十二幅三组者。个别在肩部饰牺首。深腹，多饰一周兽面纹带，由三组兽面纹及其两侧填目云纹组成。圈足多分上下两段，上段一周均布三个透孔，十字形居多，也有倒凸形，椭圆形等，下段加厚，个别饰一周纹带，由三组兽面纹或六幅三组目云纹组成。纹饰的配置总是三分，和铸型划分相一致，牺首、透孔也都是三分配置，和三足类青铜器和其他圆形青铜器如盘、瓿相同。三分的铸型和附饰、纹样，构成了稳定的关系，只有在结构发生很大变化，如设双耳等，才会随之演变为对分或四分格局。

对其中若干普遍或特殊因素作进一步分析，才可揭示某一侧面的问题，汇总起来，或者可以讨论年代、铸地、功用等这些本质问题。

**1. 体态瘦高与敦矮**

青铜罍的纵向结构为三段式，肩上的颈与口、肩下的腹、底下的圈足，横截面均为圆形，少数方形者与南方风格青铜器联系紧密，将另文讨论[②]。需要说明的是，无论考古报告还是传世品的图录，很少给全罍的三段结构的尺寸数据，甚至只有一个尺寸者，不利于仔细讨论器物体态。本文只能根据照片作粗略讨论。附带说明一下，青铜器研究专著和论文中，有学者偏爱线图，但其准确性堪虞[③]。

青铜罍的体态，常型之外分敦矮和瘦高两个特型。

敦矮型罍的高宽比接近一，如盘龙城城垣罍CYM1:7（见图15.1）、郾城拦河潘罍A

---

① 苏荣誉、段西洋：《商代南方风格青铜罍研究》待刊。
② 同①。
③ 对此，只要比较郑州二里岗罍豫1615（图11.1与图11.2）、城固火疙瘩罍1981（图25.1与图25.2）、安阳小屯M232罍R2056（图31.1与图31.2）、小屯罍M18:37（图39.1与图39.2）就不难理解。早期图录出入更大，如《西清续鉴乙编》周蟠夔纹瓿（图33.1与图33.2）

（见图22）和安阳小屯M232罍R2056（见图31.1），泉屋博古馆藏罍（见图34.1）接近这个类型。这类罍均短颈，折肩向下直斜，圈足较矮，且均饰纹带。它们的形态和纹饰虽具有高度的一致性，但它们的出土地却包括黄陂盘龙城、安阳小屯、藁城台西，说明它们很可能出自同一作坊的同一组铸工之手，泉屋博古馆罍也可作如是观。这种敦矮形态，通常被认为年代略晚，但论者多含糊其辞，现在可认为属中商中期前后。然而，这个断代若成立，盘龙城城垣M1的年代会晚至中商中期，与整个遗址年代矛盾。因此，可以认为盘龙城城垣罍是这个类型中最早者，年代在二里岗晚期，其铸工的后继者在中商铸造了另外三件罍。

敦矮型青铜罍与青铜瓿特别是南方风格类型瓿密切相关。

本文论及的青铜罍中有三件属于瘦高型：盘龙城杨家湾出土YWH6:15和YWM11:34两件（见图17.1、图18.1），藁城台西出土一件C:6（见图26.1）。郑州向阳回族食品厂窖藏罍XSH1:5、盘龙城王家嘴罍WZM1:2也属于瘦高型（见图9.1、图14.1）。事实上，在早期青铜尊中，也有瘦高型，一件收藏在多伦多皇家安大略博物馆，通高349毫米（图42）①。这也是尊、罍两类器物形体相通的一个例证。

图42　安大略皇家博物馆尊［引自《中国青铜器全集》（卷一）图一〇八］

### 2. 折肩与圆肩及牺首的有无

早期青铜罍中，多数折肩，圆肩很少。本文搜罗的二十五件中，只有济南大辛庄罍M139:3（图28）和清宫旧藏罍（见图33.2），而折肩不很明显近乎圆肩的罍，则有安阳小屯M232罍R2056（见图31.1）和泉屋博古馆罍（见图34.1），这类罍不见于郑州商城和黄陂盘龙城，暗示了圆肩和近于圆肩罍较晚的态势。而大辛庄罍应当是这类之中较早的一件。

圆肩尊的情形与罍相同，在早期也颇稀见。城固火疙瘩1980年窖藏出土一对圆肩尊，其口径甚至小于肩颈（通高分别242毫米和247毫米、口径176毫米和182毫米）②，与同出的大口折肩尊的超大口相比，十分突出且另类。

---

① 《中国青铜器全集》（卷一），文物出版社，1996年，图一〇八。
② 曹玮：《汉中出土商代青铜器》（第一卷），巴蜀书社，2006年，第46～51页；《中国青铜器全集》（卷一），文物出版社，1996年，图一〇九～图一一一。

与尊的比较，说明圆肩深腹容器的出现有相当的偶然性。

罍有少数肩部饰牺首者，如郑州向阳回族食品厂窖藏罍XSH1:5（见图9.1）、济南大辛庄罍M139:3（见图28）和安阳小屯M388罍R2061（见图30.1）。

本文所论青铜罍中，只有小屯M388罍R2061肩部有牺首饰，而且牺首浮凸很低，接近于1967年郑州人民公园尊（C7:豫0861，图43），属于浮雕，远不及郑州商城向阳回族食品厂窖藏所出土的两件兽面纹尊牺首高起，属于半圆雕（图44.1、图44.2）[①]。就构图而言，向阳回族食品厂窖藏罍肩部牺首阔面、尖吻，臣字眼，几字形冠两侧勾立刀，两侧设弧弯内勾的角，角面勾随形线（见图9.3上）。大辛庄罍的构图与之高度一致（见图28），反映了二者产地的一致性或关联性。但小屯罍R2061则与二者不同，宽弧形吻，面部勾云纹，臣字形眼中眼珠高突，额中勾菱形纹，几字形冠中勾纹线，两侧向上弧形斜一对大角。角面勾随形线，角根勾螺线（见图30.1），表现出与向阳回族食品厂窖藏尊的一致性。

图43　郑州人民公园尊C7:豫0861［引自《中国青铜器全集》（卷一）图一〇七］

图44.1　郑州商城向阳回族食品厂窖藏尊XSH1:3［引自《中国青铜器全集》（卷一）图一〇六］

然而，与南方风格罍的外挂管状牺首相较，圆雕、立体甚至张扬，差别鲜明[②]。

牺首（或称兽首），是指铸造于青铜器上的兽首形浮雕或圆雕形装饰，也会装饰在器鋬或与之合二为一。在早期青铜器上，尊、罍和瓿的肩部是先出现牺首装饰的器类。郑州商早期的二里岗期文化中，向阳回族食品厂窖藏发现的两件大口尊XSH1:3、XSH1:4和罍

---

[①]《中国青铜器全集》（卷一），文物出版社，1996年，图一〇七。

[②] 苏荣誉、段西洋：《商代南方风格青铜罍研究》待刊。

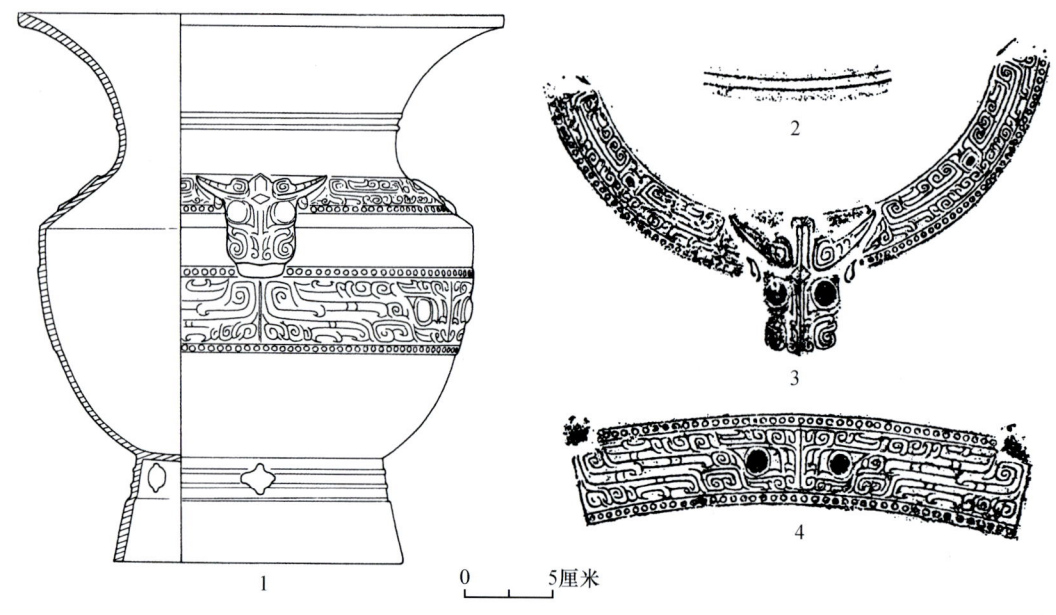

图44.2 向阳回族食品厂窖藏尊XSH1:3线图（引自《郑州商城》图五四九）

XSH1:5，人民公园出土的大口尊C7:豫0861和扉棱饰大口尊C7:豫0890，它们的肩面或肩沿上出现了高浮雕或近于圆雕的牺首（图44.1、图44.2）[1]，牺首浑铸。阜南月儿河、灵宝东桥和城固苏村出土的大口折肩尊和大口圆肩尊也应是如此，且前二地的尊还饰有勾云形扉棱[2]。但黄陂盘龙城青铜尊、罍上则罕有牺首饰[3]。

### 3. 纹饰的布局

商代早期青铜罍都有纹饰，颈部均饰凸弦纹，虽然有一周、两周和三周的差别。肩部全部有装饰纹带，腹部纹饰有所不同，有一条、两条和三条的区别，但以一条者为多。圈足同样有所差别，多数仅饰凸弦纹，有一条和两条差别，少数还装饰有纹带。

腹部饰多重纹带的分两重和三重，前者指上腹（或肩沿下）有一条窄纹带，中腹为宽的纹带，纹饰有了主次之分；后者往往是在中腹宽纹带，即主纹带，上腹和下腹各饰一条

---

[1] 河南省文物考古研究所：《郑州商城——1953～1985年考古发掘报告》，文物出版社，2001年，第815～819页。

[2] 中国青铜器全集编辑委员会：《中国青铜器全集》（卷一），文物出版社，1996年，第115页；河南省博物馆、灵宝县文化馆：《河南灵宝出土一批商代青铜器》，《考古》1979年第1期，第20～22页；唐金裕、王寿芝、郭长江：《陕西省城固县出土殷商铜器整理简报》，《考古》1980年第1期，第211～218页。

[3] 湖北省文物考古研究所：《盘龙城——1963～1994年考古发掘报告》，文物出版社，2001年，第458～463页。

窄纹带，且两条纹带往往相同。腹饰两重纹带罍包括向阳回族食品厂窖藏罍（见图9.1）、郾城拦河潘罍A（见图22）、小屯M331罍R2058（见图29.1）和M388罍R2061（见图30.1、图30.2）、泉屋藏罍（见图34.1）、国博藏罍（见图35），以及《博古图》著录罍（见图36）；上腹纹带分别为斜角目云纹和目云纹，宽纹线平铺，眼珠均不突出。分不出地域和年代差别。饰三重纹带者只有两件，即白家庄罍M2:1（见图12.1～图12.3）和城固火疙瘩罍1981（见图25.1、图25.2），前者上下腹纹带为勾连雷纹，后者为目云纹，前者可视为特例而后者与两重纹带者相同。

早期青铜罍圈足大多只饰凸弦纹，少数在凸弦纹下饰一纹带，包括盘龙城城垣罍CYM1:7（见图15.1），郾城拦河潘罍A（见图22），城固火疙瘩罍1981（见图25.1），小屯M331罍R2058、M388罍R2061和M232罍R2056（见图29.1、图30.1、图31.1），以及泉屋藏罍和国博藏罍（见图34.1、图35），《博古图》著录罍圈足也饰纹带，计九件，比例颇高。拦河潘罍A、泉屋罍和小屯罍R2061纹带由三组兽面纹组成，城垣罍、国博藏罍和小屯罍R2056纹带由六幅三组华丽目云纹构成，火疙瘩罍1981纹带由六幅三组变体夔纹组成，小屯罍R2058为勾连雷纹，而《博古图》罍圈足饰目云纹带，构图内容相当分散，但它们都是体态敦矮或相近的类型。

早期圈足器装饰纹带者不多，郑州人民公园出土大口折肩尊C7:豫8090圈足平铺兽面纹带，构图与拦河潘罍A、泉屋罍十分接近，与月儿河龙虎尊圈足兽面纹带一致[①]，可以认为圈足饰兽面纹相对略晚。

早期罍肩部素面者不多，郑州商城有二里岗罍C1:郑博0243（见图10.1）和白家庄罍C8:豫1615（见图11.1），现有资料似乎指向这类器是较早的形式，但黄陂盘龙城杨家湾尊YWM4:1肩也素面，说明素面可能是某些铸工的别出心裁，留出空间施以彩绘亦未可知。殷墟后兴起的圆肩无圈足或圈足罍，肩面光素者不少，或者是这类格局的延续，离开了彩绘内容，不具有断代断源意义。

早期罍的纹带，大多为宽线浮凸在罍的腹、肩和圈足表面，多以较细的凸弦纹作边，但也有为数不少的纹带以圆圈纹带镶边，如李家嘴罍LZM1:8腹部纹带（见图13.1），城垣罍CYM1:7和清宫旧藏罍圈足和腹部纹带（见图15.1、图33.2），拦河潘罍B、火疙瘩罍1980、北高庙罍和小屯M388罍R2061腹部纹带（见图30.1）。可见，纹带以圆圈纹带镶边不具有地域性，也看不出时代性。但从殷墟以后圆圈纹带镶边趋于少见情形看，圆圈纹带应当具有早期特征，然而不能绝对化。

---

① 河南省文物考古研究所：《郑州商城——1953～1985年考古发掘报告》，文物出版社，2001年，第818页，图五五〇，图版二二六.3，彩版三二；中国青铜器全集编辑委员会：《中国青铜器全集》（卷一），文物出版社，1996年，图一一四、一一七。

同样，与之接近的是盘龙城杨家湾两件罍YWH6:15和YWM11:34，都是高挑型，颈肩不分明，仅饰两行圆圈纹带（见图17.1、图18.1），类似于将以之镶边的纹带去掉，将两条镶边的圆圈纹带结合而成。很明显，这两件罍的制作具有偶然性，器表是否曾经彩绘不得而知，但可能性很大。圆圈纹带具有分隔颈、肩彩绘纹带的功用，腹部依然。藁城台西出土的罍C:6纹饰与之相同（见图26.1），说明这类纹饰并不具有地域性，时代特色不强但早期特征明显。

**4. 兽面纹的构图**

商代前期青铜器纹饰图样相对较少，兽面纹是其核心，在此对青铜罍所饰兽面纹作一申论。

兽面纹装饰青铜器在早商二里岗期成为定制，但其构图在逐步发展。开始施于爵、鼎腹部，是窄纹带形式，兽面高度有限，难于表现，往往可以辨识的只有一对眼睛，面具性突出。及至尊、罍等体量较大、装饰纹带较宽器物如尊和罍的出现，兽面纹有了较大的表现空间，为其构图的完善和复杂的取向提供了可能。

平陆前庄罍腹部兽面纹（见图8.6）以较宽线勾锚形鼻，其中起窄矮脊棱纵贯纹带，深咧嘴，锯齿牙，臣字形眼，眼珠圆突，眼后S形身，额上冠中团扇形两侧竖羽刀纹，再外为开口向下的G形角；两侧所填目纹，除突出的长圆形眼珠外均为云纹（见图8.7）。整个腹部纹带平铺，仅眼珠突出，脊棱略高起，鼻、面、冠、身、角面均勾云纹，纹线宽度与轮廓一致，是一种平铺的双层结构，纹线间填颜料以凸显纹饰，与规矩繁丽的纹饰和优良铸品相统一，说明铸工精心而为，其费心的表现，自然希望其突出[1]。是否彩绘某些纹线以表现纹饰层次，已无从稽考。早年郑振香和陈志达认为兽面纹裂口有牙在殷墟四期之前罕见[2]，显然已为考古发现所修正。

郑州商城二里岗罍，腹部宽线兽面纹带，线条较前庄罍宽很多，大锚形鼻头，其两侧为向内回卷纹线，是否嘴角不明；鼻梁两侧勾小立刀纹，一对长圆形眼中长圆形眼珠突出，成为首先能清楚辨识的五官。眼之上部分可以认为属于冠饰，颇为宽大，居中的团扇纹两侧展开不规则云纹，既有回勾的G形，也有倒置的弧线T形；眼外相当于半幅兽面的空间为云纹，呈开口向下和向上的C形，与冠饰部分的云纹格调相同，但含义不明。整体上，兽面近乎抽象的面具（见图10.1、图10.2）。与前庄罍相比，虽然纹饰线型不同，但

---

[1] 苏荣誉：《凸显纹饰：商周青铜器填纹工艺》，《青铜器与金文第三辑》，上海古籍出版社，2019年，第313~367页。

[2] 郑振香、陈志达：《殷墟青铜器的分期与年代》，《殷墟青铜器》，文物出版社，1985年，第27~77页。

构图相当一致。白家庄罍M2:1的腹部纹带的线型接近前庄罍，兽面纹构图则与二里岗罍高度一致，只是眼睛为臣字形，眼珠圆突（见图12.2、图12.3）。郑州人民公园出土尊C7:豫0861腹部兽面纹也是如此，但鼻中起了窄矮的脊棱，成为兽面的对称线（见图43）。向阳回族食品厂窖藏罍XSH1:5腹更深，上腹多装饰一条窄纹带，中腹纹带增宽，然纹线与前庄罍相同，兽面的鼻头与眼睛构图也与之一致，但在锚形鼻下多出一组向下的云纹或倒置的立刀纹，是否象征胡须不得而知；冠饰当然较高，居中的团扇两侧竖立羽刀纹，再外为G形纹，眼外的S形纹含义不明。变化较大的是纹饰两侧下方的一组纹饰，学界通常称之为夔纹，也是臣字形眼，眼珠圆突，但眼睛周围都是云纹，未见夔的口、角、足等（见图9.3下），称之为目云纹应当更合理。

盘龙城李家嘴罍LZM1:8腹部兽面鼻中有窄矮脊棱，构图与二里岗罍C1:郑博0243高度相似，但两侧填目云纹（见图13.1）。杨家湾罍YWH6:21纹线较李家嘴罍LZM1:8细，纹线多出一些，然构图一致（见图16.2）。杨家湾罍YWM4:1兽面纹（见图21）与二里岗罍C1:郑博0243高度一致，而李家嘴尊LZM1:7的兽面纹，两侧填小目云纹（见图20），构图接近向阳回族食品厂罍XSH1:5；李家嘴簋LZM1:5兽面纹格局与二里岗罍C1:郑博0243相同，但兽面两侧填饰目云纹，布局与向阳回族食品厂罍相同。而且，兽面嘴角清晰，深咧的嘴角露出锯齿形牙齿，可能是较早露齿形兽面。

安大略皇家博物馆藏尊，虽然是瘦高类型，但兽面纹的结构，除中间的脊棱外，与郑州商城二里岗罍相同。

阜南月儿河兽面纹尊，腹部纹带很宽，兽面纹格局清晰而繁复。构图与二里岗罍一致，但鼻头两侧深咧的嘴角明确，而且露出锯齿形排牙，在李家嘴簋兽面基础上续有发展。纹饰类型上属于高浮雕、准三层花类型，鼻头、嘴角和兽身短头都是高高凸起的螺旋线。可以视为中商阶段早期精品的代表，是南方风格青铜器定型阶段的杰作。

郾城拦河潘出土的两件罍（见图22、图23），装饰差别较大，A腹部兽面纹近乎前庄罍，但圈足兽面纹带接近泉屋罍，B腹部兽面纹颇接近二里岗罍，A系较宽纹线而B为宽纹线，但兽面纹图样基本一致。火疙瘩罍1980（见图24.1）与前庄罍如出一人之手，而火疙瘩罍1981兽面纹一致，但属于满装饰（见图25.1）。长子北高庙罍兽面纹（见图27）与白家庄罍C8:豫1615（见图11.1）高度一致。较为特别的是济南大辛庄罍M139:3（见图28），腹部兽面纹带由六组兽面纹正置与倒置相间组成，因此，兽面前有类似三角形蝉纹附饰，为一种特别的组合。就兽面而言，构图与前庄罍基本一致。需要说明的是，这件罍腹部纹带特殊，与较为别致的圆肩、牺首饰配合，可以认为是商前期某铸工别出心裁之作，商后期青铜罍中，此类装饰未见再现。

安阳小屯M331罍R2058腹部兽面纹宽线平铺，阔鼻中有窄矮脊棱，嘴角深咧，但均不突出，臣字形眼眼珠圆突，内眦较大，眼外是S形兽身；大冠饰中间团扇形，两侧立羽刀纹，再外的G形角平，角与身之间另饰羽刀纹，兽面两侧填目云纹，眼珠不突出（见图29.1），与此罍兽面纹一致。小屯M388罍R2061腹部兽面纹带纹线细窄（见图30.1），但构图与R2058相同，与尊R2059相近，特别与郑州人民公园尊C7:豫0816的兽面纹一致。小屯M232罍R2056腹部兽面纹更近于R2058，平铺的较细线兽面纹带，冠饰繁复细密，但眼珠更巨大，深啕的嘴角露出锯齿形排牙，两侧填饰的目云纹眼珠圆突（见图31.1），与平陆前庄罍高度一致。

此处需简要涉及一下紧凑型兽面纹。这类纹饰出现郑州白家庄罍M2:1腹部纹带上，团在一起的兽面高浮雕凸起，开口向下的C形角占兽面一半高度，角面饰鳞纹；居中的冠饰高高竖起，相较而言，眼目很小（见图12.1、图12.3）；两侧低一层次的可能是兽身或翅膀，但纹线的类型一致，明显地靠浮雕分出兽面纹的层次，是否佐以色彩不得而知。在二里岗阶段青铜器中，颇为特别，与颈部的黽形图案，共同彰显着铸工赋予此罍特殊装饰，也是平铺形纹饰向浮雕纹饰的过渡形态。可以视为某铸工的即兴创作。较之发展的是盘龙城王家嘴罍WZM1:2腹部纹带，兽面也是浮雕型，阔鼻大角，角面饰鳞纹，小眼，但兽面增宽，冠饰亦增大（见图14.1）。所不同的是兽面两侧填平铺的目云纹（见图14.3），仅眼珠突出，兽面纹浮凸在目云纹上，格局有别，为此后南方风格青铜器浮雕、高浮雕纹饰的嚆矢。

特别需要对比的是殷墟早期典型青铜器的兽面纹。以妇好墓为例，妇好鼎M5:821双立耳三柱足，腹部饰高浮雕三层花兽面纹带，其下垂三角形蝉纹（图45）[①]。兽面纹带上均布六条长条形扉棱，三条位于纹饰组界，与三足相应，另三条纵贯兽面纹带，兽面以之为对称展开，下段为其鼻梁，上段为冠饰中心。兽面阔鼻，两侧嘴角深啕呈弧形，露出一对尖牙。面部勾云形，一对臣字形眼中，眼珠小而圆突，且中间有圆坑为瞳仁。眼上有开口向下的C形角，角面勾云形线。兽面两侧填饰夔纹，头小，眼珠尺寸近乎兽面纹，但头顶有宝瓶形大角，向前长伸象鼻，身上竖起翅膀，身下弧弯足，均勾随形线或云纹，整个纹带以细密云雷纹衬底。妇好鼎M5:821的兽面纹及其与夔纹相配组成的纹带，是晚商早期的典型构图。同出的妇好瓿M5:796（图46）[②]，兽面和夔纹构图与之高度一致，差别仅在扉棱上段压着较宽的方形冠饰，眼外有叶形耳，可以认为是晚商早段较完整构图兽面纹的典型。以这两件妇好墓青铜器兽面纹为晚商早期定制，对比本文所及青铜罍，它们的早期属性应无可置疑。

---

[①] 中国社会科学院考古研究所：《殷墟妇好墓》，文物出版社，1980年，第38页，图二六.1，图版六.1；中国青铜器全集编辑委员会：《中国青铜器全集》（卷二），文物出版社，1996年，图四、五。

[②] 中国社会科学院考古研究所：《殷墟妇好墓》，文物出版社，1980年，第64页，图四三.1、2，彩版八.2；中国青铜器全集编辑委员会：《中国青铜器全集》（卷三），文物出版社，1996年，图七三。

肆　平陆前庄青铜罍与商早期青铜罍——兼论青铜罍与尊之别 | 181

图45　妇好鼎 M5:821［引自《中国青铜器全集》（卷二）图五］

图46　妇好瓿 M5:796［引自《中国青铜器全集》（卷三）图七三］

很明显，虽然可以从兽面纹结构分出这些器物的早晚，但也仅仅是大略而言，分出了商后期的殷墟和殷墟之前的商前期，商前期包含着早商与中商两个阶段，本文所讨论的罍及相关尊，从纹饰布局及兽面纹看，并无法分出早晚。

## 十二、结　语

本文对商前期罍的分析，基于出土背景，对器物进行风格和工艺分析，参照了相关的青铜尊，特别是商后期早段，如武丁时期器物，器形已经演变为小口、大而深腹、圆肩设对耳、下腹设一耳、无圈足的存储酒浆的大容器，装饰上，兽面纹发展出五官完全、三层花的型式。两相比较，平陆前庄罍属于典型的商前期器。商前期罍的格局和形制可归纳如下：

出土于郑州商城、黄陂盘龙城、黄河之滨的平陆、汉水中游的城固、淮水上游的郾城、济南大辛庄、太行山中段两侧的藁城和长子、洹水之畔的安阳，地理分布上是基于中原、广泛分布于中原周边并偏南的格局。

目前所见的青铜罍，造型和纹饰都十分成熟且定型，年代早到二里岗上层，形态上已不是罍的初期状态。因此，二里岗下层可能是这类器的渊薮，值得期待。

对业已搜集到二十五件商前期青铜罍器形、装饰类型以及兽面纹的分析，共性是主要的，差异是其次的甚至是微小的，可谓大同小异甚至微异。因此，难以从风格、装饰、纹样等方面准确分辨出它们的早晚关系。包括大辛庄罍M139:3，虽然器形略显特别，然则晚期并未见踵其而延续者，且纹饰和其他器一致，所以还属商前期器并不会晚到商后期，但具体时段还难以判别。可见，在跨越商早期后段和中商阶段约两百年间，处于二里岗上层和殷墟早期两个高峰之间的青铜罍的含混格局，需要考古发掘和更多样本去细化，其中的特质和外延更值得探讨。

对它们的工艺分析，发现也具有高度的一致性，说明它们技术上同源，而且几乎没有分野，表现出技术上的一致性，说明技术稳定而缺乏变异。这也说明技术和生产的封闭性，或者是垄断性。微小的差异说明铸工的不同或者铸工别出心裁但不离其宗的特质。

由此提出的问题是，商早期之后的九世之乱，都城五迁，而铸铜工场都在都城，铸铜工业的运行需要稳定的供给和铸工。迁徙无定，每个地点三四十年，如何安顿铸铜工场、哪里安顿都是未解之谜。铸铜工场遗址未找到，确认青铜器的铸地可能无望。

但是，中商阶段南方铸铜工场却繁荣昌盛，生机勃勃。两相对照，中原系列的青铜罍缺乏生气显得颇为突出。

（执笔：苏荣誉、陆晶晶）

附识：此文经前后三个月断续完成。感谢山东大学郎剑锋教授惠供济南大辛庄罍照片，感谢山东博物馆王冬梅馆员惠供邳伯罍照片。

2023.6.29初稿完成于潩阳河畔，其时正带研究生考察平顶山应国和叶县许国青铜器。

# 伍

# 平陆前庄青铜爵与早期青铜爵研究

考古学揭示的中国青铜时代起始于二里头文化,最具典型意义的发现是河南偃师二里头遗址。该遗址的二里头文化通常被划分为四期,第一期即有青铜工具发现,第二期则出现了青铜铃和嵌绿松石青铜牌饰,并被此后所继承,形成连续的考古学文化。第三期除发现上述两类青铜器外,还出现了青铜爵,涌现出了最早的青铜容器。第四期是青铜文化的迅速发展阶段,不仅出现了新的类型,如斝、角、鼎、鬲、盉及瓿等容器,爵和牌饰的数量也大为增加,青铜牌饰的终结或转型还不清楚,但青铜爵被延续并发扬光大,成为早期中国青铜器中颇具代表性的一类。

爵在中原青铜器中的特殊地位,引起了学术界的关注,杜金鹏和朱凤瀚的研究具有代表性,但着眼则是型式划分及谱系演变[①],技术因素基本未予考虑。本文围绕着平陆前庄窖藏出土的青铜爵,从技术与艺术两个维度入手,重新考虑风格因素,并将之置于相同风格的早期青铜爵之中分析,以认识其内涵与相关问题。

## 一、前庄青铜爵

平陆前庄出土两件青铜爵,山西博物院收藏其中的一件,出土时流口残缺一块,一柱折断(图1.1),修复后通高162、柱高10、流长70、腹深70、足高70毫米(图1.2、图1.3)[②]。

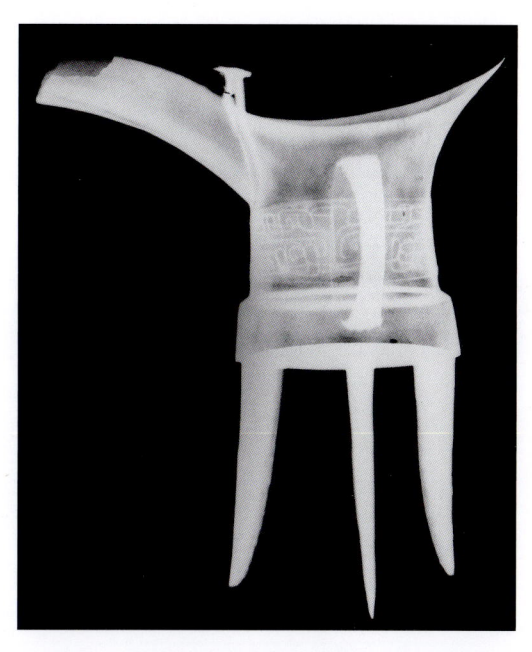

图1.1 平陆前庄爵X射线影像(闫文祥摄)

---

① 杜金鹏:《商周铜爵研究》,《考古学报》1994年第3期,第263~298页;朱凤瀚:《中国青铜器综论》,上海古籍出版社,2009年,第165页。
② 卫斯:《平陆县前庄商代遗址出土文物》,《文物季刊》1992年第1期,第18页。

图 1.2 前庄爵正面（笔者摄）

图 1.3 前庄爵背面（笔者摄）

此爵的杯状腹为上下两段相叠而成，下段低矮但尺寸较大，上段略高而尺寸较小，相叠的台阶分明，以小圆角过渡。上下段均是合瓦形横截面（图1.4）。

爵口敞，尖沿无唇。口呈马鞍形，其左侧向外伸出弧形槽状长流，流较深，截面为V形，槽与腹相贯，相贯线清楚（图1.5）。流根与口沿交接处各设一短立柱，其横截面近于折角形，外侧依口沿和流壁曲折，背面的立柱曾折断，因外面尺寸小折角不很明显（图1.6），内侧近乎直折角，一面与流槽壁平齐，与之直折的面大体垂直于腹内壁，立柱

图 1.4 前庄爵俯视（笔者摄）

图 1.5 前庄爵流、腹相贯（笔者摄）

在腹内壁深入到流槽的中壁位置（见图1.5）；前面的立柱立在槽壁，外面为平面（见图1.7），里边和后面的立柱相同，两立柱使得流槽与腹部相贯线的两侧竖直（见图1.5）。柱顶的柱帽顶端略平，形状不规则，因尺寸较大，更能体现原始设计：外侧直折，对应流槽与口的夹角，大约130°；内侧实际上直折，对应立柱内侧的两壁，但外面柱的柱帽内侧呈弧形，折角未充满（见图1.5）。

图1.6　前庄爵背面柱与柱帽（笔者摄）

图1.7　前庄爵正面柱与柱帽（笔者摄）

爵口右侧向上斜伸出三角形尾，较短，与长流不成比例（见图1.2）。

流、尾之下为杯状腹。上腹壁直，上端略内收，中间饰细线的纹带宽约25毫米，以同样的细线作边；下腹素面；上、下腹结合处在腹内锐折（图1.8）；底面平（图1.9）。前面设纵置的带状鋬，起于口沿下而接于下腹上沿之下，两头宽、中间窄，横截面略呈槽形向内折（图1.10）。鋬打断了腹部纹带，形成长方形空白（图1.11）。

图1.8　前庄爵腹内（笔者摄）

图1.9　前庄爵外底（笔者摄）

平底下以三足承器。足为上粗下细的锥形，中间略内弧，足尖略外斜，横截面均四棱形，外面中间起棱，两面较平，另两面甚宽如刀面，斜向底中央；但外棱仍缩进底边之内（见图1.9）。前面的足在鋬的正下方（图1.12），流下的足不在正下方，向背面偏了一个足根位置（图1.13），同样，尾下的足也不在正下方，也向背面偏了一个足根的位置（图1.14）。即使如此，爵的放置也欠稳当（图1.15、图1.16），尽管鋬下足尖外撇较甚（图1.17）。

图1.10　前庄爵鋬侧（笔者摄）

图1.11　前庄爵鋬（笔者摄）

图1.12　前庄爵鋬下足（笔者摄）

图1.13　前庄爵流下足（笔者摄）

图1.14　前庄爵尾下足（笔者摄）

图1.15　前庄爵侧视（笔者摄）

图1.16　前庄爵侧视（笔者摄）

腹部纹带是此爵仅有的纹饰，以细阳线构成，如勾织的透空纹带贴敷在上腹。正面的纹饰构图不够清楚，背面的完整而清晰：纹饰中间是一条纵置细阳线，不及边线，纹饰以之对称展开，但对称性不大高。纹饰构图为云纹，分上下两行排开，与早期兽面纹相比，除没有一对眼睛外，其余都一致[①]。说明兽面纹与云纹有密切关系，若兽面纹是面具性装饰，早期兽面纹即是以云纹为基础加上眼睛，稍后的兽面纹再加上双角，更后的还会加上双耳。

前面的纹饰较为模糊，但侧面图片仍可表现出基本构图。鋬左侧纹饰构图简单且不分上下行，明显较背面纹饰简化、疏朗（见图 1.15），鋬右侧的纹饰略模糊，但格局与左侧一致（见图 1.16），然而，在 X 射线影像中无法分别（图 1.18），说明腹壁很薄，而且厚度的一致性也较高。

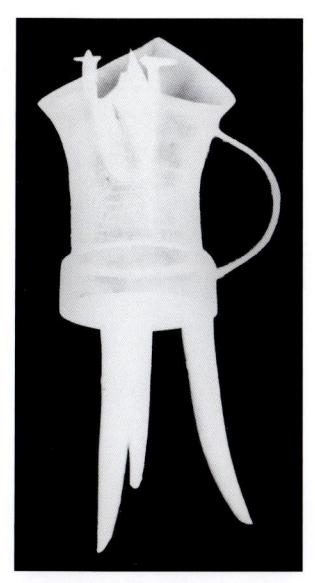
图 1.17　前庄爵侧面 X 射线影像（闫文祥摄）

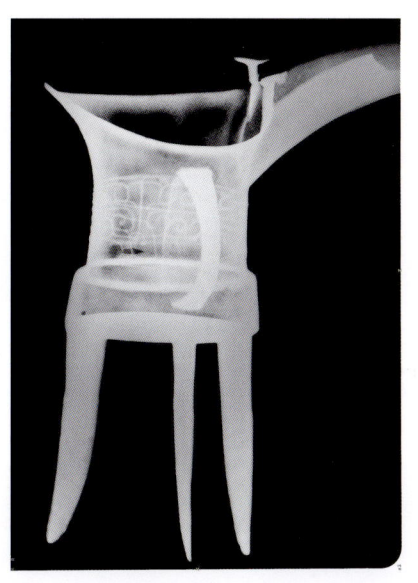
图 1.18　前庄爵前侧面 X 射线影像（闫文祥摄）

此器保存状态颇好，仅流口一侧有缺，一柱残缺。爵身材质均匀，柱、鋬、三足为最厚处，皆为实心，它们与器腹都结合得紧密，未见分铸，表明此器系浑铸成形。在器表，流外中间及流下方有一道垂直方向的披缝贯穿（图 1.19）。同样的现象也在对侧的尾至腹底上出现（图 1.20），此二披缝为分型面所在；此外，鋬所对应的爵腹表面，有两道垂直向的短披缝，起止于鋬与腹的上下交接处，鋬体表面则不见披缝（图 1.21），说明鋬的制作应有嵌入腹范的活块芯作辅助。流、尾下二足外面的折棱应是铸造披缝，但分别不与流、尾下的披缝贯通（见图 1.13、图 1.14），显示出爵的铸型在足底分上下两段，即在

---

[①] 苏荣誉、陆晶晶：《平陆前庄青铜罍与商早期青铜罍——兼论青铜罍与尊之别》，见本书，第 117～182 页。

图1.19　前庄爵流侧披缝（笔者摄）　　图1.20　前庄爵尾侧披缝（笔者摄）　　图1.21　前庄爵鋬下披缝（笔者摄）

水平方向分型，这是巴纳（Noel Barnard,1922～2019）早就指出的①。上段沿流、尾分型，两块腹范与一块腹芯组成铸型。腹芯的芯头较长，包括了流芯、双柱的内侧和端头；鉴于流与腹相贯线锐折，流芯应是单独制作组合到腹芯形成了整体芯；至于腹内上下腹交叠棱锐折，是否也是上、下两块芯相叠而成，不能确定。两块范也较长，包括了双柱的外侧，从柱帽外面的弯折看，爵的原模曾沿着腹壁修整，再沿着流壁修整，在交汇处形成了弯折，并体现在背侧的立柱外面；在具鋬的前面范中间开槽，其中下有一块鋬芯，二者组合成一块完整范。鋬为"开槽下芯法"铸造。

足横截面为四棱形，外侧两面短而角度大，内两面长而角度小，足形如楔似刀，内侧棱如刃（见图1.12～图1.14），从爵底部鋬下足根与流下、尾下足足根之间各有一道披缝看（图1.22），足内棱也是披缝所在。X射线影像清晰地表现出流、尾下的两只足，内侧披缝从足底延伸到鋬下足根内（图1.23），确认底部有不均分的三块底范②，它们沿足内、外棱对开分型，三块范组成了爵铸型的下段。

整个爵铸造质量上乘，缺陷不多。X射线影像显示出流中间、口沿下的腹部深色块，与

---

① Noel Barnard. Thoughts on the Emergence of Metallurgy in Pre-Shang and Early Shang China and A Technical Appraise of Relevant Bronze Artifact of the Time. Bulletin of the Metals Museum,1993,19:3-48.
② 即张昌平所称"芯范"，见张昌平：《从三棱锥形器足看中国青铜时代块范法铸造技术特质的形成》，《考古》2022年第3期，第92～102页。

 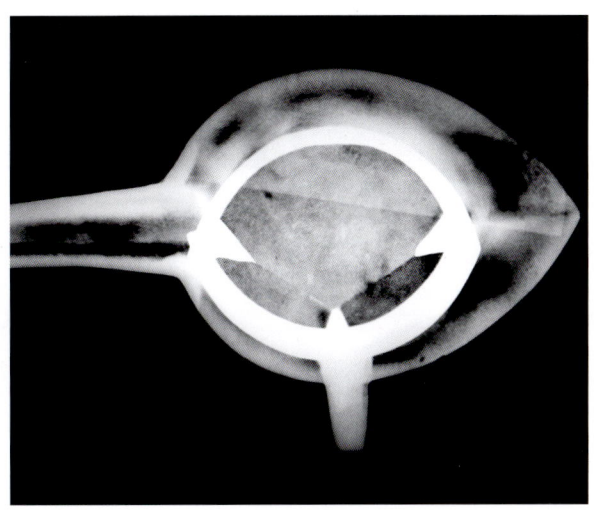

图 1.22　前庄爵外底披缝（笔者摄）　　　　图 1.23　前庄爵底 X 射线影像（闫文祥摄）

底部的灰白色块反差明显，说明爵底较流槽和沿下腹壁为厚，而沿下腹壁颜色的不均匀，则是因泥芯形状不规则，制作时凸凹不一、浇注后薄厚有差。鋬左侧爵底部颜色明显较深，且以披缝为界（见图1.23），说明底部这块泥范发生了错位，致使底部这块变薄。在尾下足根，明显可见错位超过1毫米（见图1.22）。在鋬左下方，爵底之上有一不规则形状的孔洞，应当是浇注形成的大气孔（见图1.12），X射线影像中呈黑色（见图1.1），说明以有机物修补。

尾下的腹部纹带，披缝处可见左右纹饰有一毫米多的上下错痕（图1.24），既可能因左右两范上下错动而产生，也可能由两侧范不同的变形所导致。此处的披缝较宽，且有水平方向错磨痕迹。爵身未见浇道痕迹，既往从足端浇注的复原[①]，现在看来证据不足。此爵纹带中较宽的被错磨的痕迹，是否是一个内浇道设置处，待考。

图 1.24　前庄爵腹侧错范痕（笔者摄）

## 二、溯源：二里头青铜爵

据陈国梁统计，目前所知属于二里头文化的青铜爵十六件，其中二里头遗址出土十三

---

① 万家保：《安阳出土青铜三足器的演变——先秦技术史的个案考察之一》，《大陆杂志》1972年第45卷第4期，第1～11页，6页插图二。

件，新郑望京楼遗址出土一件，上海博物馆和天津博物馆各收藏一件①。很明显，青铜爵在二里头文化中占据颇为核心的地位。陈国梁根据爵的流、尾、口、腰和底形状，将二里头青铜爵和角划分为A、B两个类型，前者十四件，特征为槽状流，尖尾，枣核形口，束腰，平底。并根据口的形状、流与尾的比例、腰、鋬的形态分四式。

AI式一件：槽状流较深，尾较尖且短，腹中部最细，鋬无透孔，足较短。

AII式四件：槽状流稍浅，尾较流稍长，均上翘；口较AI式窄，流与腹平滑过渡，腹部在底上三分之一处最细，鋬透孔呈H或目形。尖足较长，开始外撇。

AIII式三件：流、尾稍上翘，口流交界处开始出现柱。腰变细。平底。尖足较长。

AIV式六件：长流、尖尾，口尾尖锐的枣核形，流根部口沿有两小立柱。流与腹转折明显，腹细长，足尖长。近底处腹开始外鼓。

B型两件，特征是槽流，尖尾，束腰，三棱锥足，平底外有假腹，其上有透孔。分两式，各一件。

BI式：流尾间距大，束腰平底，假腹下接三锥足，足外撇。鋬上有两个透孔，呈H形。

BII式：槽流上翘，近底腹壁有突出折棱，将腹部分上下两段，三足稍外撇。

陈国梁概括二里头文化爵，三期多为槽状流，枣核形口较圆，无柱，器腹外壁为圆转的曲线。四期爵的流、尾变长，开始出现矮柱，三足尖细，器口部变窄，器腹外壁逐渐鼓出，开始出现如乳钉纹等简单纹饰②。杜金鹏在全面分析商周青铜爵时，对二里头青铜爵也有不同的型式分析③。

陈国梁将十六件青铜爵分六个式别，平均每个式别不足三件，多个式别仅一件，这样型式划分的意义有待更多新发现才可能明晰。事实上，二里头青铜器爵量不大，时间跨度数十年，平均数年才制作一件，即使将生产量夸大十倍，平均每年制作不过三五件，铸工换代常有，有些铸工毕其一生也制作不了几件，制作中别出心裁或形式改换在手工制作品中司空见惯，某些式别仅单独一件可能就是这样背景的产物。因此，拘泥其细节变化的型式划分，若不能揭示或赋予各个型、式具体的功能、使用、制作等内涵，即失去了型式分析的意义。

---

① 陈国梁：《二里头文化铜器研究》，《中国早期青铜文化——二里头文化专题研究》，科学出版社，2008年，第124～274页。

② 同①，第124～274页。陈氏沿袭杜金鹏描述，称爵腹横截面及口为"枣核形"，称B式爵底下"假腹"。其BI角即上海博物馆藏品，误将圈足八个透孔认为四个，称"孔四周隆起如兽眼"，未必具象。图见《中国青铜器全集》(卷一)文物出版社，1996年，图一二。称BII爵"假腹上有烟道数个"，查图录，圈足上均布三个透孔，各位于两足之间位置，孔径大小不一，但都外大内小，没有称烟道证据，见天津博物馆：《天津博物馆藏青铜器》，文物出版社，2018年，第28页。

③ 杜金鹏：《商周铜爵研究》，《考古学报》1994年第3期，第263～298页。

青铜器是手工制品，而且操作链非常长。铸工每次制作都有随手之处，必然会导致细节的差异。此外，铸工往往会别出心裁，加长或缩短器物的某个部分，或者具体操作中受材料和工装所限而临时改变本初计划，这些都导致青铜器的形式划分宜粗不宜细，否则会陷入为划分型式而划分的窠臼；能与材料、工艺或表现结合起来的型式划分最具价值。

### 1. 爵 VIIIT22③:6

1973年，农民在偃师圪垱头村平整土地时，在二里头宫殿基址西北约150米处发现一只青铜爵，随后进行了考古清理，并将其编号为VIIIT22③:6。爵通高120、流-尾135、腹底55×45、足高35、腹壁厚1毫米（图2.1）。年代被考古学家推定在二里头三期，大概是年代最早的青铜爵。遗憾的是，无论是发掘简报还是考古报告，虽都涉及此爵，但均不说明其出土状态、保存现状和修复信息。经北京钢铁研究总院电子探针分析，爵含铜92%、锡7%，另1%是什么未予说明①。虽然如此，贝格立（Robert W. Bagley）还是给予了高度评价，

图2.1　偃师二里头爵 VIIIT22③:6［引自《中国青铜器全集》（卷一）图三］

表明二里头时期已经冶炼铜和锡两种金属并熔合成青铜铸造器物②。

发掘简报和发掘报告对这件爵的信息披露均颇为有限，甚至没有涉及足在器底的具体位置。据公布的照片和线图，似乎形态相对原始，出土时鋬左上的口沿被打破一片，内

---

①　二里头工作队在二里头遗址三、八区发掘简报的开头指出："1973年3月社员平整土地时，在二里头早商宫殿基址西北面约150米的地方又发现一件铜爵，并及时交给了我队。"1973年春季，"在出土铜爵的地方，即第八工作区开两个探访，面积38平方米"，"清理灰坑两座，墓葬一座"。这座墓可能就是"在八区的灰坑里面又一具人骨架紧贴灰坑北壁……整个躯体作跪伏状，头向西，面向下，葬式特殊，很可能是活埋的奴隶，时代是第三期。"但在介绍发掘遗物时，将一件爵编号为VIIIT22③:6，却并没有说明是农民发现的哪一件，也没有说明与考古发掘的关系（中国科学院考古研究所二里头工作队：《河南偃师二里头遗址三、八区发掘简报》，《考古》1975年第5期，第302～309、294页，图版九.2，图四.3）。在正式发掘报告中，只是将其置于第三期，出土信息阙如，也未说明爵是农民发现的（中国社会科学院考古研究所：《偃师二里头——1959年～1978年考古发掘报告》，中国大百科全书出版社，1999年，第195、196页，图一二三，图版八）。《中国青铜器全集》（卷一），文物出版社，1996年，图三。

②　Robert W. Bagley. The Beginning of the Bronze Age: The Erlitou Culture Period//Wen Fong. The Great Bronze Age of China, An Exhibition from the People's Republic of China. New York: The Metropolitan Museum of Art, 1980: 7, fig. 15.

折。杯状腹呈合瓦形横截面，平底束腰，但是腰线较高，近乎腹部中间，并形成优美的双弧线轮廓。腰下如覆盆，直壁外斜；腰上向外张开形成敞口。口边不平齐，尖沿，沿内有宽七八毫米的加厚带，带厚约1毫米左右，是强化器口的设计。贝格立曾指出，口沿结构刻意模仿内折边（inward-folded edge），或许意味着爵曾由金属薄板制作①。口左侧向外出槽状流，流不长但较宽，流根与上腹完美以弧形向外转折，而流的下边亦具弧形，上边近乎水平，但流口不齐。口右侧设弧三角形尾，尾下边亦弧形，与上腹圆滑过渡，尾稍略上斜。爵腹的前面中间，垂直方向设一带状C形鋬，起于口沿下而接在底上方。鋬上端宽，下端收窄，外面弧鼓，里面呈浅槽形（图2.2）②。爵身无铸造纹饰。

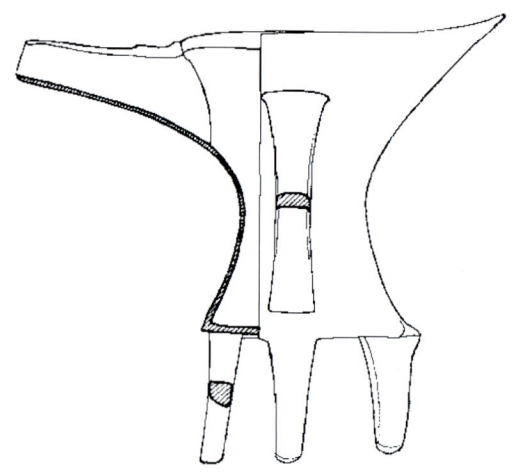

图 2.2　二里头爵 VIIIT22③:6 线图（引自《考古》1975 年第 5 期 305 页图四.3）

底平，下设三只较短的足以承器。一只足在鋬的正下方，另外两只的位置，究竟分别在流和尾的下方？还是如后来的爵偏向了背面一个足的位置？不很清楚。足根粗，足端略细，横截面为等腰三角形。如此短足的青铜爵，在二里头文化中属于特例，在商周青铜器中也罕见。

关于此爵的铸造工艺信息，国内出版物很少进行调查和披露，巴纳以为此爵的鋬先铸成形再与腹铸接的③，鋬无分铸痕迹，应浑铸成形。难波纯子将该爵划分为二里头 A 型爵，三足位置均分别在鋬、流和尾的正下方，铸型沿底面分上下两段，上、下段均对开分型，上段铸型由流、尾分型面分前后两块范与腹芯组成；下段则是两块对开范与底部一块范组

---

①　Robert W. Bagley. The Beginning of the Bronze Age: The Erlitou Culture Period//Wen Fong. The Great Bronze Age of China, An Exhibition from the People's Republic of China. New York:The Metropolitan Museum of Art, 1980: 7, fig. 15.

②　发掘简报和报告对青铜爵 VIIIT22③:6 的介绍不够充分，发表的线图一致。但另一简报附带介绍此爵（无编号）："已残，束腰平底，有短柱二，底呈扇形，即一侧外凸，把与足在外凸处相接。"所发表的线图（图二.3）与发掘报告图出入较大。首先是此器残缺严重，流前端残、尾全部残、口沿大部分残缺，只保留腰上鋬至流后半部分；其次是带状鋬，起于口沿下而接于足根，即近于底沿；然后流根部的立柱，实在小得只能称为突，但斜向腹中（中国科学院考古研究所二里头工作队：《偃师二里头遗址新发现的铜器和玉器》，《考古》1976 年第 4 期，第 259~263 页，260 页图四.1）。二图如此差异，需要辨析辨证。可见，根据线图的类型分析，也需要与器物核实。

③　Noel Barnard. Thoughts on the Emergence of Metallurgy in Pre-Shang and Early Shang China, and a Technical Appraisal of Relevant Bronze Artifacts of the Time. Bulletin of the Metals Museum, 1993(19): 3-48.

成，底部范包含三足的型腔，外面两对开范封闭型腔①。事实上，流和尾下的足不在正下方，足外侧也未见她所依据的披缝。

对于二里头爵VIIIT22③:6，贝格立指出它的铸造披缝，表明它以块范法铸造，其铸型至少由四块组合，这一技术经久延续②，但他并未明确指出四块（或以上）的范和芯如何组成。显然，器身的工艺痕迹还不够分明。在其底的外周缘并未见到水平分型的铸造披缝痕迹，足上也未见披缝，当然也就不会有如平陆前庄爵那样的足披缝与流、尾之下铸造披缝的错位，因此，其上下两段分型的根据并不充分。

1975年，在二里头遗址发掘了一个土坑（VIK3），其中有一小坑，考古简报推测大坑是墓穴，小坑是棺室。从地层和出土器物推测，坑的年代属二里头三期。大坑南部出土一件青铜爵VIK3:4，通高133、底58×38、流长57、流-尾长142、足长约50、壁厚1毫米。腹束腰，横截面为合瓦形；鋬上有三镂孔。简报指出它的铸型，"从铸痕上看，至少是四块范"③。但没有说明是怎样的铸痕。据《中国青铜器全集》图，鋬上三透孔反差很小，依稀可辨中间透孔为长方形，两端透孔均为等腰三角形。鋬下之足不在正下方，偏向右侧少许，且较另外两足略粗；另外两足相对纤细，足端尖利，内弧外撇。其铸造工艺应与爵VIIIT22③:6一致。

根据1976年考古简报，爵VIIIT22③:6流根有一对立柱，据所附线图（图2.3），柱极短，且向尾倾斜，相当于一对突刺④。但正是如此，它是爵的流根与口沿交接处装饰立柱的雏形，而且出现于二里头文化的第三期。

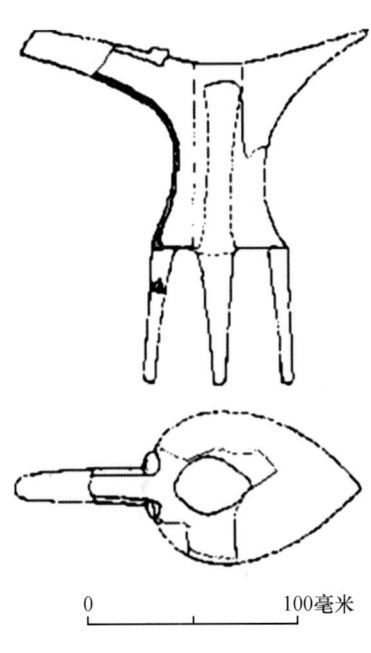

图 2.3 二里头爵 VIIIT22③:6
（引自《考古》1976年第4期260页图四.1）

---

① 難波純子：《初現期の青銅彝器》，《史林》1989年第七十二卷第二號，第76～112頁，85頁圖3.1、107頁圖14.1。

② Robert W. Bagley. The Beginning of the Bronze Age: The Erlitou Culture Period//Wen Fong. The Great Bronze Age of China, An Exhibition from the People's Republic of China. New York: The Metropolitan Museum of Art, 1980: 71.

③ 中国科学院考古研究所二里头工作队：《偃师二里头遗址新发现的铜器和玉器》，《考古》1976年第4期，第259～263页，260页图三.1，图版五.6。发掘报告称腹横截面呈桃核形。《中国青铜器全集》（卷一），图二。对比简报线图和《中国青铜器全集》照片，二者出入较大，线图中流下足残断，口呈元宝形，即流向左上斜直，尾向右上略斜直，鋬上的口沿则向上弧凸，两侧下曲。照片中爵足已修复，口作马鞍形下弧，器表浮锈较重，黏着一层砂土，不见金属本色。

④ 中国科学院考古研究所二里头工作队：《偃师二里头遗址新发现的铜器和玉器》，《考古》1976年第4期，第259～263页，260页图四.1。

与爵VIK3:4相比，爵VIIIT22③:6，二者腹截面都是合瓦形，中间均束腰，敞口左侧出槽形流，右侧出三角形尾，前面设带状鋬，平底下三足承器，结构一致。具体的差异在于，后者足较短且直，前面足在鋬正下方，流较宽，口沿内侧有加厚的边，鋬中无透孔。

### 2. 爵 VIIKM7:1

年代较晚的一件青铜爵VIIKM7:1，系1975年农民在四角楼村南取土时发现，同出的有三件玉器和绿松石饰及涂朱圆陶片。考古发掘报告将墓葬年代定在二里头四期，但未说明器物出土时的现状及保存情况、修复信息等。爵通高265毫米，流-尾315毫米，壁厚1毫米，三足高分别为95、100、115毫米（图3.1），重550克[①]。

此爵的杯状腹平底，下段束腰，横截面呈椭圆形；束腰以下的下腹较矮，如碗倒扣，以上部分的上腹壁向外斜张，其上的口大敞，口略呈马鞍形，内壁沿口有一周5～7毫米宽的加厚带，其厚度不过一毫米。口左侧向上斜出槽状长流，流根与腹壁圆弧过渡，且流根较粗大而流口较细小，流槽斜直均匀过渡。流根槽的两壁各自斜竖一个矮立柱，均斜向流口，横截面近于三角形，柱上有近三角形状柱帽，尺寸略大于立柱横截面。口右侧自爵腹的中腰向外出弧三角形尾，并略向上斜，尾长，稍尖利（图3.2）。

带状鋬起于前面中间的口下，接于下腹中间。鋬上头宽、中间略窄、下端略宽，横截面为浅槽形，鋬两侧向内斜折。鋬面上段和下段各有一个长条形透孔，中间有较宽的横隔；上段的透孔略大，呈梯形，边缘不够齐整，且端头呈叉形与腹壁相接；下段的呈长方形，且边缘齐整。发掘报告指出腹部一面有两道宽12毫米的凸线，中间排列五个乳钉，但线图和照片均未予以表现。然而，在纽约大都会艺术博物馆（The Metropolitan Museum of Art，New York）展览图录中，分别给出照片（图3.3）和拓片（图3.4）[②]，乳钉纹带的位置在束腰之上。

爵底平，然底沿不够圆滑，外底接三只锥形足，一只在鋬下，另外两只分别在流和尾下，但均偏向背面。足根粗，足尖利，横截面为三角形；足根外弧下斜，足尖外撇。

这件爵的铸造工艺信息尚未见调查和披露，经贝格立考察，此器经过精细加工，所有铸造披缝都被仔细打磨了。比较后期爵的披缝位置，此器可见微弱的皱褶痕（crease），推

---

① 偃师县文化馆：《二里头遗址出土的铜器和玉器》，《考古》1978年第4期，第270页，图一.2，图版一二.1；中国社会科学院考古研究所：《偃师二里头——1959年～1978年考古发掘报告》，中国大百科全书出版社，1999年，第341、342页，图二三九，图版一六九.1；《中国青铜器全集》（卷一），文物出版社，1996年，图七，此书误记爵通高225毫米。Wen Fong. The Great Bronze Age of China, An Exhibition from the People's Republic of China. New York: The Metropolitan Museum of Art, 1980: 74-75, No. 1，后者记爵通高256毫米。

② Wen Fong. The Great Bronze Age of China, An Exhibition from the People's Republic of China. New York: The Metropolitan Museum of Art, 1980: 74-75, figs. 18,17.

伍　平陆前庄青铜爵与早期青铜爵研究 | 195

图3.1　偃师二里头爵 VIIKM7:1
[引自《中国青铜器综论》（卷一）图七]

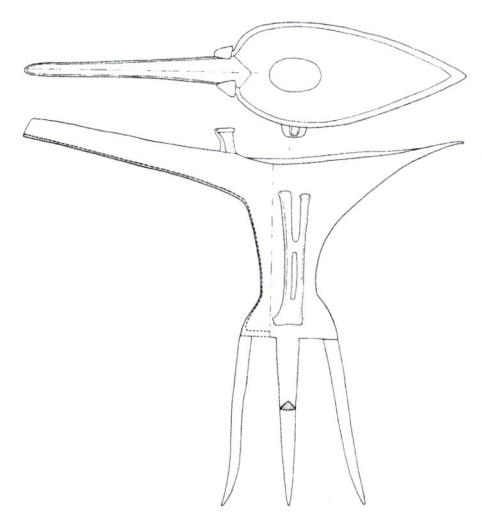

图3.2　二里头爵 VIIKM7:1 线图
（引自《偃师二里头》图二三九）

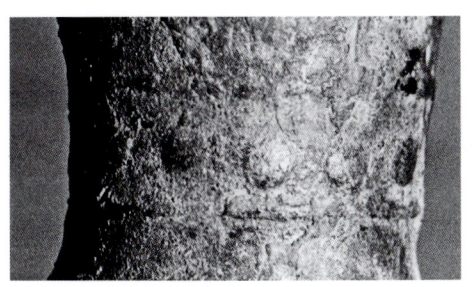

图3.3　二里头爵 VIIKM7:1 纹饰（引自
The Great Bronze Age of China, fig.18）

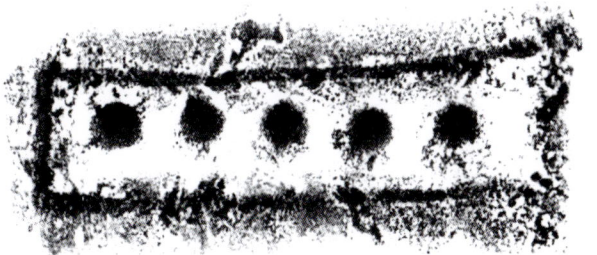

图3.4　二里头爵 VIIKM7:1 纹饰拓片（引自
The Great Bronze Age of China, fig.17）

测其铸型沿流、尾、鋬中三分，鋬下有D形芯①。也即苏荣誉等所归纳的I式②。难波纯子将此器划为二里头II式爵，复原其铸型也是沿底面分上下两段，上段三块范：背面一块，前面从鋬中左右分型；下段的铸型，底下一块范包括了三足的型腔，外面三块范形成足外侧，在足外面中线结合③。但这件爵鋬和三足外面的中线均无铸造披缝痕迹，难波氏的根据较弱，难以采信，何况她对于鋬如何处理尚未涉及。

这件爵的铸型是上下分段的早期实例。上段铸型沿流-尾分型清楚明白，是否再沿鋬中间分型，分歧较大。难波纯子以为自鋬中分，但在早期爵的鋬上，没有发现垂直披缝以

---

①　Wen Fong. The Great Bronze Age of China, An Exhibition from the People's Republic of China. New York: The Metropolitan Museum of Art, 1980: 74-75, figs. 18,17.
②　苏荣誉、华觉明、李克敏等：《中国上古金属技术》，山东科学技术出版社，1995年，第97页。
③　難波純子：《初現期の青銅彝器》，《史林》1989年第七十二卷第二號，第76～112頁，85頁图3.3、107頁图14.2。

支持其说法。其实，早期鋬为带状，其中有透孔者若干件，这些透孔值得研究。首先这些鋬均浑铸成形，无分铸痕迹；其次，鋬上的透孔无论形状如何，或长方或三角，均是外小内大，说明透孔由鋬下的芯成形。透孔是芯头，用以加强固定鋬下泥芯；然后，鋬下泥芯究竟多大？通常其宽度与鋬宽相若，采用开槽下芯法将芯嵌入前面范中，芯的两侧可设榫与范结合固定，也在外面设长方形或三角形榫头与范固定，这样，在腹壁鋬的投影方向，会形成铸造披缝，如上文前庄爵那样。但在二里头青铜爵中，几乎没能直接看见鋬芯的披缝，应该是被小心打磨掉的缘故，因为，流下和尾下的披缝也多不清晰。希望细致分析的X射线影像能提供相应的信息。

贝格立指出这件爵口沿内侧的加厚现象，是对薄板锤锻器卷边的模仿，进而推测在二里头铸造青铜爵之前，还有一个更古老的锤锻制作青铜器的时代。至于流根的两个立柱，也应与制作器物有关，但究竟与铸造抑或锻造原形有关，尚无头绪。指认可能是浇道残余的说法令人怀疑，因为它们不在适合设浇道之处。此爵的披缝似乎倾向于正立浇注，但其他器物则似乎规则地倒置浇注，足便于设浇口和冒口，并进一步说明倒置浇注的方便之处在于芯着地易固定。但他并未给出实例，故而立柱还是难解之谜[①]。对于二里头更早的锤锻铜器的可能，巴纳颇不以为然，认为铸造是中原青铜器的路径[②]。

上述两件爵成为宋人所定名的青铜爵的祖型。其奇特怪异的造型，不见于任何其他文明。正如贝格立所指出，虽然爵ⅧT22③:6尚显粗糙，但与其他早期文明的青铜容器相比，它却是非常精致之品，所体现出的金属工艺与西亚截然不同。虽然造型古怪，却能传承数百年，体现着中原艺术传统和特质[③]。

1987年春在二里头Ⅵ区发掘了九座墓，其中M57稍大，随葬有青铜器、玉器和陶器多件，年代被划为二里头第四期。所出青铜爵ⅥM57:1通高164、流尾长198、底70×47、腹壁厚1.6～2.0毫米。流根有一对小矮柱，槽形横截面鋬内尚残留有泥芯[④]。廉海萍等分析此器，见器内外均经过仔细的修整打磨，仅在两侧可见披缝，底部和鋬均无披缝痕迹，底外无铸型上下分段痕迹，其铸型应由二三块侧范、一块底范与一块腹芯、一块鋬芯组成[⑤]。

---

① Wen Fong. The Great Bronze Age of China, An Exhibition from the People's Republic of China. New York: The Metropolitan Museum of Art, 1980: 74-75, figs. 18,17.

② Noel Barnard. Wrought Metal-working Prior to Middle Shang? – A Problem in Archaeological and Art-Historical Research Approaches. Early China, 1981, 6:4-30.

③ Robert W. Bagley. The Beginning of the Bronze Age: The Erlitou Culture Period//Wen Fong. The Great Bronze Age of China, An Exhibition from the People's Republic of China. New York: The Metropolitan Museum of Art, 1980: 70-73.

④ 中国社会科学院考古研究所二里头工作队:《1987年偃师二里头遗址墓葬发掘简报》,《考古》1992年第4期，第294～303页。

⑤ 廉海萍、谭德睿、郑光:《二里头遗址铸铜技术研究》,《考古学报》2011年第4期，第561～575页。

1984年在二里头VI区发掘多座墓葬，其中三座墓出土青铜爵（M9:2、M11:1和M6:5），它们的年代都是二里头第四期。前两件爵形制相同，都有一对立柱，M9:2通高164、流尾长205毫米，M11:1通高207、流尾长262毫米。爵M6:5无柱，鋬接到足根，通高175、流尾长195毫米[①]。后者鋬的型腔一部分与足的型腔相通，表明其侧范没有分成上下两段，而是从口沿一直延伸到足尖[②]。

1980年在二里头III区发现的墓IIIM2，墓室2.55米×1.20米，随葬青铜器、玉石器、陶器和漆器多件，特别是两件青铜爵颇为独特，年代被定为二里头三期。两件青铜爵IIIM2:1和IIIM2:2，通高分别148毫米和224毫米、流尾长分别140毫米和232毫米，后者有假圈足，上有四个圆形透孔，下接三锥足[③]。两件爵的铸型与爵VIM57:1一致[④]。

的确，这种造型怪异、看起来也不能稳当放置或放置不稳、品质单薄、脆弱不坚久、容量有限的容器，其制作技术独一无二，以泥范块范法铸造成形。器外壁经过仔细打磨，在底部多可见清晰的铸造披缝，有些在鋬下腹部可见两条垂直的铸造披缝，是鋬下泥芯的孑遗[⑤]。可见，早在二里头文化时期，中原人已经采用泥范块范法铸造造型颇为复杂的容器，并且具有独占性，与其他早期文明以锻造方法制作青铜容器判然有别。特殊的造型与独特的工艺，造就了长逾1500年的中原青铜艺术，内涵颇为深邃。不独如此，铸造出壁厚一毫米的青铜容器，应该是叹为观止的杰作，因为迄今铸工尚不能实现[⑥]。青铜爵虽然造型古怪，却是二里头文化青铜器的核心。

## 三、盘龙城早期青铜爵

二里头文化如何衰落，迄今鲜见令人信服之论；同样的，商文化如何兴起，怎样的契机建立起大帝国，也还不清楚。但考古发现所揭示的商代城市以及相关遗迹、墓葬和遗物，就青铜器而言，呈现出蓬勃发展的格局。在二里岗上层时期达到了青铜器的辉煌阶段，器物种类和数量增加的同时，大型化和装饰都有跃升性的进步。

---

① 中国社会科学院考古研究所二里头工作队：《1984年秋河南偃师二里头遗址发现的几座墓葬》，《考古》1986年第4期，第318～323页。
② 廉海萍、谭德睿、郑光：《二里头遗址铸铜技术研究》，《考古学报》2011年第4期，第561～575页。
③ 中国社会科学院考古研究所二里头队：《1980年秋河南偃师二里头遗址发掘简报》，《考古》1983年第3期，第199～205、219页。
④ 廉海萍、谭德睿、郑光：《二里头遗址铸铜技术研究》，《考古学报》2011年第4期，第561～575页。
⑤ 同④。
⑥ 苏荣誉：《二里头文化与中国早期青铜器生产的国家性初探——兼论泥范块范法铸造青铜器的有关问题》，《夏商都邑与文化（一）——夏商都邑考古暨纪念偃师商城发现30周年国际学术研讨会论文集》，中国社会科学出版社，2014年，第342～372页；苏荣誉：《商周青铜铸造泥模范的七个问题》，《对照实验を主轴とした：東アジア鋳造技术史解明のための实验考古学の研究》，2020年，第40～59页。

这其中两个最重要的城是作为都城的郑州商城和远在长江之滨的黄陂盘龙城。两地出土的青铜器，与二里头文化相较，不仅器类增加不少，还出现了大型器，且器物几乎都有纹饰，这一阶段，尽管青铜爵仍居中心地位，是随葬品组合中的必需器物，但重要性相对有所降低，中商阶段仍延续了这一态势。

黄陂盘龙城是迄今所发现的早商阶段内涵较为丰富、结构较为完整的遗址，其重要性可与郑州商城相垺。虽然郑州商城贵为都城，但盘龙城遗址中发现了多座城址、遗迹和墓葬，出土青铜器的总数可能超过了郑州商城。考古发掘报告将该遗址划分为七期，前两期相当于二里头文化二、三期，第三期相当于二里头文化第四期偏晚或二里岗下层一期偏早，第四和第五期相当于二里岗上层一期偏晚，第六和第七期分别相当于二里岗上层二期偏早和晚段[①]。

现对不同期别的几件青铜爵进行分析。

### 1. 杨家湾爵YWM6:1

杨家湾位于盘龙城遗址北部，是一座横卧于盘龙城北面的小岗丘，东西长500、南北宽350、海拔45.9～49.1米。考古调查发现岗地上遍布商代遗址和墓地，年代在盘龙城第三至第七期。出土年代最早青铜容器的墓葬YWM6发现在这里，其中出土一件青铜爵YWM6:1，属于盘龙城第三期。

图4.1　盘龙城杨家湾爵YWM6:1（郝勤建摄）

青铜爵YWM6:1出土时，流、尾、足皆残，壁厚1毫米，残重150克（图4.1）。同样是截面合瓦形两段叠合的杯形腹，平底，腹前面设带状C形鋬，其两端宽而中间窄；上腹饰"一带双纹"细线纹带；口敞，口缘内有加厚的唇边。流残，根部设短立柱，截面近三角形，柱头有略大的柱帽；与流相对的三角形尾仅残去尖端。平底下三锥足承器，截面近乎四棱形，足尖残断，布局是一足在鋬下，另二足分别在流和尾下，但在底部长轴之后，且三足外均不贴底的外缘，均后错少许（图4.2～图4.8）[②]。

---

① 湖北省文物考古研究所：《盘龙城——1963～1994年考古发掘报告》，文物出版社，2001年，第441～446页。

② 同①，第220页，图一五九.5、6，图版六五.2。

伍　平陆前庄青铜爵与早期青铜爵研究 | 199

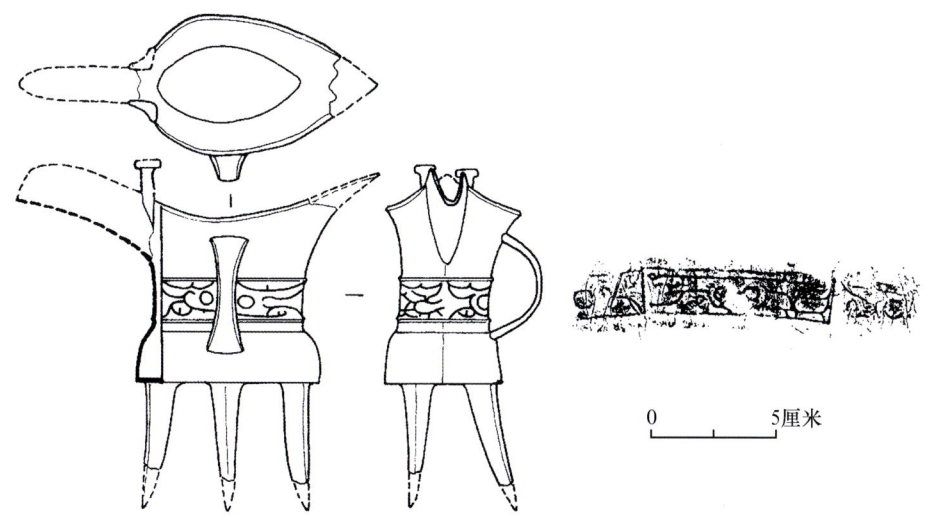

图 4.2　杨家湾爵 YWM6:1 线图（引自《盘龙城》图一五九.5、6）

图 4.3　杨家湾爵 YWM6:1 口（郝勤建摄）

图 4.4　杨家湾爵 YWM6:1 外底（郝勤建摄）

图 4.5　杨家湾爵 YWM6:1 鋬（郝勤建摄）

图 4.6　杨家湾爵 YWM6:1 披缝（郝勤建摄）

图 4.7　杨家湾爵 YWM6:1 披缝（郝勤建摄）

## 2. 李家嘴爵 LZM2:23

李家嘴位于盘龙城遗址东南的一个半岛形台地上，为一西北-东南走向的长条形湖旁台地，东西长460、南北宽150、海拔41.0～44.6米。在李家嘴发现了三十个商代灰坑和四座墓葬，年代从盘龙城第二期延续到第六期，早商最大的两座墓葬即发现在这里，分别属于第四期和第五期。

李家嘴二号墓年代属盘龙城第四期，是早商墓中随葬青铜器最多的，多达50件，包括四件青铜爵。据装饰，四件爵分宽线带状兽面纹和细线凸弦纹两类，爵LZM2:23属于后者，前一类仅选LZM2:21在本节末进行分析。

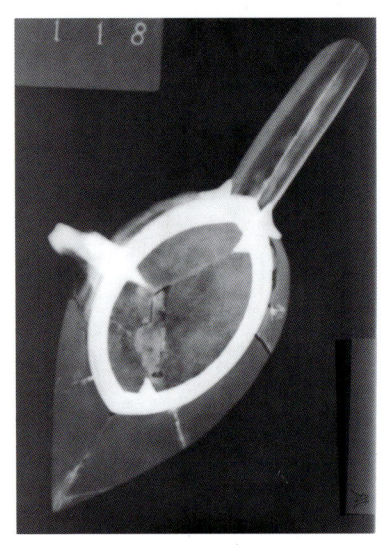

图4.8　杨家湾爵YWM6:1底部X射线影像（胡东波摄）

爵LZM2:23出土时口、流和尾均残缺，通高144毫米，重150克（图5.1）。腹为两段叠成，上腹饰两周水平凸弦纹；腹截面呈椭圆形，前面设带状C形鋬，两头宽中间窄；马鞍形敞口，流根短立柱如钉状，平底下三锥足承器，其中两足尖残断（图5.2～图5.5）①。此爵与同出的另三件爵腹部装饰宽线带状兽面纹颇不同，无疑年代较早，下文再议。

## 3. 楼子湾爵 LWM2:1

楼子湾是一处位于盘龙城城址西250米的岗丘，东西长300、南北宽220、海拔44.3～47.1米。岗地自北向南倾斜，南坡先后发现商代建筑遗迹、灰坑和墓葬，年代属于盘龙城第四至第七期。属于第五期的墓葬有六座，其中LWM2是一座残墓，发现了陶饼和青铜爵各一件。

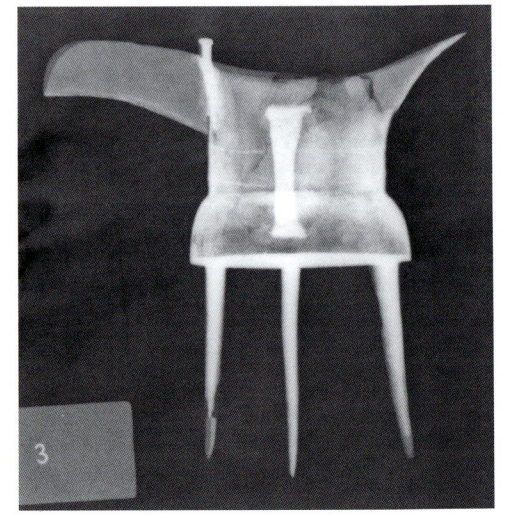

图5.1　盘龙城李家嘴爵LZM2:23
X射线影像（胡东波摄）

据发掘报告，爵LWM2:1出土时流残，修复后通高163、足高62、立柱高11、腹壁

---

① 湖北省文物考古研究所：《盘龙城——1963～1994年考古发掘报告》，文物出版社，2001年，第220页，图一〇无.5、6，彩版一一，图版四六.3。

图 5.2　李家嘴爵 LZM2:23（郝勤建摄）

图 5.3　李家嘴爵 LZM2:23 流与腹相贯（郝勤建摄）

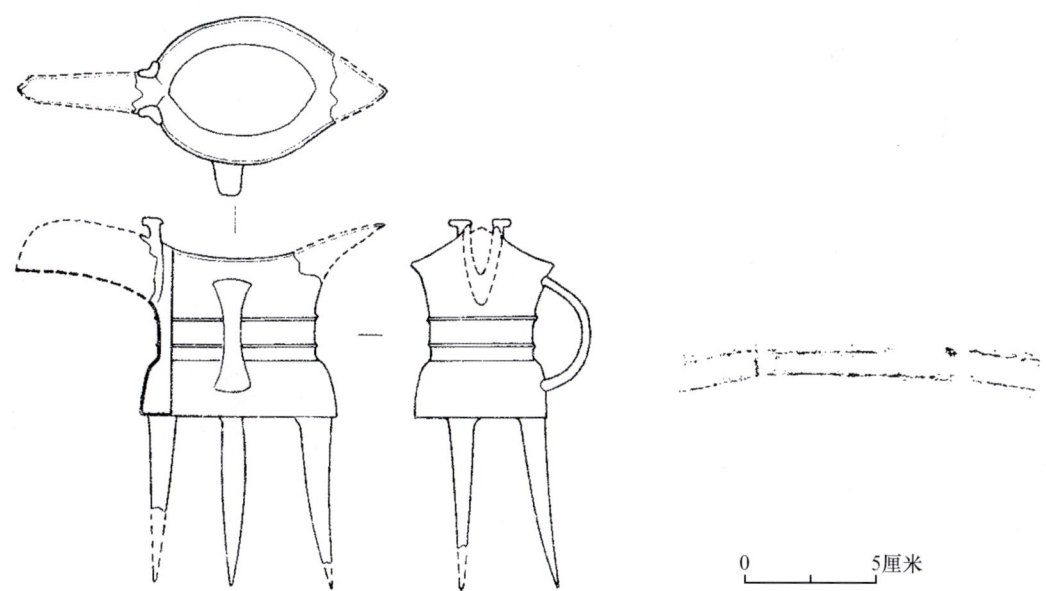

图 5.4　李家嘴爵 LZM2:23 线图（引自《盘龙城》图一〇五.5、6）

厚1.5毫米，重250克（图6.1）①。这件爵的杯状腹也由上下两段相叠而成，下段径大而体

---

① 湖北省文物考古研究所：《盘龙城——1963～1994年考古发掘报告》，文物出版社，2001年，第378页，图二八〇.1、2，图版一二三.3，彩版四六.1。

图 5.5　李家嘴爵 LZM2:23 外底（郝勤建摄）

矮，腹壁外弧，上段径小而较高，腹壁近直，两段叠交界线分明。下腹光素，上腹饰一周纹带，两细凸弦纹中间平铺不规则折线纹，而前面部分则在鋬两侧平铺叉线纹（图6.2）。

腹上部敞开，有马鞍形口，口沿内边加厚，但宽窄不一。上腹左侧向上斜伸槽形流，与腹相贯，并与腹圆角过渡。在过渡处竖立一对立柱，略外斜，横截面为半圆形，顶有近似弯月形略大的柱帽。口右侧向外斜出三角形尾，并略向上弧斜。平底，下以三只锥足相承。足上粗下尖利，横截面为四棱形；正面足在鋬正下方，其中段向外弧撇；两侧的足较直，但均不在流和尾正下方，而是偏向背面一个身位（图6.2）。

此爵的铸型结构与前揭杨家湾爵 YWM6:1 和李家嘴爵 LZM2:23 的相同，发掘报告强调在底部可见三条铸痕，当是披缝。但所言"周壁作双层"的含义尚不明了。

郭宝钧（1893~1971年）考察此爵，指出其流、尾皆短，足细小，腹部纹带图案颇罕见[①]。的确，饰这类纹饰的青铜爵或仅此一

图 6.1　盘龙城楼子湾爵 LWM2:1（郝勤建摄）

件，但1987年在偃师二里头发现的唯一的一件青铜鼎（VM1:1），腹部也饰叉线纹[②]。可以认为这类折线和叉线用于装饰早期青铜器，说明爵 LWM2:1 的年代或者较早，或者保留了古风。

### 4. 杨家湾爵 YWM7:7

杨家湾遗址在盘龙城第六期的遗存中内涵丰富，发现灰沟一处，灰坑两个，墓葬八座。墓 YWM7 为一座长方形土坑墓，墓口已残。墓底2.13米×0.84米，墓室随葬青铜器、陶器和玉器各六件，青铜器包括鬲、爵、斝、尊各一件和两把刀，酒器置于墓主头的两

---

[①] 郭宝钧：《商周青铜器群综合研究》，文物出版社，1981年，第11页。
[②] 《中国青铜器全集》（卷一），文物出版社，1996年，图一。

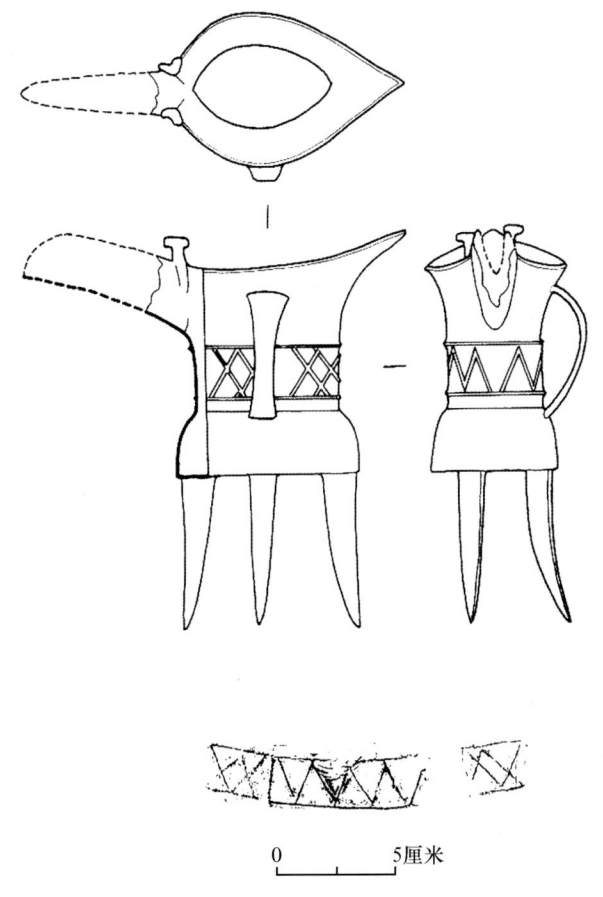

图 6.2　楼子湾爵 LWM2:1（引自《盘龙城》图二八〇.1、2）

侧，爵置于尊中，且都涂朱砂。

爵 YWM7:7 在杨家湾盘龙城第六期墓葬出土的六件青铜爵中较为特殊，发掘报告称之为弧腹爵，仅此一件。这件爵出土时一足残失，修复后通高 188、流尾长 174、腹壁厚 1.5 毫米，重 400 克（图 7.1）[①]。

杯形爵腹具有合瓦形截面（图 7.2），也由上下两段相叠而成：下段径大而矮，腹壁外弧；上段径小但较高，中间壁直，上面壁向外弧弯，形成敞口。爵口马鞍形，左侧伸出较长的槽形流，其上下边具略向上弧弯，口亦圆弧形。流与腹相贯，两侧衔接以小圆角过渡。过渡处竖立一对横截面近乎半圆的立柱，略向外斜，表面略显粗糙，柱顶有馒头形小柱帽。口右向上弧形伸出三角形尾。腹前面中间纵置C形带状鋬，起于口沿下而接于下腹上侧，两头宽而中间窄，两侧内折略呈槽形，外面光素（图 7.3）。

---

① 湖北省文物考古研究所：《盘龙城——1963～1994 年考古发掘报告》，文物出版社，2001 年，第 231、232、247、248 页，图一八〇.7～9，图版七四.3，彩版三二.1。

图7.1　盘龙城杨家湾爵YWM7:7（郝勤建摄）

图7.2　杨家湾爵YWM7:7口（郝勤建摄）

与前述诸爵造型上的一个大的差别是此爵底微外突而非平底。外底接三只锥足，上段粗下段尖，鋬下足略向右偏并略向外弧撇，流下足略向外直斜，尾下足微向外直斜，这两足均不在流和尾的正下方，都偏向背面。发掘报告指足三棱形，但照片所见为四棱形，前面棱凸起一线，两外面角度很大，易被视为平面（图7.4）。

此爵的上下腹均有纹饰也与前面诸爵不同。下腹饰一周五个圆涡纹，它们大小一致，纹线规整而深竣，与鋬对称分布。上腹平铺一周纹带，两侧以圆圈纹带镶边。背面纹饰是细线兽面纹，两只不大的眼珠圆突，眼后由三道平行线组成所谓兽身向外延伸，再上翘回勾；眼的上方和下方，均是细线云纹间刀纹，含义不明，具有早期兽面纹的典型构图（图7.5）[①]。前面设鋬，打破了纹饰，鋬下素面空白，两侧各布兽面纹的一半，其兽面纹构图有所变化（图7.6），与背面的有所区别，但风格高度一致。

爵身保留着清晰的铸造工艺信息。首先是流下中线的铸造披缝，与流一侧腹部的披缝相贯通，而相对一侧的尾下和腹侧也有一条垂直的铸造披缝，但因足的错位设计，足外中棱，也是披缝位置，不能与腹两侧披缝贯通（见图7.4），说明爵的铸型沿底外沿分上下两段。在鋬下的腹部，有两道垂直披缝，近乎鋬的投影（见图7.6）。而两个柱帽的下面，均可见L形披缝，相应的立柱外面也L形转折（图7.7、图7.8），那是侧范转折并与腹芯交接形成的，也说明柱帽另有一块范，因此，上段铸型由前后两块范、两块柱帽范与一块腹芯和一块鋬下芯组成。腹芯与流芯一体，但很可能是分别制作再组合一体的，然芯上要挖出两立柱的型腔。足外棱是分型面，披缝与外棱重合，或者说，外棱因披缝而设。内棱也是披缝设置处，根部伸向底部中心的披缝，是内棱披缝的延伸，它们交汇在爵外底（图7.9），

---

[①] 苏荣誉、陆晶晶:《平陆前庄青铜罍与商早期青铜罍——兼论青铜罍与尊之别》，见本书，第117～182页。

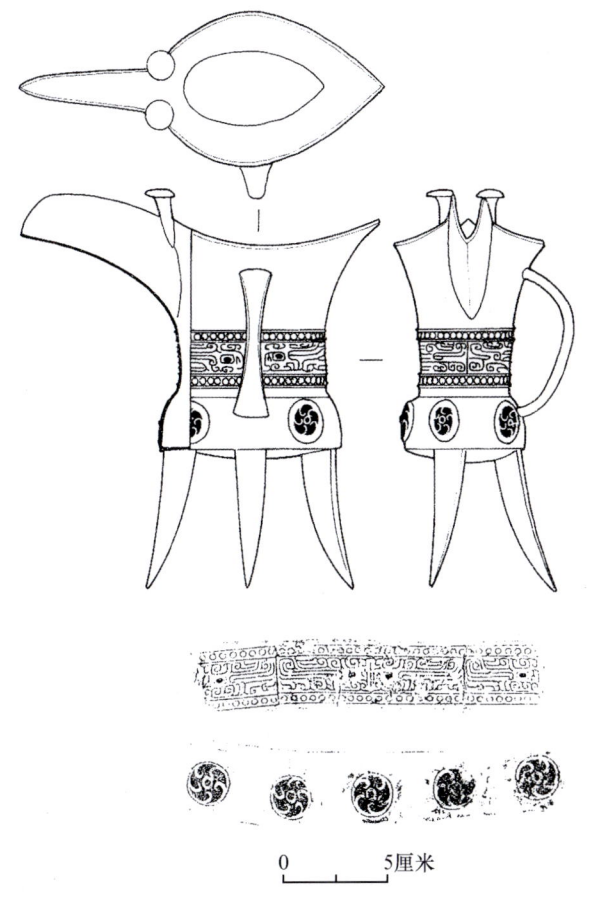

图7.3 杨家湾爵YWM7:7线图（引自《盘龙城》图一八〇.7～9）

说明爵下段铸型由三块范构成①。

一足从足根断脱（图7.9），是因为底壁厚和足根尺寸相差过大，浇注冷凝时很容易在结合处产生热裂。是故铸件壁厚尽量均一成为现代铸造工艺设计的基本原则。

这件爵的装饰，下腹的圆涡纹以阴线表现，上腹的兽面纹带以阳线平铺，后者如编织纹网贴敷在腹外，但前者则如在腹壁镂刻才能成形，纹线深峻甚于一毫米，而器壁厚约1.5毫米，芯的稍微偏心或范的些许位移均可导致器壁透孔，表现出高超的铸型工艺水平。同样，此爵的披缝直而窄，也是高度工艺技巧的表现。

**5. 杨家湾爵 YWM11:50**

属于盘龙城第七期的杨家湾遗址内涵很丰富，发现有房基两处，祭祀坑和灰坑各一，另有一处墓葬。墓YWM11地处杨家湾中心，因水沟冲刷而暴露，1989年被发掘，墓室中雕

---

① 苏荣誉、张昌平：《黄陂盘龙城青铜容器铸造工艺研究》待刊。

图 7.4　杨家湾爵 YWM7:7 流侧（郝勤建摄）

图 7.5　杨家湾爵 YWM7:7 背面纹饰（郝勤建摄）

图 7.6　杨家湾爵 YWM7:7 前面纹饰（郝勤建摄）

图 7.7　杨家湾爵 YWM7:7 立柱（郝勤建摄）

图 7.8　杨家湾爵 YWM7:7 立柱（郝勤建摄）

花彩绘的棺椁已糟朽，墓主随葬器物五十七件，包括三十五件青铜器，其中青铜爵三件（YWM11:50、YWM11:6、YWM11:4），另外还有陶器、玉石器和骨器。椁板上放置十九块青铜鼎残片和六块尊残片。

杨家湾爵YWM11:50出土时颇完整，其外形与杨家湾爵YWM7:7高度相似，通高144、流尾长136、腹壁厚1.5～2.0毫米，重230克（图8.1）[①]。二者些微的差别在于，此爵的下腹壁斜直，向下外撇，顶面与上腹尺寸相差不大，有若上腹在下方加厚了一层；上腹横截面也是合瓦形，但两面鼓起较高（图8.2）；鋬几乎接在上下腹结合处。此外，这件爵的立柱偏向口沿，虽都外斜，但其柱帽为弯月形（图8.3）。当然，最大的不同还在于此爵平底，彼爵凸底（图8.4）。

图7.9　杨家湾爵YWM7:7外底（郝勤建摄）

图8.1　盘龙城杨家湾爵YWM11:50（郝勤建摄）

特别要指出的是，该爵上腹饰三周凸弦纹，纹线粗细各高低较均一，平行度也好，正面也被鋬所打破。以凸弦纹装饰爵有很长的传统，就盘龙城出土而论，前揭出自四期墓的李家嘴爵LZM:23腹饰两周凸弦纹，属于六期墓的杨家湾爵YWM3:1，腹部装饰三周凸弦纹，与此爵一样。

就器身的铸造工艺信息看，两件爵基本一致，流两侧的铸造披缝与足外棱不能贯通（图8.5、图8.6），铸型沿底面分上下段，底部披缝很明显（图8.7），与爵YWM7:7一致。但是爵YWM11:50柱帽小且形如弯月，不完整，说明没有采用单独的柱帽范，其型腔应是在腹芯的芯头上挖出的，不似爵YWM7:7有单独的柱帽范。

同墓出土的爵YWM11:4和YWM11:57与这件爵风格相同，只是此二爵的下腹壁外弧而已，其余都一致，包括柱帽。纹饰方面看，两件爵皆素面，不铸造纹饰，较之YWM11:50更加简朴。铸造工艺与后者一样。

---

[①] 湖北省文物考古研究所：《盘龙城——1963～1994年考古发掘报告》，文物出版社，2001年，第263、264、275页，图二〇二.1、2，图版八八.1。

图8.2 杨家湾爵YWM11:50口（郝勤建摄）　　图8.3 杨家湾爵YWM11:50柱与柱帽（郝勤建摄）

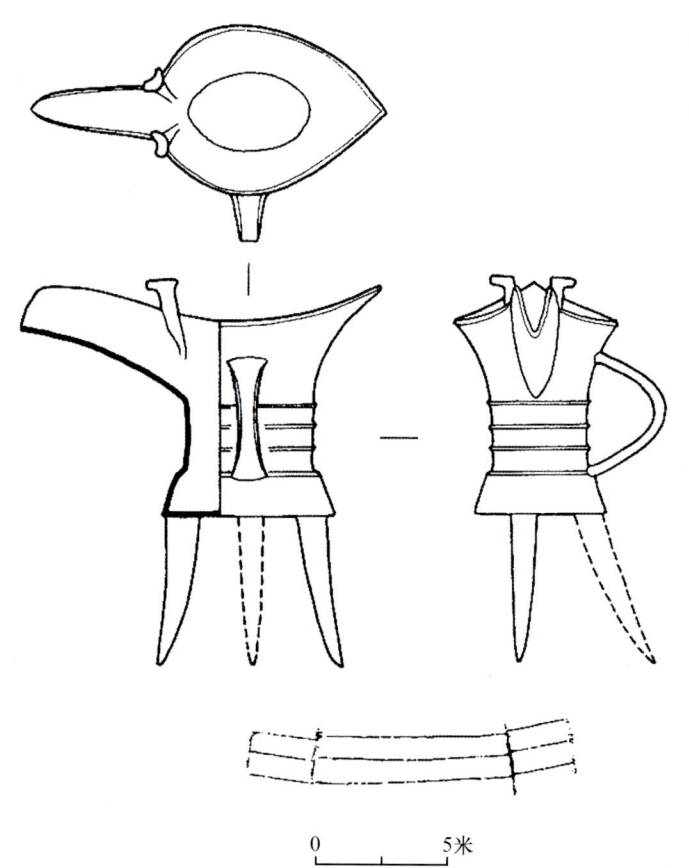

图8.4 杨家湾爵YWM11:50线图（引自《盘龙城》图二〇二.1、2）

如果早期青铜器的发展态势是从结构简单趋向复杂、装饰从无到有到繁复、纹饰从无到有到华丽，属于七期墓的杨家湾三件爵YWM11:50、YWM11:4和YWM11:57，显然较杨家湾六期墓爵YWM7:7简单，应该早于后者。当然，另一种可能是略晚的墓中随葬了

图 8.5　杨家湾爵 YWM11:50 侧面
（郝勤建摄）

图 8.6　杨家湾爵 YWM11:50 侧面（郝勤建摄）

早期器，也可能两座墓的年代十分接近，但 YWM11 应早于 YWM7。

**6. 李家嘴爵 LZM2:11**

前文曾指出，属于盘龙城四期的李家嘴二号墓出土四件青铜爵，爵 LZM2:23 装饰细线纹带，讨论如前。另外三件都装饰宽线纹带，其中爵 LZM2:21 出土时上半残缺严重，爵 LZM2:12 和 LZM2:11 较完整，且造型一致，本文讨论后者。

图 8.7　杨家湾爵 YWM11:50 外底（郝勤建摄）

李家嘴爵 LZM2:11 出土时流和尾均有残缺，修复后通高 168 毫米（图 9.1）①。爵的杯状

---

① 湖北省文物考古研究所：《盘龙城——1963～1994 年考古发掘报告》，文物出版社，2001 年，第 163 页，图一〇五.1、2，图版四六.2。发掘报告中的线图往往与器物有出入，如本器的柱帽。

图9.1 盘龙城李家嘴爵LZM2:11（郝勤建摄）

腹具合瓦形截面，也是两段叠合构成，发掘报告称之为折腹型，但下腹依然矮，壁外弧，其顶面径仅比上腹大一壁之厚，甚于上文的杨家湾爵YWM11:50。上腹壁直，口敞，作马鞍形。口右向上斜出槽状流，其弧弯造型和较尖的流口都不寻常，可能经过修复，但槽的截面为V形，与腹的过渡为小圆折角，其上相对竖两立矮柱，前面柱顶有小且不规则形状的柱头，后侧无柱头（图9.2）。口右侧斜出三角形尾。前面之间设C形带状鋬，起于口沿下而接于下腹上边，鋬截面槽形，其两侧内折而成（图9.3）。爵平底，下接三锥形足。足根粗，足尖利，横截面为三角形，外面几乎贴在底外缘。

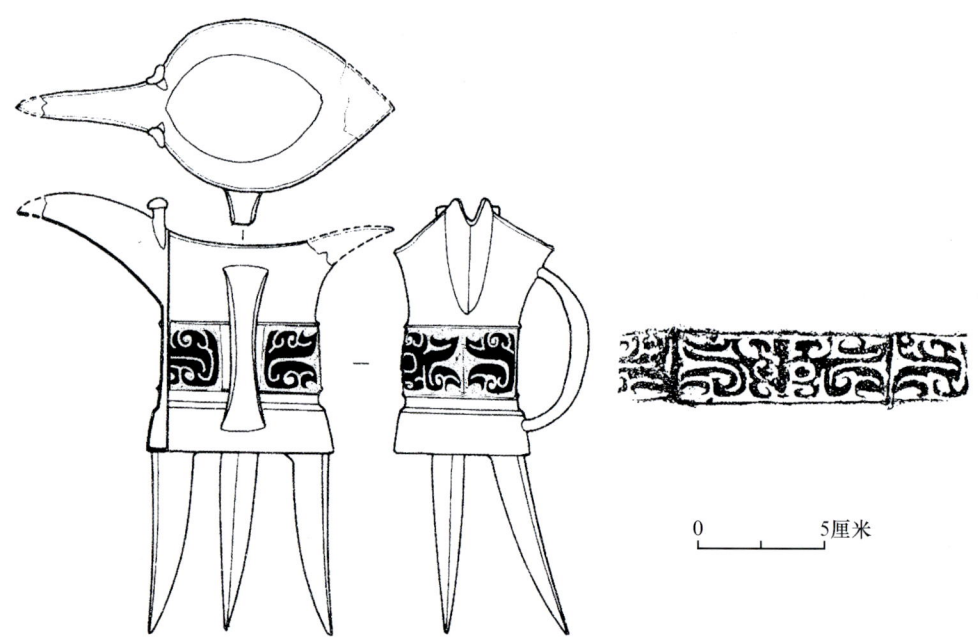

图9.2 李家嘴爵LZM2:11线图（引自《盘龙城》图一〇五.1、2）

中腹饰宽线纹带，以细线凸弦纹作边。纹带属平铺式，线条宽，纹线高，这样的纹带套在腹表面，会模糊下腹与上腹的差别，因此，在纹带下与下腹顶之间设了一周凹槽（图9.4）。背面纹带为一幅兽面纹，一双眼睛形状不一，右眼近乎圆形，其中眼珠圆突；左眼

图9.3　李家嘴爵LZM2:11錾（郝勤建摄）　　图9.4　李家嘴爵LZM2:11背面（郝勤建摄）

长圆形，其中长圆形眼珠圆突。两眼之间的一条竖向宽线含义不明。它既是兽面纹相对对称的基线，也可能是兽面纹鼻梁和冠饰。至于其他线条，基本上是勾线或云线（图9.5），含义不清，具有典型早期兽面纹的构图。正面纹带被錾打破，錾下空白，两侧是兽面纹眼后部分（图9.6）。

这件爵的铸造工艺信息明确。流下和腹两侧的铸造披缝明显，三足外面中间都有垂直的披缝，并且不与两侧披缝贯通（图9.7），外底三披缝交汇（图9.8）。爵LZM2:12和LZM2:21的铸型也是如此，这些都表明其铸型与杨家湾爵YWM6:1一致。

李家嘴一号墓被认为属盘龙城第五期，略晚于二号墓，其中出土三件青铜爵，都属于宽线纹带式，它们的基本形状、结构和纹饰构图与杨家湾爵YWM6:1相同。爵LZM1:17上腹大部残缺，诸多现象不明；爵LZM1:16流根设叉形柱，柱头设伞状柱帽，帽面饰涡纹[①]。这属于一个特殊的新类型，将另外著文讨论。爵LZM1:15的造型和纹饰与LZM2:11

---

① 湖北省文物考古研究所：《盘龙城——1963~1994年考古发掘报告》，文物出版社，2001年，第163、190、191页，图一〇五.1、2，图一二九.5、6，图版四六.2、五七.2。

图9.5 李家嘴爵LZM2:11兽面纹（郝勤建摄）

图9.6 李家嘴爵LZM2:11正面（郝勤建摄）

图9.7 李家嘴爵LZM2:11底与足（郝勤建摄）

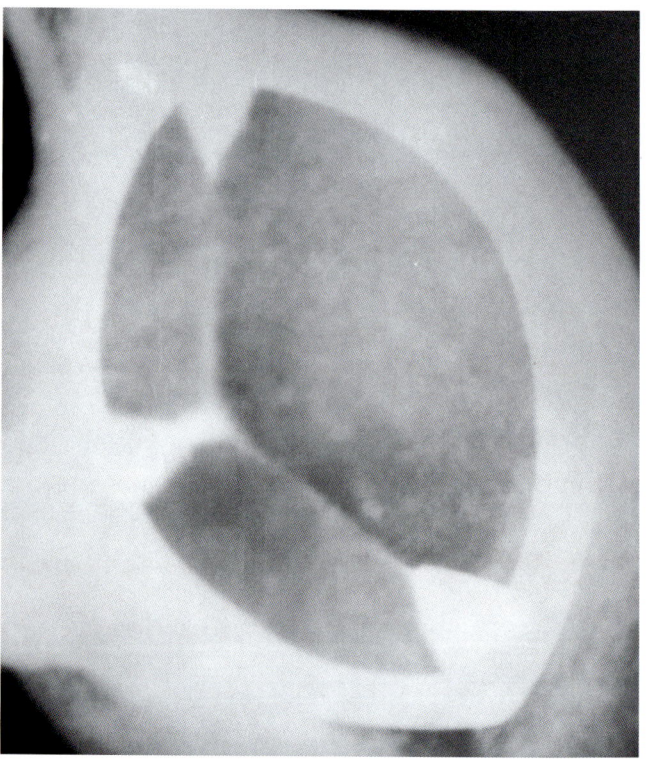
图9.8 李家嘴爵LZM2:11底X射线影像（胡东波摄）

相同，且流和尾端部也都残缺，壁厚 1 毫米，但双柱较高，截面为半圆形，上有馒头形小柱帽；三锥足内弧，截面近乎四棱形。

相对而言，李家嘴爵 LZM2:23 的细线纹饰，在李家嘴墓地明显属于少数，但它们的器形、纹饰构图都高度一致。这七件爵明显地反映出宽线纹饰与细线纹饰的共存现象。

早年罗越（Max Loehr，1903～1988）对安阳青铜器风格的研究举世瞩目，他基本上根据青铜器纹饰类型，将安阳青铜器分为五种风格（style），细线带状纹饰属风格 I 型，宽线带状纹饰属风格 II 型[①]。罗越本是对安阳青铜器装饰进行类型划分，但后来被好事者讹衍为装饰的进化，认为 I 型早于 II 型。盘龙城青铜爵即可说明这种讹衍没有根据。

但是，不同时代有其主流装饰。李家嘴二号墓三件宽线纹带饰青铜爵，实际上是盘龙城青铜爵的主流，李家嘴一号墓略晚，出土的三件爵均属此型，同属第五期的楼子湾墓出土青铜爵 LWM1:5、LWM3:4、LWM8:2 和 LWM2:1，第五期杨家嘴墓出土青铜爵 YZM1:5、YZM2:4 和 YZM2:5，第六期杨家湾青铜爵 YWM5:4、YWM4:14、YWT38④:1、YWM3:1 和 YWM4:3，第七期杨家湾爵 YWH6:30 和 YWH11:6 基本如此。这类青铜器的整理和讨论，将另外为文。

## 四、郑州商城早期青铜爵

接续二里头文化的是早期商文化，考古学家认为二里岗文化属之，可分为二里岗下层和上层，且可各自分出早晚两个阶段，郑州商城即是早商阶段的都城，但何时营建，何时启用，还待深究。属于二里岗下层早段的青铜爵，在郑州商城还很少发现或未能辨识出来。鉴于新的测年给出二里头晚期文化进入传统商纪年之中，早商初期的青铜爵应该与二里头四期文化青铜爵一致，或者相当接近，而晚段的青铜爵，在郑州商城墓葬中已发现二十多件。

虽然郑州商城贵为都城，但近代城市叠压在商城之上，使得这座早商都城的面貌支离破碎，特别是早期的诸多问题难以确认或者分歧较大。与二里头第四期文化、器物的关系，便成为首要问题，那是早商青铜技术和艺术的根源。实际上，这类材料还十分单薄

---

[①] Max Loehr. The Bronze Styles of Anyang Period (1300-1028 B.C.). Archives of the Chinese Art Society of America, 1953, 7: 42-53. 关于罗越研究的综合性评论，参见 Robert Bagley. Max Loehr and the Study of Chinese Bronzes: Style and Classification in the History of Art. Ithaca: Cornell East Asia Series, 2008: 64-97；缪哲：《罗越与中国青铜器研究》，《读书》2010 年第 11 期，第 126～133 页。

或者仍然阙如。现针对平陆前庄爵，根据郑州商城发掘报告，就具体器物对早商装饰细线的青铜爵，作一简单讨论。

### 1. 爵 87C5M1:1

1987年，在郑州陇海北二街中段北侧施工中，发现一座墓，墓圹2.0米×1.2米，墓主为一中年男性。墓室早先曾被管道打破，后经施工破坏。收集到一件青铜鼎、一件青铜爵、一件陶鬲和一件陶尊。

图10.1 郑州商城爵87C5M1:1（引自《文物》2003年第4期14页图二六）

青铜爵87C5M1:1出土时流微残，通高145、流尾长143毫米（图10.1）①。爵的杯状腹为椭圆形横截面，由上下两段相叠而成；下段径大而低矮，腹壁略外弧，上段径略小而高，腹壁直而微向上外斜，叠线清楚。口敞，呈马鞍形，并在左侧向上斜伸出槽形流，流体弧线形，流口亦呈弧形，而流槽截面近乎V形。流与腹相贯，锐折，流根与口沿圆弧过渡。与流相接的沿两侧，向外斜竖短柱，其横截面近似三角形，并有小且形状不规则的柱帽。口右侧向上斜出弧三角形尾。腹前面中间纵置带状鋬，起于口沿下而接于下腹。上腹饰三周凸弦纹，并在鋬下被打破。底平，下接三只锥形足。三足均上粗下细，端尖利，发掘简报称其横截面为三棱形，线图为三角形，但从照片看为四棱形，外侧中间起棱，形成两小斜面，但两侧面颇宽，使足如刀斧。尾下足较直，微外斜，流下和鋬下足均外撇（图10.2）。

此爵的铸造工艺信息披露很少，尤其是底部信息阙如。线图表现出鋬下腹部两条披缝，那是开槽下芯法，鋬芯与范结合所成。腹两侧的披缝可能不与足外侧中间棱一致，爵的铸型应该沿底分上下两段，上段两块范与一块腹芯和一块鋬芯组成，下腹沿三足外棱、内棱三分，三块范组成铸型。浇道位置不可考。

同时期类似的青铜爵，还见于1987年在郑州陇海路北二街中段发现的一座墓，该

---

① 河南省文物考古研究所：《郑州商城新发现的几座商墓》，《文物》2003年第4期，第4～20页，14页图二六，18页图四一.1。简报称沿口立一对"扁形柱"，鋬亦"扁棱形"，含义模糊，且未在线图中表示。

墓出土青铜鼎和爵各一件。爵87M1:3，通高145、流-尾143毫米，两段相叠的杯状腹，上腹饰两周水平凸弦纹。与爵同出的青铜鼎87M1:4，通高205、口径165毫米，球形腹，敛口，斜折宽沿上对生两拱形立耳，下腹以三空锥足承器，空足与腹腔贯通，上腹饰细线兽面纹带[1]。兽面除双眼明确外，余皆难辨。纹饰类型即艺术史家罗越划分的风格I型[2]。

### 2. 白家庄爵 C8M7:2

在郑州商城城垣内东北顺河路东段北侧，农民挖沙破坏了一座墓，考古清理时仅存墓的东北角，从残迹估计墓室2.0米×1.3米，北和西壁还有二层台。二层台和墓室残存青铜、玉石器十余件，另有一百多枚贝，其中包括三件

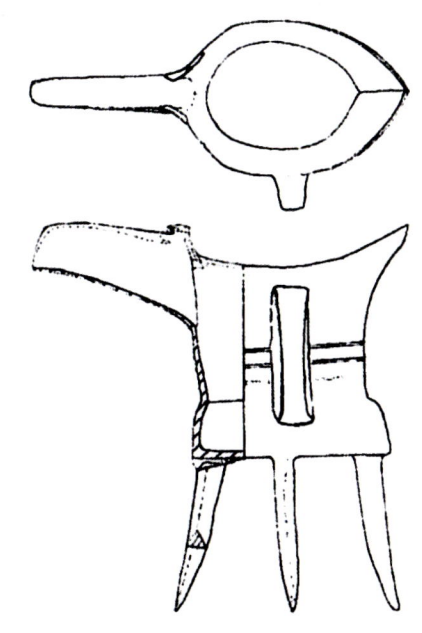

图10.2 郑州商城爵87C5M1:1（引自《文物》2003年第4期18页图四一.1）

青铜爵、一件青铜斝和一件青铜戈，可见早商延续了二里头文化爵的重要地位。

青铜爵C8M7:2可以代表这一阶段青铜爵，此爵口和流端略残，通高170、流-尾170毫米[3]。椭圆形截面杯状腹由上下两段相叠而成，下腹矮而阔，上腹高而狭，相叠处明显内折，是二里头文化束腰爵发生的重要演变。腹前面设垂直带状鋬，两端接头宽而中间窄。上腹饰两周凸弦纹，从鋬下穿过。简朴的铸造纹饰，是二里岗下层青铜器的重要发展。敞口呈马鞍形，口缘内侧有加厚的边；左侧斜向上出槽形流，流近根处竖立两矮立柱，月牙形柱帽略大，与流相对出三角形尾；平底下以三只外斜的锥足承器，足截面为三角形（图11），布局与二里头文化青铜爵相同。同出的爵C8M7:3，通高140、流-尾145毫米，造型与C8M7:2相同，仅有的区别是腹部两条水平凸弦纹之间布置了一周小乳钉纹[4]。

---

[1] 河南省文物考古研究所：《郑州商城新发现的几座商墓》，《文物》2003年第4期，第4～20页，图二六、四一.1、二五、四一.2。

[2] Max Loehr. The Bronze Styles of the Anyang Period (1300-1028 B.C.). Archives of the Chinese Art Society of America, 1953, 7: 42-53.

[3] 河南省文物考古研究所：《郑州商城——1953～1985年考古发掘报告》，文物出版社，2001年，第564、565、674页，图四六二.2，彩版九.2、3。考古发掘报告发表的线图与照片不一致，根据文字描述，知线图较为可靠。此发掘报告张冠李戴现象较多，遗憾。

[4] 同③，第564、565、674页，图四六二.3。

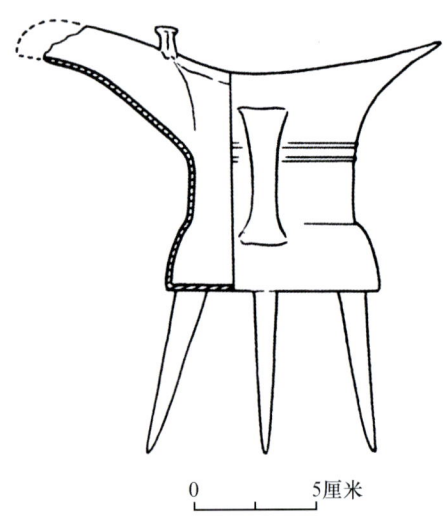

图 11　郑州白家庄爵 C8M7:2 线图
（引自《郑州商城》图四二六.2）

在郑州商城墓葬还出土了几件相同风格的青铜爵，如铭功路爵 MGM2:22 和 MGM2:14、人民公园爵 C7M25:1、北二七路爵 BQM4:1 以及白家庄爵 C11M125:1 等，虽然被考古学家划分在二里岗上层前段①，但分析它们的器形，几乎都是椭圆形截面两段相叠的杯状腹平底马鞍形口，上腹饰两或三周平行的凸弦纹，带状鋬两头宽中间窄，口左设槽形流，流根竖立一对矮立柱，截面多近三角形，柱头的柱帽多月牙形，略大于柱头；相对一侧的尾近三角形，呈弧形略向上伸出，平底下的三锥形足截面多呈三角形。它们的结构和风格高度一致，似由同一作坊制作，与二里头文化四期爵相承，可以认为属二里岗下层器。特别是白家庄爵 C11M125:1，足截面作四棱形，与二里头遗址出土青铜鼎结构一致，受铸造工艺所支配，具有早期器特征②。

### 3. 白家庄爵 C8: 郑博 0049

据发掘报告，白家庄墓葬出土一件爵 C8:郑博 0049（图 12.1、图 12.2），但没有说明出自哪个墓葬，同出器物如何，甚至没有基本的尺寸数据，也没有说明其流残缺③，可能属采集品。

该爵的基本结构与前述各爵大同小异，形态更接近盘龙城李家嘴爵 LZM2:23，杯状腹上下相叠，下段腹壁外弧。敞口的沿内壁加厚，一对立柱在靠近流一侧，短并外斜，横截面近三角形，顶端有很小的不规则形柱帽。带状鋬起于口沿下而接于下腹中间，鋬上宽下窄。中腹饰一周平铺纹带，两侧以细凸弦纹作边；前面是不规则的斜格纹，并被鋬打破，鋬下素面；后面是兽面纹，但具体构图不详，发掘报告未予表现。

---

① 河南省文物考古研究所：《郑州商城——1953~1985 年考古发掘报告》，文物出版社，2001 年，第 809、810 页，图五四五.1~5，图版二一九.1~3、五四五.5，彩版二八.1。

② 苏荣誉、张昌平：《论盘龙城楼子湾青铜鬲 LWM4.3 的铸造工艺及相关问题》，《南方文物》2022 年第 2 期，第 250~257 页。郑州人民公园商墓出土爵 C7M46:1，据考古报告图，三足截面也是四棱形，且马鞍形口上无柱，都具有早期特点，但腹为两段相叠式，且下腹饰宽线兽面纹带，故发掘报告将之归入二里岗上层前段，值得仔细考察，见《郑州商城——1953~1985 年考古发掘报告》，文物出版社，2001 年，第 809 页，图五四五.7。

③ 同①，第 809 页，图五四五.6，图版二一九.4。残缺的流在照片中很明显，但在线图中没有丝毫表现，因此，线图表现器物的真实性是可存疑的。

伍 平陆前庄青铜爵与早期青铜爵研究 | 217

图12.1 郑州白家庄爵C8:郑博0049
（引自《郑州商城》图版二一九.4）

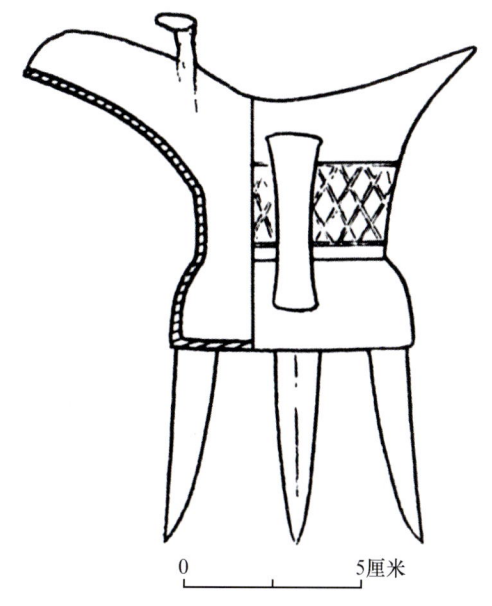

图12.2 白家庄爵C8:郑博0049线图
（引自《郑州商城》图五四五.6）

该爵平底，下以三只锥足承器。足根粗而足尖利，流下足直立，鋬下和尾下足均外撇。足外面中间起棱，截面为三棱形，外侧两面窄而夹角很大，里侧两面宽而夹角小，如楔如斧。足外棱与披缝重合，但不与流和尾下、腹两侧的披缝贯通，爵的铸型沿底分上下两段。鋬下腹壁披缝清楚，表明鋬以开槽下芯法成形。柱帽小而形状不规则，说明其顶部没有设独立的铸范，其型腔应是在腹芯芯头中掏出的。

此爵最大特色在于中腹的纹饰带，由兽面纹和菱格纹组合而成，在已知的早期青铜爵中绝无仅有。前文在讨论盘龙城楼子湾爵LWM2:1时，曾指出折线纹和叉线纹是早期青铜器的装饰形态，而菱格纹是叉线纹的规矩形式，应略晚。1982年郑州北二七路二号墓出土的一件爵BQM2:2，通高158、流-尾147毫米，腹部为两段相叠式，上腹在两凸弦纹间饰折线纹或锯齿纹，三锥足外面较宽，直而外斜，柱顶为月牙形小柱帽，发掘简报认为其年代属于二里岗上层较晚，郑州商城发掘报告将之置于上层早段[①]，大概与其些微的外凸底有关。而白家庄爵C8:郑博0049菱格纹与兽面纹组合成一个纹带，应该是早期铸工稔熟两种图案，随手将它们组合的表现。

---

① 河南省文物研究所：《郑州北二七路新发现三座商墓》，《文物》1983年第3期，第60~77页，图一八.11、二三.2；河南省文物考古研究所：《郑州商城——1953~1985年考古发掘报告》，文物出版社，2001年，第811页，图五四六.9。

### 4. 杨庄爵 C2: 豫 1187

1954年在郑州杨庄墓葬发现一件爵C2:豫1187，通高分别为152、流尾长132毫米（图13.1），但未介绍出自哪座墓，伴出器物如何[①]。

此爵的形态与上文白家庄爵C8:郑博0049一致，杯形腹上下相叠，但下腹与上腹尺寸相差无几，只是下腹壁斜而收束多，上腹壁微内弧，上下两段尺寸接近，只有一线之差。因此，爵侧壁轮廓近乎双C线，但曲率不大（图13.2）。似乎具有向筒形腹转变的迹象。

 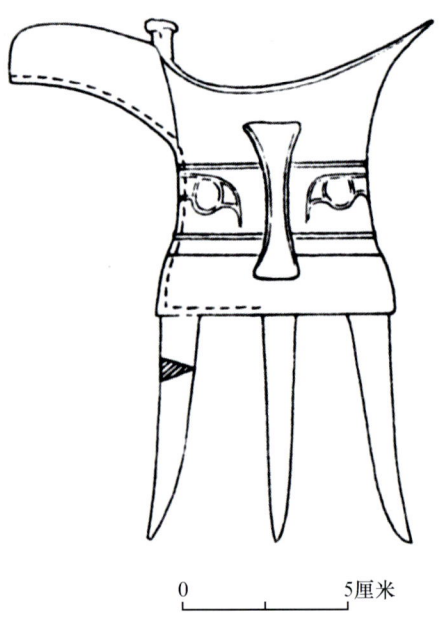

图 13.1　郑州杨庄爵 C2:豫 1187 ［引自《中国青铜器全集》（卷一）图六三］　　图 13.2　杨庄爵 C2:豫 1187 线图（引自《郑州商城》图五四六.4）

口略敞，为马鞍形，有斜唇。口左侧向外伸出槽状流，其上下明显弧形，流口亦弧形，与腹部相贯，亦小圆角过渡，过渡处竖立一对矮柱，三角形横截面，略向外斜，顶有不规则的小柱帽。口右侧向上斜出三角形尾，外壁略内弧。外面设C形带状鋬，自口沿下起而接在下腹上侧，鋬两头宽而中间窄，上端左侧高于右侧，较厚。底平而略大，下接三只锥足。足上粗而端尖利，上段垂直，足尖向外弧弯；其截面近乎扇形，外壁弧形且因中

---

[①] 河南省文物考古研究所：《郑州商城——1953~1985年考古发掘报告》，文物出版社，2001年，第811页，图五四六.4，图版二二一.2，彩版二九.1；《中国青铜器全集》（卷一），文物出版社，1996年，图六三；李伯谦：《中国出土青铜器全集》（第九卷），科学出版社，2018年，著录一件青铜爵，言1954年出土于郑州杨庄，通高152、流尾长132毫米（第34页），与杨庄爵C2:豫1187高度重合，但照片与考古报告相差较大，实有核查的必要。

间的纵向披缝，使其保留着四棱形的遗痕；足外壁缩进底缘少许，其排布与上述各爵一致。

发掘报告称"有鋬的一侧腰部饰双目纹，里一侧饰饕餮纹"，但没有以图表现。双目以细阳线勾出臣字形，中间眼珠圆圈形，上下以同样的细线凸弦纹作边。

这件爵身铸造工艺信息应该较为全面，但发掘报告基本不予涉及，也很少见到专门的研究予以披露。从图片可见，腹两侧、鋬下的两道和足外面中间的铸造披缝均明显，推测底部也有三道披缝自足内棱引出而交汇一点。其铸型也分上下段，结构与上述以87C5M1:1代表的诸爵一致。

此爵背面的兽面纹如何，未见公布。上海博物馆收藏的一件爵与之高度一致，正面饰兽面纹，背面饰无目兽面纹。而中牟黄店出土的一件，腹部依然是直径差别较大的两段相叠式，上腹平铺圆圈纹带，下腹的目纹相连，或意味着兽面纹。白家庄采集的一件爵C8:豫1439，造型和纹饰与中牟黄店爵完全一致，下腹纹带背面确为早期兽面纹，虽然纹饰不同，但纹线形式与杨庄爵C2:豫1187相同。至于1950年在辉县琉璃阁发掘的一件爵，腹部造型与这件接近，腹部则平铺方折的勾连纹，颇为特别①。这类趋向直腹壁或弧腹壁但不分段的形式，大概是二里岗上层一期的某组铸工的创举，在两段相叠腹形爵流行阶段派生而并行，数量有限，但在后来却发展成为筒形爵。

### 5. 爵 T61M1:3

2001年，考古工作者配合基建在郑州西大街东段北侧，郑州商城内西南发掘一座土坑竖穴墓，打破了夯土建筑基址，墓圹2.10米×0.75米，随葬器物十一件，包括五件铜器，青铜容器为斝和爵各一件。

爵T61M1:3，通高152、通长155毫米，外表遍布一层黏合砂土的锈层（图14.1）②。其腹部造型处在两段相叠与束腰之间，下段可视为较大径但矮的下腹，腹壁外弧；上段壁直，与下腹圆弧过渡，没有明显节线。口敞，

图14.1 郑州商城爵T61M1:3（引自《文物》2003年第4期13页图二二）

---

① 《中国青铜器全集》（卷一），文物出版社，1996年，图六四、六一、六二；河南省文物考古研究所：《郑州商城——1953～1985年考古发掘报告》，文物出版社，2001年，第811页，图五四六.5，图版二二一.2、3，彩版二九.2；中国科学院考古研究所：《辉县发掘报告》，科学出版社，1956年，第24页，图二九.3、三七.1。《辉县琉璃阁》发掘报告殷墓所出三件爵均不类，待查考。此外，琉璃阁发掘报告指出两件I式爵M110:11和M203:1足"作四棱尖锥形"。

② 河南省文物考古研究所：《郑州商城新发现的几座商墓》，《文物》2003年第4期，第4～20页，11页图一七.5，13页图二二，19页图四二.2。发掘简报结尾对六座墓年代排队，没有T61M1。

呈马鞍形，尖沿；左侧设槽形长流，其上下边线微上弧，流口依然，流与腹相贯并圆角过渡，过渡处向上斜竖一对立柱，三棱形横截面，没有柱头，但柱外面呈弧形；腹右侧向上斜出三角形尖尾，外侧内弧，致爵的轮廓右侧内弧，左侧直壁伸出上弧的流。腹前面中间纵设C形鋬，起于口沿下而接于下腹与上腹结合处，两头宽而中间窄，外面窄而里面略宽，是否横截面呈槽形待考（图14.2）。

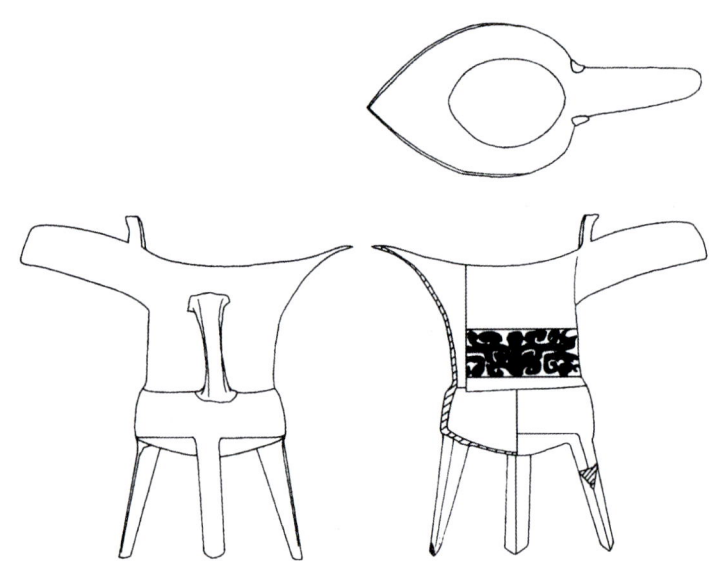

图14.2　爵T61M1:3线图（引自《文物》2003年第4期11页图一七.5）

底外凸，下接三锥足。足上粗下细，横截面呈三角形，但外壁略外弧，其中鋬下的足较粗且粗细比较一致。三足外壁与下腹腹壁平齐，而流、尾下面的足也都不在正下方，偏移背面一个身位。

中腹平铺一周宽线兽面纹带，两侧隐约以细线作边。背面的兽面纹，可辨识的是一对眼睛，不规则的环形眼睛中，突出不规则形状的眼珠。两眼之间有较宽的竖线，其中右窄棱，纹饰以之对称展开，但对称性不好。眼下、眼上和眼外都是云纹（图14.3），含义不明，正是早期兽面纹的基本形态，与盘龙城李家嘴爵LZM2:11腹部所饰兽面纹风格一致，构图大同小异。反映出两地密切的关系。

图14.3　爵T61M1:3兽面纹拓片（引自《文物》2003年第4期19页图四二.2）

器身的铸造工艺信息应该较为完整，但发掘简报未予涉及，加之器表为锈层遮盖，图片不能表现出工艺痕迹。所可注意的是，三足外面的中线有铸造披缝，推测腹两侧和鋬下也有，因此，虽为凸底，其铸型结构和平陆前庄以及上述郑州商城、黄陂盘龙城爵的铸型一致，这样高度一致的现象，在人类青铜时代早期是绝无仅有的。此爵凸底有一突刺，推测是浇道痕迹。中原早期青铜器的浇道，往往开设在分型面的一侧，多是靠芯或者较厚范的一侧，器物上的表现即是在披缝上或披缝边。

郑州西大街东段发现的这座墓T61M1，发掘简报对其年代的判断较为含糊，从器形看，大约属于二里岗上层。

郑州商城发现的早商青铜爵，虽然装饰类型较多，素面、凸弦纹、折线或叉线纹、细线兽面纹和宽线兽面纹，总的演变趋势是从无纹饰到有纹饰到较复杂的纹饰，从细线凸弦纹、折线或叉线纹到兽面纹，再到宽线兽面纹带，但每个阶段都有交叉和重叠。然而，爵的器形变化不大，都是横截面合瓦形的杯状腹（发掘报告常称为椭圆形截面，本文亦沿用），左出槽形流，右出三角形尾，前设带状鋬，下接三锥足。些微的变化出现在腹的结构，是两段相叠还是趋于筒状，即上下尺寸接近，在早商阶段，两段相叠还是主流，并延续了很长时间，中商晚期筒形腹才成为主流，但其雏形在早商已经出现；足的形状也有四棱和三棱或三角形横截面的分别，但趋向是从四棱到三棱。

## 五、结　　语

中原青铜技术的起源扑朔迷离，新石器时代的金属遗物，多样、怪异而缺乏联系，突出的现象是多见铜块，少见矿和渣，尤其缺乏冶炼铜的坩埚和炉具，加之对这些重要遗物的分析简单甚至草率，研究缺乏，因此，零散的早期金属实物之间的联系无法建立。不能认为中原早期文明进程中，也如近东、北非和东欧那样，存在一个铜石并用时代[1]。

### 1. 二里头青铜技术与青铜爵

世界上主要的早期文明都有一个青铜时代，欧亚大陆的青铜时代，以近东最早，大约开始于公元前3500年或略晚，此前还有一个长达一千多年的铜石并用时代。早在铜石并用时代，铜已被冶炼并加工出装饰品、工具、用具和宗教用品，主要的加工形式是锻打，也有先铸后锻，个别铸造成形。但中原早期文化青铜文化，既不能确定铜石并用时代，青

---

[1] 苏荣誉、华觉明、李克敏等：《中国上古金属技术》，山东科学技术出版社，1995年，第28~51页；苏荣誉：《论中国冶铜术的起源及早期冶铜术》，收入《磨戟——苏荣誉自选集》，上海人民出版社，2012年，第1~62页。

铜时代的到来也晚于近东一千七八百年。然而，中原有其独特之处，在二里头文化中迅速发展出独具特色的青铜工业，二里头一期文化出现小型青铜工具和用具，不似绝大多数早期文明，首先出现的铜器是装饰品；第二期即出现了铜铃和嵌绿松石的铜牌饰，铜铃需要两块泥范与一块泥芯组成铸型浇注成器，而牌饰需要在铜牌上铸造出需要的图案，纹线宽度保持一致，然后把长宽三五毫米、厚度一毫米左右的绿松石片镶嵌进去。

发展到二里头第三期，可以铸造青铜爵。这是一种在新石器时代即以陶制作的容器，造型古怪，不大的杯形腹，口边一侧设流，相对一侧设尾，前面设C形带状鋬，腹底下设三锥形足承持器物。如此怪异的容器是中原独有的器形，无论从使用的便利性还是使用效率看，这类容器都差强人意。但是，在二里头文化三期，当时的铸工竟然可以至少采用五块泥范和泥芯，巧妙地组合它们铸造出这一异物，可以想见这类器物的重要和神圣。为此，铸工不但用尽了其才智和技巧，并且有所发明，许多奥妙还没有揭示出来，如铸造壁厚一毫米的青铜爵，是至今铸造工程也解决不了的问题。

必须提请注意的是，这种古怪的青铜容器，是以泥范块范法铸造成形的。而其他文明的金属器制作，自铜石并用时代开始直到新纪元的20世纪，都是锻造和铸造并行的生产，而且早期的锻造占比更大，因为金属加工本源于对自然铜的锻打。对于薄壁的青铜容器，主要是发挥铜优异的延展性，捶打成薄片后进行铆接或焊接。对于厚重的工具和武器，它们采用石范铸造或者铸造和锻造并用的方法加工，对于形状较复杂的器物，他们在铜石并用时代就发明了失蜡法铸造人像、神像和动物形象。

但是在中原，以青铜时代开始的二里头文化为核心，全部器物，即使是形状简单如小薄片的小刀、如小棍的锥子，都是铸造成形的，与其他文明大相径庭。也就是说，在二里头文化，从第一期开始到第二期，铜器制作可能还属于偶尔为之，但到第三期，泥范块范法的铸造工艺传统就已经建立起来，这一传统是否排斥锻造、捶打、石范铸造等工艺，研究既不够充分，相对的样本也比较少，但泥范块范法铸造青铜器的独占性已经显现出来，并在第四期文化中大行其道，成为中原青铜技术的根本[①]。在这个体系内，或者说为了巩固这个体系，铸工不断有所发明创造，在二里头文化第四期，就发明了分铸铸接的工艺，既有先铸法，也有后铸法。

二里头文化的青铜爵是其中的主导容器，不仅造型高度一致，铸型工艺也几乎完全相同，但因缺乏具体研究，只能估计至少使用了五块泥范和泥芯，并且没有上下分段，铸造了这些超薄怪异的容器。

---

[①] 苏荣誉：《块范法与中原失蜡法——春秋世变下青铜技术的本与末》，《浙江大学艺术与考古研究（特辑二）：中国早期数术、艺术与文化交流——李零先生七秩华诞庆寿论文集》，浙江大学出版社，2021年，第93～183页。

**2. 早商的青铜爵的风格与工艺**

二里岗文化，即早商时段的青铜爵，是二里头文化青铜爵造型和结构的延续，在传承的主体格局下，细节发生了某些变化。

首先是杯状腹部，绝大多数都是两段相叠的结构，合瓦形横截面，平底，下段径大而低矮，腹壁外弧，上段径小而较高，腹壁直或向外斜直，个别内弧外撇，和二里头爵束腰式杯状腹不同，但口都共同地敞开。特别一致的是，总是左侧向上出槽形或管状流，流与口以小圆角过渡，并在其上竖立一对小立柱，多斜，而右侧向上出三角形尾。在早商早期晚段，合瓦形横截面的腹变宽，渐趋椭圆形；个别爵下腹壁直内斜与上腹结合，甚至上下腹以小圆弧过渡，模糊了腹部分两段的形式，经长期演变，在中商晚期形成筒形腹。而且，也有个别爵的底开始微微外凸，并在早商后期出现了一类突底爵，在中商形成了圜底爵。与二里头第四期爵相比，早商早期爵的流与尾都变短了，晚段个别爵的流向上弧弯；早段的立柱横截面多接近三角形，晚段个别爵的为半圆形；一些的立柱顶面设有小柱帽，多呈弯月形，晚段个别为小馒头形。到二里岗上层，立柱变大，横截面多为半圆形，顶部多设伞形柱帽，且装饰涡纹。

腹前面中间纵设C形带状錾，起于口沿下而接在下腹上侧，个别接在上下腹结合处。錾都很薄，多数横截面为浅槽形，两头宽而中间窄，也有个别的上宽下窄。二里头文化青铜爵的錾上往往有透孔，早商早期个别爵仍沿用这一形式，但逐步被淘汰，錾面不再有透孔。同时，錾的横截面的槽不断变浅趋于板形带。

早商早期爵，足完全沿袭二里头文化，三只锥足上段粗、端尖利，多直立或稍外斜，横截面呈四棱形，有从菱形向楔形演变的趋势。到早商晚期，开始出现外面弧形、中间起棱的结构；随着棱渐趋不明显，面变得平直，在早商后期形成了等腰三角形横截面的格局。至于足的分布，二里头文化时期的有待归纳，个别爵的三足分别在錾、流和尾的正下方，但多数流和尾下两足都向背面偏移些许。早商早期爵，都是后一种形式。

二里头文化青铜爵，基本上不铸造纹饰，极个别装饰一段乳钉纹带。发展到早商早段，素面爵非常个别，多数装饰铸造纹饰，简单的有凸弦纹，较复杂的饰折线纹和叉线纹，与二里头晚期纹饰有关，代表了早期形态。复杂一些的兽面纹带，早段是细线平铺的形式，只可辨识一对眼睛，其余基本上是云纹，具有早期兽面纹的共同特点。发展到晚段，宽线兽面纹的出现具有代表性，并且成为早商晚期的主流装饰，但宽线和细线两种形式依然并存。这些纹带均被錾打破，在腹部纹带形成空白。早商早期晚段出现的馒头形小柱帽尚且素面，到早商晚期柱帽变大变高，加大的馒头形和更多的伞状柱帽，都有涡纹装饰。值得关注的是腹部装饰凸弦纹，这类纹饰虽然简单，但在早商早期、晚期占有一定的比例，直到中商时代、晚商时代，甚至在西周时期，这类装饰依然不断再现。其长期存在显然是一个不容忽视的问题，究竟是与这类纹饰配合有不同的彩绘，抑或不同的装饰具有不同的内涵适于不同的对象，或者还有别的含义，是值得继续关注的。

二里岗早期的青铜爵，铸造工艺在二里头文化的基础上，有所发展变化，演变的机制还不很清楚。二里头文化青铜爵至少由五块泥范和芯组成铸型，二里岗下层的青铜爵，铸型几乎都沿底上下分段，上段两块范与一块腹芯和一块鋬芯组合，下段三块范构成，整个铸型使用了五块范、一块腹芯和一块鋬芯。发展到二里岗上层，再增加了两块柱帽范。至于何时上段铸型由三块范与一块腹芯和一块鋬芯组成，应当在中商晚期或者晚商。

还须指出的是，本文所涉及的二里头文化及早商早期的青铜爵，尚未见使用垫片的现象，与早商晚期较普遍地在底部使用垫片有很大的不同。

与黄陂盘龙城和郑州商城出土早商青铜爵相比，平陆前庄爵的造型接近于郑州商城爵87C5M1:1，装饰风格接近郑州商城爵C2:豫1187，但较后者两段相叠腹明显，显得略早。年代可以推定在早商的早晚段之交。

前庄爵的铸型工艺与盘龙城爵、郑州商城爵高度一致，应该是郑州商城铸造之器，可以认为是前庄窖藏中年代最久之器。

（执笔：苏荣誉、陆晶晶、史倩羽）

# 陆

# 结　语

  本书的主要研究对象，涉及爵、鼎、罍三个器类，其中鼎有方鼎与圆鼎之分。这批器物虽然来源相同，但明显在艺术上、技术上都各有异同。出土六件青铜容器，其中一件爵未见实物，失考，余下一爵亚腰、平底下承呈四棱锥状的足是其显著风格特征，爵腹上装饰的细阳线纹饰，正中为早期兽面，两侧饰半个相同纹饰，含义不连贯。前庄出土方鼎乃该器群中最大者，颇为特别。此器腹深，四足呈截锥状且足不长，重心略高，从装饰上看，一方面占据绝大部分视觉面积的鼎腹部分，除了在腹中上部的局部留白不予装饰外，其余皆为纹饰所布，同时鼎足外面不仅外表面施纹，不易被观察到的内侧位置也作了装饰；另一方面，从纹饰搭配的视觉效果看，腹部乳钉纹的排列在局部上出现了错位、数量不均，各组兽面纹的细节也互有出入、且有欠规整，不论将视觉焦点放在腹壁中间的兽面纹还是放在四角兽面纹，与足外面的纹饰均不能呈现很好的搭配关系，视觉效果上有欠和谐，使此器在整体风格上略显原始。相较而言，前庄出土两件圆鼎，形制规矩、比例协调，圆鼎二虽仅在腹部作一周纹饰，但其中兽面纹的五官已稍明晰，除了眼、角、口鼻、身均表达清楚的兽面外，还出现了与兽面搭配的目云纹，兽面与目云纹排布紧密又彼此交错，显示出较高的构图技巧，相较而言，圆鼎一不仅在腹部装饰兽面纹与目云纹，还在鼎足上加饰了另一种兽面纹，纹饰的风格似为中商早期一类兽面纹的祖型。至于罍，纹饰的搭配更为和谐，体现出了较为纯熟的美感。

  制作工艺上，前庄爵的腹、足分界明显，流、尾下对开分范痕迹明确，腹下接四棱锥足的造型，铸型沿底上下分段，浑铸爵鎜则需要在外范中设置活块芯才能实现。两件圆鼎尺寸颇大，X射线探伤后显示在耳、口沿等较厚处多存在皮下气孔，但未见明显的工艺缺陷，于鼎腹、鼎底处均匀设置规矩的长方形垫片是此二鼎的工艺特色，圆鼎沿三足表面正中三分范的痕迹清晰，外范三分配合带足芯的腹芯后，还需要一带有三足内面型腔的范在腹底与之配合。就整体风格看圆鼎二较圆鼎一略简，工艺上除了尺寸较小外，圆鼎二也因三足的多处补铸（弥补原铸缺陷）而显得较圆鼎一粗糙，而圆鼎一上垫片的设置呈现了滥用的趋势，其他的工艺细节大体相同。与二圆鼎风格颇为一致的前庄罍，除了表面多处严重锈蚀、下腹经补铸外，工艺、保存状况均较好，探伤知其器沿腹部纹饰带、圈足内外均规律设置了形态各异的垫片，纯熟的铸后加工工艺使得器表难见披缝痕迹，通过对圈足十字镂孔的设置情况判断罍的铸型大体由三分的外范组合底芯、腹芯而成。与几件不论大小均强调浑铸不同的是，前庄方鼎通过极其繁琐的分铸工艺，将若干先铸的"零件"通过多次铸接的方式，完成一件大型方器，多处补铸、错范和范裂，体现出其工艺上的原始性。至于纹饰的制作，前庄几件器纹饰均不复杂，爵、圆鼎鼎足以及方鼎纹饰以范作纹饰为主，圆鼎鼎腹、罍上纹饰则需自模上翻制得到。以往学界未有在中原出土商早期器物上发现铜芯撑的使用证据，前庄铜器的发现为我们重新认识铜芯撑工艺的起源与发展提供了可靠的新材料。

本书在揭示平陆前庄出土青铜器群的基本内涵之余，将之置于早商时期的大时代背景下，与其他地区出土的早商、中商乃至晚商时期的方鼎、圆鼎、罍、爵相对比，分析他们在艺术风格、技术特征、文化环境上的异同，确定前庄组器的成器年代在二里岗上层，其中年代最早者为前庄爵，或可早至二里岗上、下层之交；前庄方鼎则在二里岗上层二期的中间阶段；圆鼎一或可晚至早商-中商之交，圆鼎二较之稍早；罍或处于从方鼎到圆鼎的中间阶段，晚不至中商。尽管排列了成器的相对先后顺序并勉强参照相近铜器划分了各器年代范围，但实际上在整个二里岗上层到中商这一阶段里，同类铜器在各方面体现出的同一性要明显大于特殊性，个中差异可能未必有分形式或跨时代性的含义。

平陆前庄青铜器系当地农民的意外发现，后来考古工作者对铜器的出土地点进行了考古清理。简报根据遗址所出生产工具及陶器的特征，推测其与二里头文化东下冯类型渊源颇深，具体年代晚于东下冯Ⅵ期、早于殷墟，属二里岗期遗存，但未明确为二里岗下层还是二里岗上层[①]。秦小丽根据对前庄出土的27件陶器与其他晋西南地区二里头文化到二里岗文化的陶器进行对比分析，笼统归纳前庄遗址属二里岗上层文化[②]。张崇宁认为前庄遗址"准确时代应定在二里岗期第三段第Ⅴ组到第Ⅵ组之间，而更接近于第Ⅵ组"[③]，即白家庄上层（二里岗上层二期）[④]。卫斯考证今平陆县以东地区为古"砥柱"之所在，且"砥柱"与"砥石"为同源地名，进而认为此处是祖契之子昭明自蕃迁居之"砥石"所在。考虑到契是与夏禹同时代的人，前庄遗址的年代与之相差过大，且后又有昭明"再迁于商"的记录，因此，卫氏称前庄遗址为昭明的直系后裔所居之地，论证略显牵强。《史记·殷本纪》载："自契至汤八迁。汤始居亳，从先王居，作帝诰。"《荀子·成相篇》云："契玄王，生昭明，居于砥石，迁于商。"金景芳认为"昭明居砥石"的砥石为辽水发源处，即

---

[①] 李百勤：《山西平陆前庄商代遗址清理简报》，《文物季刊》1994年第4期，第3~9页。
[②] 秦小丽：《晋西南地区二里头文化到二里冈文化的陶器演变研究》，《考古》2006年第2期，第57页。
[③] 张崇宁：《山西平陆前庄商代遗址分析》，《三代文明研究（一）——1998年中国商周文明国际研讨会论文集》，科学出版社，1999年，第238页。
[④] 邹衡：《夏商周考古学论文集》，文物出版社，1980年，第110页。

昭乌达盟（今赤峰市）克什克腾旗的白岔山①。邹衡说："今河北省石家庄以南、邢台以北一带即为契之子昭明迁居的'砥石'。"②顾颉刚则认为：昭明所居之砥石，"疑近砥柱，在今陕州"③，砥石的地望目前尚无定论。就前庄遗址的性质说，其上层的年代已进入二里岗上层是无疑的，至于所出各器的上限，除了爵有早至二里岗上、下层之交的可能性外，方鼎各特征均不原始，成器年代已进入二里岗上层二期，其余几件器物还恐晚于此。当然，中商时期青铜器某些因素可以上溯到早商，在这些器物上，或有不同的表现。此外，郑州商城三座出有大型铜器的窖藏坑，有论者指出与王室祭祀活动相关④，前庄几件器的埋藏方式虽不完全与郑州商城内情况相同，但器物的贵重程度与之相当，加之前庄遗址中陶器也体现出了商文化特征，或可认为此批器物当为早商时代某任商王在晋南地区进行祭祀活动所用之祭器。

前庄遗址性质单一，周边并无任何制作铜器的遗迹，而二里岗时期的大型冶铸遗存目前只于郑州商城有所发现，报告认为南关外铸铜遗址始于二里岗下层二期，沿用到了二里岗上层一期，二里岗上层一期又扩建了紫荆山铸铜遗址⑤。苏荣誉整理郑州商城内这两处铸铜遗址内的遗迹、遗物，并以对商城内出土二里岗时期青铜容器的研究后指出，南关外铸铜遗址可能始于商城的兴建，延续了一个时期或略长，整体年代在二里岗下层二期之初，紫荆山遗址应主要在下层二期，或晚到了上、下层之交；在南关外11000平方米、紫荆山1000平方米的遗址范围内，出土容器铸范（包括范、模和芯）的数量分别为353块、74块，也即是说每百平方米的密度分别只有3.53块、7.4块，密度极低，且两个遗址中的铸范都以工具和兵器范类为主，占比近一半，容器范分别只有59块和12块，若是再拉长到一百年的使用期限，则其对应的可铸的容器数量少到难以想象，故苏氏认为此两处作坊的使用期限不会很长，铸件品类、生产规模都不足以支撑整个二里岗时期郑州商城青铜器的供应，对两处遗址中与原料冶炼和熔炼有关的遗迹、遗物分析，也显示出此二处只涉及了金属的熔炼而非冶炼，金属原料另有来源。苏氏进一步推测，二里岗时期的商王朝核心铸铜作坊最大可能在商城之内⑥。

---

① 金景芳：《商文化起源于我国北方说》，《中华文史论丛（第7辑）》，上海古籍出版社，1978年，第65～70页。
② 邹衡：《论汤都郑亳及其前后的迁徙》，《夏商周考古学论文集》，文物出版社，1980年，第197、198页。
③ 顾颉刚：《殷人自西徂东说》，《甲骨文与殷商史（第3辑）——纪念胡厚宣八十寿辰专辑》，上海古籍出版社，1991年，第249页。
④ 安金槐：《再论郑州商代青铜器窖藏》，《华夏考古》1997年第1期，第76页。
⑤ 河南省文物考古研究所：《郑州商城——1953～1985年考古发掘报告》，文物出版社，2001年，第307～384、794、795页。
⑥ 苏荣誉：《郑州商城铸铜遗址与新出土青铜器探究》，《青铜器与金文（第五辑）》，上海古籍出版社，2020年，第58～108页。

块范法铸造青铜器需要一系列工装条件，从目前的铜器发现来看，制作平陆前庄、郑州商城、盘龙城青铜器的铸工皆宗二里头铸铜工艺，仅在某些细节处略有变易，随着器体增大、纹饰复杂，铸接工艺有所发展，模范制作难度增大，垫片使用频繁并增多，但总体而言，铸造技术呈现出的稳定性大于创新性。这种稳定性不支持各地发现的相近铜器均被认为各自就近铸造的说法，而都应是由商王朝控制的大型铸铜作坊统铸造再分流至各地的。器物间体现出的差异，有些具有时代性，有些或许只是铸工别出心裁之作。贝格立（Robert W. Bagley）认为以盘龙城青铜器为代表的郑州商城之外发现的具有中原风格的青铜器均来自郑州[①]，刘莉和陈星灿也持有相同观点[②]，从总体格局看，应该如此。但是，南方风格青铜器的如何兴起、何时兴起，与盘龙城青铜器群有怎样的关系，则需另加探讨。无论如何，盘龙城青铜器中一些尚未见诸郑州商城或中原它地的青铜工艺[③]，其内涵不容忽视。

（执笔：陆晶晶、苏荣誉）

---

① Robert W. Bagley. Pan-long-ch'eng, A Shang City in Huangpi. Artibus Asiae, 1977, 39(3-4): 165-219.
② 刘莉、陈星灿：《中国早期国家的形成——从二里头和二里岗中心和边缘的关系谈起》，《古代文明（1）》，北京大学出版社，2002年，第127~131页。
③ 苏荣誉、张昌平：《盘龙城青铜器的铸接工艺研究》，《盘龙城与长江文明国际学术研讨会论文集》，科学出版社，2016年，第118~137页。